Inhaltsverzeichnis

Vorwort von Jan van Helsing.................... S. 9

Teil 1

Einleitung .... S. 21
Das Äußere 1 – Der Dritte Weltkrieg und die heutige Medizin... S. 23
Das Innere I – Das falsche Weltbild................ S. 25
Das Äußere 2 – Mediensucht und Weltverschwörung............ S. 26
Das Innere II – Die Götter und Mittel-Erde.................... S. 28
Das Äußere 3 – Virus und Körperbewusstsein.................... S. 29
Das Innere III – Der Schatten.................... S. 31
Das Äußere 4 – Atmung und Strahlung.................... S. 33
Das Innere IV – Die Körper des Menschen.................... S. 35
Das Äußere 5 – Psychokrieg.................... S. 37
Das Innere V – Komposition Mensch.................... S. 39
Das Äußere 6 – Masken: das Verderben .... S. 41
Das Innere VI – Das Zusammenwirken von Licht und Schatten.. S. 43
Das Äußere 7 – Die Gen-Injektionen.................... S. 45
Das Innere VII – Der Tod.................... S. 47

Kapitel 8 – Karma.................... S. 49
Kapitel 9 – Schatten-Wirken: der Plan .... S. 51
Kapitel 10 – Licht-Wirken: der Plan.................... S. 53
Kapitel 11 – Der Gang durch die Zeiten.................... S. 55
Kapitel 12 – Christus .... S. 57
Kapitel 13 – Wo alles endet.................... S. 59
Kapitel 14 – Anleitung zur Selbsthilfe I .... S. 61
Kapitel 15 – Anleitung zur Selbsthilfe II .... S. 63
Kapitel 16 – Anleitung zur Selbsthilfe III .... S. 65
Kapitel 17 – Zur Polarität.................... S. 67
Kapitel 18 – Ausleitung.................... S. 69
Kapitel 19 – Eine Botschaft.................... S. 71

Teil 2
Jan van Helsing im Interview mit Gerhard Konstantin ... S. 75

Das Okkulte .... S. 77
Die Zukunft der Menschheit .... S. 84
Der Urschöpfer und das Universum.......................... S. 110
Die Liebe, Christus und Jesus .... S. 117
Involution, Evolution und Zyklen............................ S. 126
Lemuria und Atlantis .... S. 128
Reptiloide und Asuras .... S. 130
Die Götter und die Menschen................................ S. 154
Die Dunkelmächte 1 – Exkurs über das Leben .... S. 160
Menschenrassen in der Erdkruste .... S. 161
Die Dunkelmächte 2 – Ihre gute Seite .... S. 171
Die Dunkelmächte 3 – Die Schatten-Hierarchie.............. S. 192
Was geschieht mit der Seele von Geimpften? .... S. 196
Der Antichrist und der Transhumanismus.................... S. 201
Epidemien – die dunkle Seite der lichten Götter............ S. 207
Die Greys .... S. 217
Geistige Gesetze des Universums .... S. 222
Der Tod .... S. 231
Der Aufstieg in die nächsthöhere Dimension .... S. 238
Die Intergalaktische Konföderation und andere Menschheiten... S. 240
Wer vergnügte sich denn nun mit den Menschentöchtern? .... S. 250
Die Archonten und die Matrix .... S. 254
Ein Plädoyer für die Liebe .... S. 257
Ist Luzifer auf dem Rückweg zu Gott?........................ S. 278
Welche Rolle spielen die Indigo-Kinder?..................... S. 279
Eine Richtschnur für die Leser............................... S. 281

Über den Autor.. S. 284
Buchempfehlungen .... S. 285
Danke! .... S. 287
Quellenverzeichnis und Bildquellen.......................... S. 288
Namen- und Sachregister..................................... S. 289

„An den Teufel glaube ich nicht."

„Was Sie aber sollten, er glaubt ja auch an Sie."

aus dem Film „Constantine"

Warnung!

Dieses Buch soll einen kleinen Blick auf Vorgänge geben, die weder in den Massenmedien noch in der Weltverschwörungsliteratur zu finden sind. Die hier dargestellte Betrachtungsweise ist eine ganz eigene des Autors. Es liegt in der Entscheidung des Einzelnen, sich mit Vorgängen außerhalb des Sicht- und Messbaren zu befassen. Der Weg des Autors ist sein eigener und für andere nicht ratsam. Er ist nicht für andere Suchende gemacht. Wer Stimmen im Kopf hört oder Bilder und Szenen sieht oder Begegnungen hat, die andere nicht wahrnehmen, der muss solchen Erscheinungen gegenüber mit äußerster Vorsicht, Klarheit und gesunder Urteilskraft begegnen und nötigenfalls Hilfe in Anspruch nehmen. Einfach drauf loszugehen, kann in die Irre führen…

TEIL 1

Vorwort von Jan van Helsing

Liebe Leserinnen und Leser,
seit dem Frühjahr 2020 schwebt das Damoklesschwert „Corona" über
der Menschheit, und wir erleben etwas, was es so zuvor noch nie gegeben hat: Weltweit werden Menschen gezwungen, in Lockdowns zu gehen, Masken zu tragen und sich impfen zu lassen, und wer nicht mit-
macht, verliert seinen Arbeitsplatz, wird ausgegrenzt, bekämpft, de-
nunziert und neuerdings sogar eingesperrt. Das Leben hat sich für viele
Menschen in einen Albtraum verwandelt.

Nun gibt es einerseits den links-libertär angepassten und „aufgeklär-
ten" Gutmenschen, der tatsächlich glaubt, dass dieses „Corona" eine für
alle tödliche Krankheit ist, die irgendwie aus China zu uns kam, und
akzeptiert völlig kritiklos die sog. „Schutzmaßnahmen" der Regierung,
lässt sich kindlich-naiv die angebotenen, doch überhaupt nicht ausgie-
big getesteten „Impfstoffe" injizieren und folgt brav dem Mainstream.
Er stellt nichts davon infrage und wundert sich auch nicht, wenn in seinem Umfeld kurz nach der Impfung Menschen an Turbokrebs, Herzin-
farkt oder Thrombosen sterben. Auf der anderen Seite haben wir eine
große Anzahl kritischer Menschen, darunter reichlich Ärzte, Kliniklei-
ter sowie Politiker, die all das infrage stellen. In Deutschland, Österreich und in der Schweiz ist das immerhin über ein Viertel der Bevölkerung. Es gibt sogar ganze Länder, in denen mit dieser Krankheit anders
umgegangen wurde und wird – es wird anders therapiert, und Menschen
werden nicht wie Sklaven oder Untertanen behandelt, sondern man
sucht tatsächlich nach wirkungsvollen Behandlungsmethoden.

Als man den ersten Ärzten, die sich kritisch zu den von den Regierungen vorgegebenen Corona-Maßnahmen äußerten und die auch andere Therapiemaßnahmen vorschlugen, bei denen die Pharma-Industrie
weniger Profit gemacht hätte, die Approbation entzog, hätte der ansonsten brave Bürger eigentlich schon aufmerksam werden sollen. Als
dann aber in mehreren Ländern die Präsidenten ganz plötzlich verstar-
ben, nachdem sie sich geweigert hatten, den von der WHO vorgegebenen Kurs mitzumachen, hätte auch der Letzte merken müssen, dass hier
etwas ganz anderes im Gange ist.

Inzwischen gibt es eine große Anzahl an Autoren, Wissenschaftlern, Politikern, vor allem aber Whistleblowern aus der Pharma-Industrie, die behaupten, dass all das von langer Hand geplant war – es sich also nicht nur um eine angebliche Pandemie handelt, sondern hier etwas anderes, etwas ganz Großes abläuft. Zu dieser Kategorie gehöre ich. In bislang 20 Büchern aus meiner Feder habe ich von einer Gruppierung geschrieben, die als *Illuminati*, *Schattenregierung* oder *Hintergrundmacht* bezeichnet wird, die einen ganz großen Plan verfolgt: einen Welteinheitsstaat mit einer globalen, digitalen Währung, mit absoluter Überwachung (Mikrochip und Smartphone), einer Weltreligion, einem Weltmenschen (vermischt) und einer massiv verringerten Weltbevölkerung. Dieses Konstrukt wird die „Neue Weltordnung" genannt. Da die meisten Menschen auf unserem Globus verständlicherweise kein Interesse an dieser Neuen Weltordnung haben, geschweige denn an einer totalitären Überwachung, muss der Illuminat schlau vorgehen, um an sein Ziel zu kommen. Er hat sich daher überlegt, wie er den einzelnen Menschen dazu bringen kann, etwas zu akzeptieren, ja sogar gut zu finden, was er an und für sich entschieden ablehnt. Und schon sind wir mittendrin im Thema...

„Wir stehen am Rande einer weltweiten Umbildung. Alles, was wir brauchen, ist die richtige, allumfassende Krise, und die Nationen werden in die Neue Weltordnung einwilligen."
David Rockefeller, Juni 1991

Seit 2020 habe ich selbst drei Bücher zum Thema „Corona" geschrieben bzw. daran mitgeschrieben und habe weitere fünf Bücher anderer Autoren im *Amadeus Verlag* verlegt, die aufzeigen, was Corona wirklich ist, wer das Prozedere erfunden hat, was damit bezweckt werden soll und was noch auf uns zukommen wird, falls wir dem keinen Einhalt gebieten. Die wesentlichen Aspekte möchte ich hier kurz stichpunktartig aufführen, da sie für das Verständnis dessen, womit uns Gerhard Konstantin gleich konfrontieren wird, von Wichtigkeit sind:

- Im Herbst 2003 traf ich im Hotel Krasnapolski in Amsterdam einen US-amerikanischen Illuminaten. Über dieses Treffen schrieb

ich 2004 – also vor 18 Jahren – in meinem Buch »Hände weg von diesem Buch!«. Dieser Herr erklärte damals, dass ihr *„größtes Problem die Überbevölkerung sei"* und: *„Wir haben Waffen entwickelt, sogenannte ‚Ethno-Waffen', die auf genetische Merkmale ansprechen und es uns so ermöglichen, nur bestimmte Bevölkerungsteile beziehungsweise ‚Rassen' zu dezimieren."*
In seinen Augen sind die Volksmassen der Welt wie Tiere, da sie sich auch so verhalten würden. Die Menschen müsse man wie eine Herde ansehen und auch so mit ihnen umgehen. *„Und was macht man mit Vieh?"*, fragte er mich. *„Markieren!"* Und deshalb bekommen die Menschen einen Chip unter die Haut – so seine Argumentation. Ich stellte ihm damals auch die Frage, wann das Bargeld entzogen wird, was er folgendermaßen beantwortete: *„Das kommt darauf an, wie sich andere Faktoren entwickeln. Es wird neue Terroranschläge geben, da wir durch diese die Massen mürbe machen. Die Menschen der Welt werden uns darum bitten, die Welt für sie sicherer zu machen, was wir durch unsere Technologie – die längst entwickelt ist – auch tun werden. Das Bargeld wird verschwinden, doch es wird mit einem anderen Ereignis parallel laufen, über das ich Ihnen leider nichts sagen kann. Sonst dürfte ich Sie heute Nacht nicht mehr nach Hause lassen."*
Die Menschen sind durch die Corona-Krise so weichgespült, dass sie inzwischen darum betteln, endlich gegen das Virus geimpft zu werden. Zudem sind die meisten Menschen dem Aufruf gefolgt, in Geschäften sogar bei Kleinstbeträgen mit der EC-Karte zu bezahlen, es könnte sich ja ein Virus auf der Banknote befinden…
In und außerhalb Europas hat man inzwischen auch damit begonnen, Menschen zu chippen, man möchte ja endlich wieder in einer sicheren Welt leben. Die Prognose des Illuminaten aus dem Jahr 2003 erleben wir JETZT!

• Mit meinem Freund und Forscherkollegen Stefan Erdmann interviewten wir zwischen 2010 und 2019 mehrmals einen südafrikanischen Illuminaten, den Milliardär Ben Morgenstern. (Beide Interviews mit insgesamt 34 Buchseiten wurden im Buch »Whistleblower« veröffentlicht.) Bei einem Gespräch 2019, bei dem es auch um die Flüchtlingsinvasion nach Europa ging, erklärte Ben Morgenstern, dass die afrikanische Flüchtlings- und Islamproblematik in Zukunft von Israel gelöst werde. Der Mossad habe nämlich schon vor Jahren sogenannte Ethnowaffen bzw. genetische Kampfstoffe entwickelt, die speziell auf Araber und Schwarzafrikaner ansprechen. Diese sollen nun eingesetzt werden, hat er aus dem Kreis seiner Familie erfahren. Man müsse die IQ-schwachen Menschen zügig loswerden, weil sie den Intelligenten und Fleißigen Land sowie Nahrungsmittel wegnähmen. Morgenstern nannte, wie bereits Jahrzehnte zuvor Henry Kissinger, den Begriff des „Nutzlosen Essers".

Für Ben Morgenstern und sein „elitäres" Umfeld ist die Überbevölkerung das schlimmste Szenario. Er verwies dabei auch auf die Georgia Guidestones, auf denen dem Menschen nahegelegt wird, die Gesamtbevölkerung des Planeten auf 500 Millionen zu reduzieren – also um 95 Prozent. Morgenstern glaubt, dass die Weltbevölkerung im Jahre 2050 zehn Milliarden erreicht haben wird, und dass besonders die Geburtenraten der Muslime die Eliten beunruhigen. Da weltweite Kriege mit Millionen Toten angesichts der Vernichtungskraft heutiger Waffensysteme eigentlich undurchführbar geworden sind – man will nicht den ganzen Planeten riskieren –, **sei man** „*dazu übergegangen, tödliche Krankheitserreger, Viren, radiologische und biologische Waffen auf die Bevölkerung loszulassen*". Damit die Bürger all das akzeptieren, muss ihr Denken so angepasst werden, dass sie die geplante Weltregierung samt Überwachung gerne akzeptieren.

Abb. 1: Die *Georgia Guidestones* bilden ein großes Monument, das sich in Elbert County im US-Bundesstaat Georgia befindet. Ein Teil davon wurde im Juni 2022 gesprengt.

*„Heutzutage wäre Amerika empört, wenn UN-Truppen Los Angeles besetzen würden, um die Ordnung wiederherzustellen. In naher Zukunft wird es dankbar sein! Insbesondere dann, wenn man den Leuten erzählt, dass von außerhalb eine Bedrohung existiert – egal, ob die Bedrohung real ist oder lediglich propagiert –, die unser aller Existenz bedroht. **Dann wird es so sein, dass die Leute der ganzen Welt flehen werden, sie vor diesem Bösen zu retten.** Das Einzige, was jeder Mensch fürchtet, ist das Unbekannte. Wenn das präsentierte Szenario eintritt, werden die Menschen ihre persönlichen Rechte freiwillig aufgeben, wenn ihnen im Gegenzug das persönliche Wohlergehen durch die Weltregierung garantiert wird."*

Dr. Henry Kissinger, Berater von George W. Bush auf der Bilderberger-Konferenz in Evians, Frankreich, 1991

- Im April 2019 besuchte ich im Hochland Ecuadors Bill Ryan. Bill war der Betreiber der Whistleblower-Plattform *Project Camelot* und hatte mehrere Begegnungen mit einem britischen Freimaurer. Dieser Mann war zunächst einige Jahre im britischen Militär tätig, und als er vom Militärdienst ausschied, arbeitete er in einer führenden Position in der „Londoner City". Die *City of London* ist die reichste Quadratmeile der Welt mit den größten Bankenimperien – und gehört nicht zum Britischen Königreich. Sie ist wie der Vatikan in Italien ein Privatstaat und wird von Freimaurern und anderen Logenleuten dominiert. Auch die BIZ, die „Bank für Internationalen Zahlungsausgleich" in Basel, hat einen eigenen Status. Der Insider, den Bill Ryan interviewte, wohnte mehreren Sitzungen mit älteren Logenmitgliedern bei, und während viele davon inhaltlich interessant waren, waren sie doch Routine nach den Standards der Londoner City. Es ging überwiegend um Finanz-Angelegenheiten. Im Juni 2005 nahm er an einer weiteren Sitzung teil, von welcher er annahm, dass auch diese eine alltägliche Sitzung sein würde. Das war sie jedoch nicht, und er realisierte, dass er dort offenbar aus Versehen eingeladen worden war. Deshalb verhielt er sich ruhig und defensiv. Es war ein Treffen von 25 bis 30 hochrangigen Freimaurern aus England, teilweise bekannt aus

Politik, Militär, Polizei und Kirche. Es ging um einen Plan, der mit Sicherheit vor sehr langer Zeit erstellt worden war, und man besprach die Umsetzung dieses Plans, den die Freimaurer selbst die „Angelsächsische Mission" nannten.

Neben einem geplanten Angriff auf den Iran und einem Angriff auf China als militärischem und wirtschaftlichem Gegner, ging es auch um die sog. Lehman-Pleite, die sich dann drei Jahre später ereignete. Diesen mächtigen Leuten geht es nach den Aussagen des Insiders darum, den Iran oder China derart zu provozieren, dass eines der beiden Länder einen Vergeltungsschlag ausführt. Danach soll es einen begrenzten Schlagabtausch mit Atomwaffen im Mittleren Osten geben, gefolgt von einem Waffenstillstand. Während dieser Zeit sollen andere Mechanismen installiert werden, um die Bevölkerung unter strenger Kontrolle zu halten: Kriegsrecht, die Erweiterung von Befugnissen der Sicherheitskräfte, die nicht nur der Armee oder Polizei angehören. Danach wollen sie eine biologische Waffe in China einsetzen und auf diese Weise einen großen Teil des chinesischen Volkes auslöschen. Die bei dieser Sitzung Anwesenden lachten darüber und spotteten: *„China wird sich erkälten."* Diese Epidemie soll sich dann über die ganze Welt ausbreiten – entweder als Rache der Chinesen oder weil das Virus mutiert ist – und die Menschen generell dezimieren, um zirka 50 Prozent! Erst danach würde man mit dem beginnen, was man als den „Dritten Weltkrieg" bezeichnet – mit Atomwaffen. Sie selbst, die Mächtigen und ihre Familienclans, hätten damit aber kein Problem, so der Insider,

Abb. 2: Jan van Helsing mit Bill Ryan in Quenca, Ecuador, 2019

14

denn sie hätten über die Jahrzehnte hinweg für hunderte Milliarden Dollar unterirdische Anlagen bauen lassen, in denen sie auch einen Atomkrieg überstehen können.

Bill und der Informant sprachen dann über die geplante Bevölkerungsreduktion. Sie vermuten folgenden Hintergrund hinter diesem Plan und der Ungeduld der Verschwörer: Diese Freimaurer sprachen über ein geophysikalisches Ereignis und darüber, ob und wann dieses eintrifft. Es scheint ein von *„den Illuminaten bewahrtes Geheimwissen"* zu sein. Und dieses Ereignis soll sich alle 11.500 Jahre wiederholen (Sintflut und Untergang von Atlantis). Ob es sich um die Hin- und Rückbewegung unseres Sonnensystems zum Zentrum unserer Galaxis, eine Verschiebung der Pole, einen Himmelskörper, der die Erde treffen soll, oder ein anderes Phänomen handelt, ist mir nicht bekannt. Bill und sein Informant gehen dann von folgendem Ablauf aus: Die westliche Welt scheint nach dem genannten Szenario (Krieg im Mittleren Osten und Dezimierung der chinesischen Bevölkerung) am besten in der Lage zu sein, nach dem geophysikalischen Ereignis die neue Welt wieder aufzubauen – sie hat sich ja jahrzehntelang darauf vorbereitet. Und Bill meint, dass der Name „Angelsächsische Mission" darauf hindeutet, dass die Rasse der Zukunft weiß dominiert sein wird! Man geht davon aus, dass die anderen asiatischen Länder sowie Südamerika und Afrika weder die Strukturen noch die Möglichkeiten haben werden, sich zu erholen und demzufolge mehr oder minder verschwinden.

- Mitte 2019 erfuhr ich von zwei deutschen Milliardären, dass *„für 2020 etwas Schlimmes zu erwarten ist"*. Und ein Politiker, der bis Sommer 2019 eine der höchsten Positionen in einer deutschen Partei innehatte und nun in einen hohen Beamtenstatus gewechselt ist, nannte als Grund für seine freiwillige Versetzung: *„Ich möchte nicht an dem beteiligt sein, was 2020 in Deutschland passieren wird."*

- Um das in abschließende Worte zu fassen, zitiere ich einen rumänischen Hochgradfreimaurer, den ich im Buch »Wenn das die Patienten wüssten« erwähne. Auf die Frage, was das mit Corona alles zu bedeuten habe, antwortete er: *„Diesen Plan haben wir bereits seit den 1960er-Jahren in der Schublade. Jetzt wird er umgesetzt.“*

Ausführlich behandelt finden Sie diese eben aufgeführten Punkte in den Büchern »Wir töten die halbe Menschheit« und »Handbuch für Götter«.

Was genau haben die Illuminaten nun geplant, was wollen sie in den kommenden Jahren umsetzen, was 2020 mit „Corona" begann?

- Die Menschen schränken sich selbst ein und stellen die eigenen Wünsche hinten an.
- Man organisiert einen längst überfälligen systemischen Crash der Weltwirtschaft (Great Reset), ohne dass es dabei einen Schuldigen gibt.
- Man schafft die Nutzung von Bargeld ab, ohne großen Widerstand aus der Bevölkerung zu erzeugen.
- Man kann ohne Schuld von Politik und Banken eine Hyperinflation erzeugen, alles Geld von unten nach umverteilen und eine neue, rein digitale Weltwährung etablieren, die das Ende jeglicher individuellen Freiheit bedeuten würde.
- Man kann problemlos, an allen Datenschutzverordnungen vorbei, die flächendeckende und lückenlose Überwachung aller Menschen etablieren.
- Man kann Versammlungs- und Demonstrationsverbote ohne Widerstand durchsetzen.
- Man kann Demokratie und Nationalstaaten abschaffen und alle Macht über die Menschen einem supranationalen Expertenrat übertragen.
- Man kann die Menschen dazu bewegen, sich freiwillig impfen und chippen zu lassen.

- Man kann die Weltbevölkerung reduzieren, ohne dass irgendjemand Verdacht schöpft. Wie das geht? Die vermeintliche „Corona-Impfung" zerstört das Immunsystem der Geimpften und führt dazu, dass jeder Betroffene an seiner ganz individuellen Schwachstelle erkrankt oder daran verstirbt.
- Man kann die freie Meinungsäußerung unterbinden, ohne Politik und Presse dafür angreifbar zu machen.
- Man kann dafür sorgen, dass die Bevölkerung Andersdenkende selbst zur Räson bringt.
- Man kann im Westen all das möglich machen, was für die chinesische Zentralregierung selbstverständlich ist.[1]
- Diese Auflistung ist aus Michael Morris' Bestseller »Lockdown«. In seinem neuesten Buch »Es ist Krieg« erklärt er weiterführend: *„Die Regisseure dieser künstlich geschaffenen Krise kommen vorwiegend aus dem Bereich der IT, der Pharmaindustrie, des militärisch-industriellen Komplexes und der Geheimdienste. Im Rahmen der Corona-Inszenierung sollen wir Menschen auf eine digitale Identität (QR-Code) reduziert werden, um uns uneingeschränkt kontrollieren und steuern zu können (Social Ranking System). MRNA-Impfstoffe greifen in die Genetik der Geimpften ein und sind ein großer Schritt zur lange herbeigesehnten Verschmelzung von Mensch und Maschine... Die Lüge vom menschengemachten Klimawandel dient dem Zweck, die Bevölkerung in Angst zu halten und immer neue Steuern zu erheben und Verbote auszusprechen. Die Umstellung auf erneuerbare Energien und die E-Mobilität soll die Autonomie und den Bewegungsradius jedes Einzelnen einschränken... Seit der ‚Operation Dark Winter' im Jahr 2001 probten Regierungen und Vertreter der Pandemie-Industrie auf Geheiß einiger Besessener regelmäßig Pandemie-Szenarien, in denen Millionen von Menschen sterben sollten. Im Jahr 2020 wurde die große Zerstörung von Menschenleben, Wirtschaft und Kultur dann in die Tat umgesetzt, und damit mehrere Fliegen mit einer Klappe geschlagen."*[2]
- Die Neue Weltordnung selbst wird u.a. über die Agenda 21 und die Agenda 2030 im links-grünen Gewand eingeführt. Die US-

amerikanische Aktivistin Eileen DeRolf beschreibt im Buch »Wir töten die halbe Menschheit« am Beispiel der USA in aller Ausführlichkeit, wie man still und heimlich die Infrastruktur für ein neues Wirtschaftssystem auf Grundlage von Private Public Partnerships aufbaut, um das freie Unternehmertum zu ersetzen und die Besitzer von Eigenheimen sowie Grund und Boden nach und nach zu enteignen. All das geschieht unter dem Deckmantel von Umweltschutz und Nachhaltigkeit. In Europa hat es die niederländischen Bauern als Erste erwischt...

- Die Redakteure der Massenmedien fordern inzwischen immer offener eine „Weltregierung", weil einzelne Staaten die Corona-Thematik angeblich nicht in den Griff bekommen können, wobei der jüdisch-ukrainische Präsident Selenskyj sogar so weit geht, beim Weltwirtschaftsforum 2022 ganz offen einen „World Coin" zu fordern, eine digitale Weltwährung, damit Staaten wie Russland nicht einfach ausbrechen können...

- Der Gründer und Chef des Weltwirtschaftsforums (WEF) in Davos, Klaus Schwab, möchte mit seinem „Great Reset" erreichen, dass es eine Weltregierung von Wirtschaftsleuten gibt, und dass souveräne Nationen auf lange Sicht aufgelöst werden, denn dann gäbe es keine Kriege mehr. Es geht um eine komplette Umgestaltung der politisch-wirtschaftlichen Welt sowie um die Umgestaltung der bestehenden Völker und Kulturen, die in einem Welteinheitsvolk münden soll.

- UNO-Generalsekretär António Guterres hat sich diesbezüglich am 28.2.2020 im Kontext der Corona-Krise für eine Neugestaltung der globalen Ordnung ausgesprochen. Der Sozialist Guterres sagte: *„Die Nationen, die sich vor mehr als sieben Jahrzehnten durchsetzten, haben sich geweigert, über die Reformen nachzudenken, die zur Änderung der Machtverhältnisse in internationalen Institutionen erforderlich sind."*[3] Er will ein globales Abkommen mit dem Ziel, die Vorherrschaft der Großmächte in der Weltpolitik zu brechen, sowie Macht, Reichtum und Chancen gerechter zwischen den Staaten zu verteilen. Und er stellt sich die neue

Welt der Zukunft folgendermaßen vor: *„Ein neues Modell für globale Regierungsführung muss auf einer vollständigen, integrativen und gleichberechtigten Beteiligung an globalen Institutionen beruhen."*[3] Sprich: eine Weltregierung durch die UNO, wobei die Corona-„Pandemie" und die von den Mainstream-Medien angeheizten Anti-Rassismus-Proteste als Vorwand dienen, um die vom links-grünen Establishment gewollte Neue Weltordnung Wirklichkeit werden zu lassen. Es geht um einen „Great Reset" der bestehenden Weltwirtschaftsordnung. Diese „Eliten" wünschen sich eine Art öko-sozialistische Planwirtschaft unter dem Dach der UNO. Es ist genau das, was wir Autoren in unseren Büchern beschrieben haben. Und es kommt in großen Schritten auf uns zu!

All diese Themen sind eng miteinander verflochten und verfolgen dasselbe Ziel: unsere gewohnte Weltordnung sowie den klassischen Menschen abzuschaffen und durch einen digital gesteuerten Sklaven zu ersetzen.

Vermutlich sind Sie mit dem eben Aufgeführten bereits vertraut. Es sind die Informationen aus Politik, Wirtschaft, von Logeninsidern und diversen Whistleblowern, wie sie etliche Autoren weltweit aufgedeckt haben. In diesem vorliegenden Buch geht es nun um eine ganz andere, extrem erweiterte Sichtweise, und einen ganz anderen Denkansatz, nämlich den eines Okkultisten. Der Okkultist beschäftigt sich mit Kräften, die sich im Unsichtbaren befinden und von dort auf den Menschen einwirken – bewusst oder unbewusst. Mit Gerhard Konstantin werfen wir zusammen einen Blick hinter die Kulissen und betrachten die Kräfte und Mächte, die hinter denjenigen stehen, die die Neue Weltordnung und den Great Reset auf physischer Ebene umzusetzen versuchen.

Machen Sie sich darauf gefasst, dass Sie hier absolutes Neuland betreten und mit Begriffen und Namen konfrontiert werden, die Sie noch nie zuvor gehört haben.

Sogar mir erging es so, und ich war nach dem Lesen des ursprünglichen Manuskripts, das ich im April 2022 zugesandt bekam, derart angefixt und neugierig – vor allem hatte ich viele Fragen an den Autor –, dass ich Gerhard Konstantin darum bat, ein ausführliches Interview mit mir zu führen. Dieses finden Sie als Teil 2 im Anschluss an seine ersten Ausführungen. Und ich bin davon überzeugt, dass das auch in Ihrem Sinne ist, da auch Sie neugierig auf mehr sein werden, wenn Sie Teil 1 intus haben.

So wollen wir nun starten in eine außergewöhnliche Betrachtungsweise der Welt und dessen, was sich dahinter verbirgt – und ich verspreche Ihnen, dass Sie an vielen Stellen Halt machen werden, um das Geschriebene zu verarbeiten und sich Gedanken darüber zu machen, was das für Ihr persönliches Leben zu bedeuten hat und wo möglicherweise sofort Handlungsbedarf vonnöten ist. Denn so erging es mir... ☺

Horrido, und nun auf zu neuen Ufern!

Ihr

Jan van Helsing

Einleitung

Naiv wollte ich ein Flugblatt schreiben – *Eine kurze, okkulte Sicht auf Corona* – und es auf den Demos verteilen... Das *Okkulte* ist geblieben. Aus einem einzigen Blatt wurden viele, denn Menschen, die niemals das Okkulte wahrnahmen, können wir nicht mit ein paar Worten den Grund erklären, warum es Corona gibt und dessen Gefährlichkeit. Bei Begegnungen mit anderen Menschen erkannte ich jedoch, wie notwendig dieses Wissen jetzt ist, und wie viele es gibt, die verwirrt und verzweifelt sind. Für jene Menschen ist dieses Buch gedacht. Dazu gibt es immer noch, der Übermacht der gelenkten Massenmedien zum Trotz, kritische Magazine und viele Bücher, die ehrlich über Corona berichten, aber eben nicht okkult.

Über mich gibt es wenig zu sagen: Ich bin ein Schüler des Okkulten und lebe im Stillen. Diese Neigung brachte ich mit, samt uralten Verbindungen. „Okkult" ist für mich nicht gleich „geheim"; es ist wie in der Homöopathie: geheim, also unsichtbar, ist das Atomgitter des Trägerstoffs. Darin eingebunden ist das Okkulte: die homöopathische Information, die „Löcher" im Gitter, wo keine Atome sind.

Ich unterscheide die Menschen nach der Art, wie sie die Welt wahrnehmen, also auch Corona, in:

1. die Massenbewusstseinsebene,
2. die Weltverschwörungsebene,
3. die esoterische und
4. die okkulte Ebene.

Menschen der Ebenen 1 und 2 leben auf dieser Seite des „Schleiers" – sie wissen nicht einmal von ihm –, die Esoteriker von Ebene 3 erkennen ihn und können ihn auch teilweise durchdringen, dabei ausgerichtet auf das Licht; die Okkultisten von Ebene 4 sehen das Licht und den Schatten.

Das Okkulte wird zurecht vor den Menschen verborgen gehalten, denn die große Gefahr bei der Beschäftigung damit ist, dass man sich darin verlieren kann, wenn man keine starke innere Festigkeit (Wille!) und Klarheit besitzt. Um das zu erreichen, werden einem bestimmte Wege aufgezwungen. Das bedeutet: viele schwere Lebenserfahrungen.

Am wichtigsten ist die Ausrichtung auf Christus! Ich meine nicht den Jesus der Kirchen (obwohl der Nazarener eine Stufe der Einweihung erlangte, die wir wohl in 10.000 Jahren nicht erreichen!). Ich rede vom Christus der Menschheit, dem Kosmischen Christus, der in den Kirchen nicht zu finden ist. Wer den christlich-okkulten Weg geht, findet zu Ihm.

Ich verwende zwei Arten von Informationen: kritisch-öffentliche, recherchiert von mutigen Frauen und Männern, und okkulte. „Unnormale" Menschen verhalfen mir zu meiner speziellen Sicht auf Dinge, Phänomene und Erfahrungen.

In diesem Buch sind die Gedanken der Aufgeführten mit meinen eigenen und denen einer Gruppe von „Engeln" miteinander verwoben. Es ist aufgeteilt, zuerst in sich abwechselnde Kapitel „Das Äußere" und „Das Innere" als Beschreibungen von äußeren und inneren Vorgängen. Nachher gehen sie wie in der Wirklichkeit ineinander über. Die Kapitel bauen aufeinander auf. Dabei versuche ich gegenwärtig zu bleiben im Paulus-Wort: *„Nicht ich, der Christus in mir!"*

Mit Darstellungen des Schattens halten wir uns so weit es geht zurück, denn das Buch soll nicht Angst säen, sondern Hoffnung und Wissen! Wir werden auf stark vereinfachte Weise und mehr bildhaft als abstrakt beschreiben und uns nicht in allzu vielen Details ergehen. Wir betrachten hier das Allernötigste, um Corona verstehen zu können und um vielleicht aus eigenem Antrieb weiterzusuchen: ein Crash-Kurs in Okkultismus.

Das Äußere 1 – Der Dritte Weltkrieg und die heutige Medizin

Heute, im März 2022, befinden wir uns im dritten Jahr des Dritten Weltkriegs. Ein Krieg, der nie offiziell erklärt wurde, etwa durch ein öffentlich ausgerufenes Ultimatum oder das Präsentieren von Waffenarsenalen. Die „Pandemie Corona" ist eine unfassbare Heuchelei, eine globale Lüge, die Menschen töten soll!

Aber seine Entstehung unterscheidet sich nicht von den ersten beiden Weltkriegen: In allen drei Kriegen wurde die Menschheit durch die Kriegspropaganda der gelenkten Massenmedien gezielt in einen kollektiven Irrsinn getrieben! Im diesem Dritten Weltkrieg ist die Waffen-Gattung eine andere, die angestifteten Täter tragen keine Uniform, sondern weiße Kittel, aber die gleiche Unbewusstheit. Er wurde seit Jahrzehnten vorbereitet: durch das Schüren von Angst vor Epidemien jeder Art, wie z.B. die alljährlichen „Grippe-Wellen" oder in zahlreichen Hollywood-Filmen. In diesem Krieg geht es weniger um die Profite der Pharma-Dämonie – er hat ein okkultes Ziel!

Das alles geschieht direkt vor den Augen der Menschen, doch die meisten sehen es nicht. Es sind die Menschen der Massenbewusstseinsebene, die alles glauben, selbst die offensichtlichste Lüge. Sie hängen dem Irrglauben an, dass alles, was veröffentlicht wird, automatisch Wahrheit ist. Diese Menschen sind programmierte Automaten, die in jede gewünschte Richtung gelenkt werden können.

Ähnliches geschieht in dem unterwürfigen Verhalten der Menschen Ärzten gegenüber, das obendrein als völlig normal angesehen wird! Dabei ist unsere materialistische Medizin Teil eines uralten, dunklen Plans, der nicht ganz abgeschmettert werden konnte. Was durchkam, gipfelte in der heutigen Medizin, von der Impfungen und Tierversuche klare Beweise ihrer inhärenten Abartigkeit sind! So wie der menschliche Körper völlig anders ist, als der westliche Mediziner glaubt, so ist er auch völlig verschieden von dem Körper eines Tieres! Nur weil beide ähnliche Organe haben, sind sie nicht das Gleiche – besonders nicht in ihren „höheren Körpern"! Sie sind in keinster Weise vergleichbar!

Die lebensverachtenden Tierversuche zeigen die pervertierte, die dämonische Seite jener „Halbmenschen", die solche Verbrechen initiierten! (Halbmenschen sind von Dämonen besetzte Menschen.) Das gilt auch für das Erfinden von Massenvernichtungswaffen, die sogar das Leben der Erde selbst bedrohen! Gibt es einen beklemmenderen Beweis für die Existenz des Schattens in den Menschen?!

Das Innere I – Das falsche Weltbild

Die Menschen wurden groß in einem Weltbild, wie es ferner der Wirklichkeit nicht sein kann: dem materialistischen, das rein auf dem Sichtbaren und Messbaren basiert. Durch dieses falsche Weltbild, das die Menschen an die Erde ketten soll, wirkt eine der Widersachermächte. Aus dieser winzigen Sicht heraus ist unser Leben sinnlos: Wir kommen aus dem Nirgendwo – werden hier zufällig in dieses Land, in diese Familie geboren und treffen zufällig auf die Menschen, die uns im Leben begleiten – und danach verschwinden wir alle ins Nichts! All unsere Erfahrungen, Gedanken, Gefühle – ohne jeden Sinn!

Fühlt es, wie schwachsinnig das ist! Genauso das Argument, dass wir ja *„Spuren auf der Erde hinterlassen"*! Blödsinn – dafür sind wir nicht da! Ich frage euch: Wie kann jemand, der das Geistige scheut, irgendeine Antwort von Bedeutung kennen?! Diese Scheu selbst ist eine Form von Geisteskrankheit. Die materielle Welt ist nur Schein. In ihr schwingt eine immaterielle, eine rein geistige Welt. Sie ist die Ursache für Materie, ihre Voraussetzung. Eine Wissenschaft, die auf Begriffe und Formeln basiert, fußt nicht in der Wirklichkeit!

Geist offenbart sich als Bewusstsein. Ohne Bewusstsein kann sich keine Materie aus dem Formlosen bilden! Das ist die elementarste Erkenntnis überhaupt, für jeden, der *„durch den Schleier will"*! Er muss erkennen, dass weder Menschen noch die Welt das sind, was er von ihnen sieht und er bislang geglaubt hat!

Es gibt nichts Mechanisches im gesamten Kosmos! Jeder Vorgang – ob in der Natur, ob in von Menschen Gebautem, der Technik, ob im Planetensystem –, alles wird von Bewusstsein gesteuert! Weder Atome noch Naturgesetze sind unerklärbare Automatismen, die „irgendwie" von „irgendwelchen" Impulsen gebildet und gesteuert werden – sie sind die Kräfte von Geistern – von lichten und dunklen Wesenheiten! Diese gestalten die Materie, die *„Bühne für den Menschen"*, und erhalten diese!

Deshalb wurzelt jede Krankheit, jeder Unfall, ja, jedes Geschehen in einem Geistig-Seelischen! Nur dort finden wir Ursachen – nirgendwo anders!

Das Äußere 2 – Mediensucht und Weltverschwörung

Die meisten Menschen ertragen keine Stille, deshalb läuft fast überall, wohin man geht, das Radio, oder noch schlimmer, der Fernseher. Und überall sieht man jene, die verloren am Straßenrand stehen, wie abgeschaltet, und nur noch auf ihr Handy starren, nicht mehr bewusst in der Welt sind. Die Menschen sind süchtig nach den Medien. Um Heilung zu erlangen, müssen sie – wie z.B. der Alkoholiker einen ersten, den entscheidenden Schritt tun muss, den der Erkenntnis: *„Ja, ich bin ein Trinker!"* – erkennen: *„Ja, ich bin ein Medien-Junkie!"*

Die Menschen werden schnell mediensüchtig unter dem scheinheiligen Vorwand, *„informiert sein zu müssen"*. Und es wird ihnen ja auch leicht gemacht, ist doch das grelle, gesteuerte Getöse der Massenmedien allgegenwärtig: das unsägliche Geplärre, die künstliche Aufgekratztheit der Moderatoren und im krassen Gegensatz die monotone Stimme des Nachrichtensprechers, die Sachlichkeit suggerieren soll und doch nur Lügen runterleiert. Das soll jeden eigenen Gedanken im Keim ersticken und lässt keine Abweichung zu. Selbst das diffuse Gefühl in den Menschen, dass die öffentliche Meinung frontal entgegengesetzt dem eigenen Bedürfnis nach Frieden und Harmonie ist, soll nicht bewusst erkannt werden.

Wer diesen Erkenntnisschritt meistert und sich vor allem von der „Nachrichten-Sintflut" abzunabeln beginnt – für den wird die Weltverschwörung auf einmal sichtbar! Er begreift, dass diese sehr real ist!

Diese Menschen sind plötzlich Verschwörungspraktiker, nicht „Verschwörungstheoretiker", wie die Medien ihren normalen Konsumenten weismachen, denn diese tapferen Frauen und Männer lassen sich nicht mehr programmieren – sie werden aktiv: Ab da suchen sie nach dem Wissen, das unterhalb der öffentlichen Meinung versteckt wird. Und fassungslos werdet ihr den Schein erkennen: dass Deutschland noch nie eine Demokratie und eine Pressefreiheit hatte!

Zweierlei muss man verstehen: Dass die Menschen die Weltverschwörung nicht sehen wollen, ist nicht verwunderlich, weil allein schon deren materielle, oberflächliche Seite dem Menschen Angst einjagt. Es spricht für diese Menschen, dass sie gar nicht so bösartig denken können, wie das, was sie bedroht.

Und zweitens: Obwohl „Corona" es nun jedem ermöglicht, durch das weltweite Wirken jener Kreise, die im und durch den Schatten operieren, die Weltverschwörung zu erkennen, ist das Tragische daran jedoch, dass diese sich nicht in dem materialistischen Weltbild erklären lässt. Das macht es ja den Verschleierern leicht, sie als „Schwachsinn" abzutun. Wer dagegen immer tiefer gräbt und sich nicht von der Furcht abschrecken lässt – denn es gibt wahrlich Furchterregendes zu entdecken, aber auch außerordentlich Hoffnungsvolles, Befreiendes, das lebensverändernd wirkt! –, der landet in letzter Konsequenz da, wo alle Wahrheit beginnt und endet: im Okkulten, im Geistigen!

Diese wenigen Menschen lernen dann das, was die Welt wirklich ausmacht. Und sie erkennen hinter der Frage, warum Menschen, die schon alles haben, eine Weltverschwörung anzetteln sollten, die zwei falschen Annahmen: Es sind keine Menschen, und es geht auch nicht um Geld und äußere Macht!

Das Innere II – Die Götter und Mittel-Erde

Es gibt da dieses Rätsel: Gott kann nicht gut und allmächtig zugleich sein, denn lässt er all das Böse in der Welt zu, dann ist er nicht gut, läuft das Böse aber seinem Plan zuwider, ist er nicht allmächtig. Dieses pure Schwarz-Weiß-Denken, das Denken in Polaritäten, trifft nicht auf die Wirklichkeit zu.

Wir Menschen stehen in einem Weltenplan. Menschen und Plan sind ersonnen von Wesenheiten jenseits unserer Vorstellungskraft. Sie, unsere Schöpfergötter, leiten unsere Bewusstseinsentwicklung. Dabei gibt es ein Problem: Sie sind Wesen des Lichts und sie können deshalb nur Wesen des Lichts kreieren. Sie sind allmächtig in ihren Sphären und nicht bezwingbar, und doch war es ihnen nicht möglich, den Menschen als eine selbständige Wesenheit zu erschaffen! Alle Schöpfergötter haben etwas von sich selbst beigesteuert, und der Mensch ist mit all ihren Fähigkeiten begabt!

Aber es reichte nicht: Wir waren Lichtwesen und bewirkten „nur" Lichtvolles unter ihrer Anleitung – wir konnten nicht eigenständig handeln. Wir brauchten eine andere Energie, eine andere Lebenssphäre – die Materie! Aber eine Energie von solcher Dichte bekamen die lichten Schöpfer allein nicht hin. Etwas anderes musste her!

Also fassten die Götter der hohen Sphären den Entschluss, sich gezielt auf das von ihnen nicht Steuerbare einzulassen: die Unterwelt! Dafür bedurfte es eines Planeten, auf dem sich Licht und Schatten begegnen konnten: die Erde! Sie schwebt zwischen den Sphären der Oberwelt und denen der Unterwelt! Tolkien nannte sie treffend *Mittel-Erde*! (Seine Romane sind voll mit okkultem Wissen.)

So geschah es, dass sich alle Dimensionen, alle Kräfte auf der Erde, kreuzen – in jedem einzelnen Menschen! Ja, wir leben im Fadenkreuz des Universums! Und das macht uns einzigartig.

Über uns lernen die lichten Sphären den Abgrund kennen! Das bedeutet: *Was wir nicht erkennen, kennen unsere Schöpfer nicht!*

Das Äußere 3 – Virus und Körperbewusstsein

Wir können uns nicht über die Luft anstecken – weil es in ihr kein Virus gibt! Was es gibt, ist Angst! Angst, Angst, Angst – und die Gen-Injektion, verlogenerweise „Impfung" genannt!

Ein Virus ist nichts Lebendes, nichts Denkendes, hat weder Atmung noch einen Stoffwechsel noch ein Blutsystem! Und schon gar nicht kann es auf veränderte äußerliche Bedingungen reagieren, etwa in der Absicht, zu etwas noch Fieserem, Durchtriebenerem zu mutieren! Ein Virus ist nichts, weil seine Bestandteile – sinnlose Erbgut-Schnipsel – tot sind! Ein Virus wird gebaut – durch Bewusstsein! Und das kann einzig in einem lebenden Körper geschehen, weil der Körpergeist den Gen-Müll so zusammenfügt, dass daraus eine Art lebender Punkt wird, weil er von da eine konzentrierte Kraft aussendet, die den Körper des Menschen angreifen kann! Dieses Zentrum wird Virus genannt!

Jeder von uns hat ein Körperbewusstsein, das auf die Signale, die „sein Mensch" aussendet, reagiert: auf Gefühle und Gedanken! Sind diese dauerhaft von großer Angst durchsetzt – z.B. vor Corona –, kann es passieren, dass der Körpergeist diesen Gefühlen und Gedanken des Menschen nachkommt und sie ihm erfüllt! Dann stellt es die entsprechenden Kraftpunkte her, die Viren, aus dem vielen Genmaterial, das in jedem menschlichen Körper zirkuliert – und der Mensch bekommt genau die Symptome, vor denen er sich so sehr fürchtet! Aber das Körperbewusstsein kann nicht unterscheiden zwischen einer realen, den Menschen drohenden Gefahr, oder einer eingebildeten!

Das ist die ganze Geschichte! Es gibt keine Pandemie – nur die endlose Panikmache der kontrollierten Massenmedien! Deshalb kann auch keine Virendichte in der Luft gemessen werden, weil in ihr keine Viren existieren! Wer „Impfen! Impfen!" schreit, oder gar eine Impfpflicht fordert, dient dem Dunklen, ob ihm das nun klar ist oder nicht! Denn so arbeitet der Schatten: über Ablenkung, Zersplitterung, Lüge – seine Lieblingseigenschaften!

Warum bekommen die Menschen einen grippalen Infekt oder eine Grippe? Durch Programmierungen, die Angst erzeugen, und durch Stress: Dann legt das Körperbewusstsein diese Menschen flach, bevor sie kollabieren.

Krankheit, Angst und Stress werden begünstigt durch Strahlung.

Das Körperbewusstsein verhindert ebenfalls, dass Organe einfach so transplantiert werden können! Denn in jedem Fremdorgan lebt der Körpergeist des Spenders mit, weil er sich nicht so einfach von dem ihm anvertrauten Organ lösen kann! Deshalb sind Transplantationen nur unter Einsatz von viel Chemie und für eine bestimmte Zeitdauer möglich – was für ein Profit für die Pharma-Dämonie!

So stirbt ein Mensch mit einem transplantierten Schweineherz nach sehr kurzer Zeit, weil das Gruppenbewusstsein des Schweins nicht kompatibel ist mit dem menschlichen Körpergeist! Und weil ein Menschenherz kein Muskel ist, sondern im Geistigen der „Umschlagplatz der Liebe"! Und Bluttransfusionen übertragen geistige „Codes" vom Spender auf den Empfänger! Unsere völlig materialistische Medizin ist ein Fluch aus einer uralten Zeit! Dieser Fluch konnte zu einem großen Teil abgeschmettert werden von den lichten Kräften! Sonst wären wir längst schon ein „Ghost in the shell" – ein Bioroboter!

Das Innere III – Der Schatten

Da beißt die Maus keinen Faden ab: Dämonen und gefallene Engel – sie sind die Mitgestalter am Menschen! Durch das „Abschneiden der Schnüre" zur Oberwelt gaben sie uns Selbstbewusstsein! Wir wurden etwas Eigenes! Durch die Schattenwelt erhielten wir die Freiheit, aus uns selbst heraus fatale Irrtümer zu begehen, aber auch zu lieben, wen wir wollten. Durch ihr Wirken an und in uns erhielten wir Begrenztheit: Schuld, Krankheit und Sterben. Das ewige Leben war uns durch sie genommen, dafür schenkten sie uns den Tod: die Gabe, wieder komplett neu durchstarten zu können, ein ganz anderes Leben als das vorherige zu beginnen mit den davor gewonnenen Fähigkeiten! Wer von den Ewigen kann das schon? Keiner!

Unzählbare Augen und Nicht-Augen sind auf uns gerichtet! Wir Menschen erschaffen etwas Neues, nie Dagewesenes im Universum! Zu glauben, dass Gott, die Götter, für uns schon alles richten werden auf der Erde, ist falsch! Sie lernen durch uns, und von uns Menschen hängt alles ab! Unsere Erkenntnisse über das Wirken des Schattens in uns entscheiden über das Ringen zwischen Göttern und Dämonen um uns, denn die Schattenwesen fanden Geschmack an uns!

Die Lichten und die Dunklen sind genau so real wie wir Menschen. Nur weil unsere körperlichen Sinne sie nicht sehen, existieren sie dennoch und wirken auf uns ein! Zwar können sie auf der Mittel-Erde keine materielle Gestalt annehmen – aber sie können durch den Menschen handeln! Die Götter tricksen dabei mit Einflüsterungen, Eingebungen, Vorahnungen, die den Menschen mitunter eine plötzliche Bewegung oder eine unwillkürliche Handlung machen lassen, die im Nachhinein zeigen, dass sie einen großen Schaden von ihm abgewendet oder ihn sogar auf einen anderen Lebensweg gestellt haben. Der Schatten geht radikal vor und besetzt Menschen direkt und lange oder gar für immer. Das geschieht hauptsächlich durch Unbewusstheit, durch Rausch und Exzessivität. Viele von ihnen wissen nicht, was sie in sich tragen. Und dann gibt es noch jene Ego-Wahnsinnigen, die unendlich Gierigen, die den Schatten direkt einladen – ihn sich wahrhaftig aufladen! Das sind die dämonisierten Menschen – die Halbmenschen!

Der Dämon im Genick des Halbmenschen lässt ihn nicht mehr los. Da aber Bewusstsein ansteigt – im Kosmos wie auf der Erde –, kann sich das Schatten-Gespann hier immer schlechter halten. Doch es hat herausgefunden, dass Stoffe im Blut gequälter Kinder ihm vorübergehend wieder eine Form geben in dieser sich materiell auflösenden Welt, die ihren Weg in die Vergeistigung begonnen hat. Um zu überleben, müssen sie ein globales Erwachen der Menschen verhindern!

Wer das bis hier Angeführte auf sich einwirken lässt, beginnt vielleicht nun leise zu ahnen, was bei Corona auf dem Spiel steht...

Das Äußere 4 – Atmung und Strahlung

Jeder Atemzug, den wir ausstoßen, verschwindet nicht etwa in einem Schwarzen Loch in Miniaturformat vor unserem Mund, sondern taucht in die Atmosphäre ein. Jeder ausgeatmete Atem von jedem atmenden Lebewesen vermischt sich nach und nach mit der gesamten Sphäre der Erde! Wir atmen also mit jedem Atemzug Luftmoleküle ein, die von anderen Menschen ausgestoßen wurden! Und nicht nur von Menschen, sondern auch von Tieren! Ja, wir atmen mit jedem Atemzug Luftmoleküle ein, die schon durch Abermilliarden von Lebewesen hindurchgezogen sind – seit Anbeginn der Zeit, seit es luftatmende Lebewesen gibt! Gäbe es Viren in der Luft, gäbe es weder eine Menschheit noch eine Tierheit! (Natürlich gibt es „Reinigungsaktionen" in der Atmosphäre, von denen die Naturwissenschaften keinen Dunst haben. Würden diese nicht durchgeführt, gäbe es längst kein Leben mehr auf der Erde.)

Was in Wuhan passiert ist, geschah nicht durch ein von sonstwo entsprungenes Virus, sondern durch ein Strahlengewitter – entfesselt von 10.000 5G-Strahlern, so heftig, so gewalttätig, dass kränkliche Menschen auf der Straße zusammenbrachen und Vögel tot vom Himmel fielen! Es wurde wieder abgeschaltet.

Auffallend ist, mit welcher Hast sie weltweit 5G-Netze installieren und 5G-Satelliten in den Orbit schießen. Dazu die HAARP-Anlagen, deren Hochfrequenz-Impulse auch die irdische Schumann-Resonanz verändern: den Herztakt von Mutter Erde, auf die unser Bewusstsein geeicht ist!

Durch HAARP & Co. manipulieren sie das Wetter weltweit, erzeugen Naturkatastrophen wie Flutwellen und Erdbeben über ihre brutalen Attacken gegen das irdische Magnetfeld – eine für jeden normalen Menschen unfassbare Technologie, weil sie den Plänen des Schattens dient und Menschheit und Erde vernichten soll! Ihre Betreiber, die US-Nachrichtendienste – wer verfolgt dämonischere Ziele als sie?! – reißen über diese Antennenanlagen blindwütig tiefe Wunden in den atmosphärischen Leib der Erde und wundern sich, dass ihr fester Leib daraufhin zuckt und bebt! Die kranken Hirne von DARPA und Konsorten kapieren nicht, dass sie ein einziger lebender Körper ist, ein unvorstellbares Bewusstsein! Ein Geist, der sich wehren kann, wenn er sich dazu entschließt! Dann löscht er ganze Kulturen aus, und kein widernatürliches Mensch-Dämon-Gespann wird danach noch existieren!

So muss man hinter allem, was die Lügenmedien plärren, mittlerweile genau ein Gegenteiliges vermuten: CO_2 brauchen wir unbedingt, damit unser Gehirn besser funktioniert, was bei den grünen Überfliegern, die es auf Null herunterdrücken möchten, ohnehin nichts nützt! Und CO_2 hat überhaupt nichts mit einem Klimawandel zu tun! Aber mit dieser Lüge lassen sich die Steuerzahler hervorragend schröpfen! Der Mythos vom Klimawandel wird benutzt, um die hirnrissigen Manipulationen in der Atmosphäre zu vertuschen, die zwangsläufig auftreten, weil Mutter Erde sich wehrt!

Es ist wunderbar, wie die geistige Welt Lüge auf Lüge zur Aufdeckung bringt!

Das Innere IV – Die Körper des Menschen

Der Geist des Menschen lebt ewig. Nach dem Tod seines materiellen Körpers verlässt er die Erde und wandert durch die Sphären, zurück zu seinen Schöpfern, um zu verstehen. Er kann dann gemeinsam mit ihnen von dort aus auf die Erde einwirken und sie verändern. In der Regel kehrt er wieder in einen menschlich-materiellen Körper zurück, um direkt auf der Erde notwendige Veränderungen an sich und der Welt zu erreichen.

Außer dem sichtbaren Körper, dessen Materie der Erde gehört und dort verbleibt, besitzt der Mensch weitere, höhere und unsichtbare Körper, mit denen er im Nachtodlichen durch die ihnen entsprechenden Reiche streift: durch das Ätherreich, das Astralreich, bis hinauf in die hohen Geisterreiche, zu den Göttern.

All seine Körper muss er zur Vollendung bringen, so ist der Weltenplan. Sie sind verschieden alt – der älteste und vollkommenste ist der „Formleib", der physisch-immaterielle Körper. Er entsteht aus einem geistigen Keim – den Götter aus dem ganzen Universum für uns erschaffen und den sie nach jeder Reise auf der Erde modifizieren! Der Formleib ist die lebendige Matrix für den sichtbaren, materiellen Körper.

Das Impfen oder gar eine Impfpflicht einzuführen, ist eine Kriegserklärung an die Götter! Denn der Mensch steht in der Pflicht, nach und nach mit seinem heranreifenden Bewusstsein die Kontrolle über alle seine Körper zu erlangen, als letztes den materiellen. Ihn muss er zum „Formleib" umwandeln – dem „Auferstehungsleib Christi"!

Seit wir auf der Erde den materiellen Körper erhalten haben, um sichtbar zu werden, wurde es notwendig, alle Vorgänge in ihm durch ein Bewusstsein steuern zu lassen, bis der Mensch selbst dazu in der Lage sein wird. Dieses Körperbewusstsein gehört nicht dem Menschen an. Im materiellen Körper erfüllt es die Aufgabe, die ihm von den Göttern zugeteilt wurde, da ist es an seinem Platz. An jedem anderen Ort wird es zu einer Bedrohung. Dieses Körperbewusstsein erlöst der Mensch durch die Transmutation des materiellen Körpers in den geistigen Formleib – über die Erhöhung seines eigenen Bewusstseins!

Es gibt noch höhere Körper, die aus der bewussten Beherrschung der „unteren" Leiber erwachen, Seelenkörper, die in der Erdevolution von Menschen zu Geistkörpern umgewandelt werden.

All diese Körper des Menschen sind strahlungssensibel, solange der Mensch nicht lernt, einen starken geistigen Schutz für sie aufzubauen. Auch Gedanken sind eine Art von Strahlung!

Das Äußere 5 – Psychokrieg

Um Menschen etwas glauben und tun zu lassen, das eindeutig schwachsinnig ist, muss man seine Klarheit und seine göttliche Fähigkeit zum logischen Denken aus ihm herausschlagen! Programme wie der Gender-Wahn, die CO_2-Lüge, die ganze Corona-Idiotie, letztlich jeder Krieg, der je geführt wurde, beginnen zuallererst mit einem Krieg gegen die Psyche des Menschen! Damit der Mensch Irrsinn und Zerstörung hinnimmt, raubt ihm dieser erste Krieg jegliches Moral-Empfinden, seinen Instinkt für das, was gut und was schlecht ist, sein Mitgefühl – ja, sogar seine Liebe! Denn der Mensch ist von Natur aus gut und liebevoll! (*„Nur der Stärkste überlebt."* – ein weiteres schwachsinniges Dogma der Naturwissenschaft!)

Zusätzlich wird den Menschen die äußere Sicherheit gestohlen durch sich ständig ändernde und manchmal auch gegensätzliche Anordnungen, abgelöst von Phasen der „Ruhe". Diese „Ruhezeit" bedeutet nicht, dass die Politiker ihre letzten Entscheidungen überdenken oder auf neue Ergebnisse warten: In dieser scheinbar ereignislosen Phase sollen die Menschen sich an die schärferen Lebensbedingungen, an das Aushöhlen ihrer Grundrechte gewöhnen! Niemals wird es danach besser, sondern die Daumenschrauben werden weiter angezogen. Noch mehr Verzweiflung und Wut soll entstehen. Das Empfinden, hilflose Opfer zu sein, muss sich in den Menschen verstärken.

Der Psychokrieg basiert auf Gefühlen, soll den ganzen inneren Halt im Menschen zertrampeln und seine niederen Instinkte wecken! Es ist ein Krieg gegen jeden von uns! Und es sind hauptsächlich Menschen der Massenbewusstseinsebene, die dieser Gehirnwäsche verfallen, was sich durch alle Gesellschaftsschichten zieht! Der sich untereinander verstärkende Druck macht die Massenmenschen blind für das, was wirklich geschieht. Diese Angst und Wut wird kanalisiert und gelenkt, und entfesselt sich dann wie von selbst.

Diese Energie lässt sich auf alles lenken, etwa auf ethnische Randgruppen oder auf die Besonnenen, wie uns Ungeimpfte, sogar auf Tiere, z.B. Hunde, Wölfe oder angeblich von „Viren" befallene Ställe und

Herden. Damals die Juden, heute die Ungeimpften und neuerdings die Russen. Was diese Menschen niemals bei klarem Verstand tun würden oder wenn sie allein sind – in der aufgestachelten Menge sind sie bereit zu lynchen, zu morden!

Freiwillig zieht kein normaler Mensch in den Krieg oder greift nach einem Backstein. Alles steht und fällt mit dem Glauben an die Massenmedien, dass diese unabhängig sind und nichts als die Wahrheit verbreiten!

Menschen, die sich nicht willenlos machen lassen, die nicht anfällig für den Psychoterror sind, sondern den Irrsinn durchschauen, sind automatisch Feinde all der Lügner, Verzerrer und Dämonen! Es gilt: Je verlogener eine Einrichtung, umso dämonischer ist sie!

Doch um die wahrheitsliebenden Menschen postieren sich die lichten Mächte, und sind sofort bereit, auf Gebete und Anrufungen zu reagieren!

Das Innere V – Komposition Mensch

Der Mensch ist eine gewaltige Komposition, sein Leben wie das Erklingen einer überirdischen Sinfonie. Dabei ist jeder seiner Körper ein Teil des Orchesters. Und so, wie die Musiker während des Spielens niemals ihren Platz verlassen, sich umsetzen oder gar ganz von der Bühne verschwinden, so bleiben auch die immateriellen Körper des Menschen immer da, wo sie hineingestellt sind. Ihre Ausrichtung zueinander machen den Menschen in seiner Ganzheit aus.

Sein materieller Leib ist nur deshalb sichtbar für alle anderen, weil die höheren, unsichtbaren Körper mit ihm zusammenspielen: Sie durchdringen sich gegenseitig und sind immer da. Fehlt nur einer dieser Körper, hört der Mensch auf, in der normalen Weise zu existieren.

Der materielle Körper, der geformt ist aus den Stoffen der Erde, ist das Abbild des physischen Geistkörpers des Menschen, des Formleibs. Er wird belebt vom Energiekörper, dem Ätherleib, einer Art Mini-Akasha-Chronik: Dieser speichert alle Erfahrungen ab. Die braucht der Mensch unbedingt, wenn er später seinen materiellen Körper verlässt.

Im Astralkörper wallen all seine Gefühle, Leidenschaften, Begierden, Wünsche. An diesem muss jeder besonders arbeiten... Ebenso an dem, was sein Menschsein ausmacht: seinem Geist, seinem höheren Bewusstsein, seinem Ich-Bin, das meistens von seinem Ego, dem niederen Bewusstsein, überspielt wird.

Sein unschätzbarer und wichtigster Helfer ist der Schutzengel, der ihm „Rückendeckung" gibt. Er begleitet den Menschen seine gesamten Leben hindurch und kennt ihn besser als kein anderer. Engel und Mensch wachsen aneinander.

Kein Mensch kommt als unbeschriebenes Blatt auf die Erde. Aus Vorleben bringt der Mensch Sympathien und Antipathien mit, Fähigkeiten für bestimmtes Tun und Verbindungen sowie karmische Verstrickungen. Er schleppt sogar einen selbst zusammengeschusterten Schatten mit, ein Energiefeld voller unangenehmer Gefühle. Rudolf Steiner z.B. nannte ihn den „Doppelgänger", Eckart Tolle etwas treffender den „Schmerzkörper", denn das ist es, durch das er lebt und sich ernährt: durch seelischen Schmerz.

Die Körper entwickeln sich, sind verschieden groß und positionieren sich gegenseitig. Der Mensch hat über keinen von ihnen eine bewusste Kontrolle. Das ist sein Ziel der Erdevolution, das ihm die Götter vorgeben haben. Das muss er erreichen, um „versetzt" zu werden in das nächste Zeitalter. Noch helfen ihm Geistwesen dabei, wie das Körperbewusstsein, aber ihre Tätigkeiten am Menschen sind zeitlich begrenzt. Bis dahin muss er es selbst geschafft haben.

In ihrer Gesamtheit sind sie und noch weitere Körper der Mensch. Keiner der Körper kann an einer anderen Stelle sein, so wie auch Teile eines Orchesters nicht etwa hinter dem Dirigenten platziert sind. Ihr Arrangement ist sehr wichtig für den Menschen, weil damit ihr richtiges Zusammenwirken gewährleistet ist. Sind die Körper nicht richtig angeordnet, kann der Mensch die Ziele seines Lebensplans nicht erreichen: Er läuft „schief" durchs Leben. Und ebenso stirbt er nicht in der richtigen Weise.

Das Äußere 6 – Masken: das Verderben

Wen packt nicht das Unbehagen angesichts einer anonymisierten, bis zur Unkenntlichkeit maskierten Horde von Zweibeinern? Nur völlig Abgestumpfte erkennen nicht das Unnatürliche, das Kranke daran. Aber das Tragen von Masken ist ein äußerst effizientes Mittel zur Unterdrückung der menschlichen Sucht nach Freiheit: das Gesicht wird verborgen, der Wille letztendlich gebrochen. Dazu das Verbot, in Gruppen zusammen sein zu dürfen – das bis in die Familie hineinwirken soll! Es dient der Zerstörung aller seelisch-nährenden zwischenmenschlichen Verbindungen. Auch die schwachsinnige Quarantäne soll die Menschen voneinander isolieren.

Die Sinnlosigkeit des Maskentragens ergibt sich aus dem vorher Dargelegten. Es wird trotzdem angeordnet – unter dem verlogenen Argument, dass wir damit die Verantwortung für die Gesundheit aller Mitmenschen übernehmen! Dauerhaftes Maskentragen bewirkt nichts Gesundes, sondern auf zweifache Weise Verheerendes: physisch und psychisch! Die Lungenkraft lässt zwangsläufig nach, wenn ein Dauerhemmnis das freie Atmen einschränkt. Schlimm ist es bei Kindern in ihrer Entwicklung: Die Lungen bilden sich nicht voll aus – sie werden zu Atemgeschwächten! Das vermindert die Sauerstoffzufuhr in den Körper; Müdigkeit wird ein Dauerzustand; Krankheit und Psychosen drohen!

Masken verstärken das Unmenschliche, wirken furchterregend, traumatisieren Kinder und Erwachsene – bis hin zum Zerfall von Körper und Seele! Babys und Kleinkinder sollten niemals maskierte Menschen sehen!

Dass dieser Wahnsinn nicht gestoppt wird, beweist unmissverständlich, dass uns besonders Politiker und Journalisten frontal gegenüberstehen! Und wie fundamental der Lehrstoff für Ärzte von den Lügen der Pharma-Dämonie durchseucht ist! Und weil sie auf schlimmste Weise ihre Macht missbrauchen, wird ihnen in keinem nachfolgenden Leben je wieder Macht gegeben! Denn das entscheiden die Götter, nicht der Mensch!

41

Ihr Lügner seid die dahinsiechenden Bettler in den Gossen der Zukunft, dereinst abhängig von jedem Stückchen Almosen und gierend nach dem winzigsten Funken von Mitgefühl! Aber wie solltet ihr etwas erhalten können, das ihr selbst den Menschen verweigert habt?!

Das Innere VI – Das Zusammenwirken von Licht und Schatten

Wie oben so unten: So, wie wir unsere Häuser, unsere Städte, die Infrastruktur bauen, so werden auch Planetensysteme „gebaut". Bei uns kümmern sich Menschen aus verschiedenen Berufen um die unterschiedlichen Arbeiten, angeführt von einer Bauleitung, während es im Universum reiner Geist ist, der die ewige Bewegung dazu verführt, aus ihrem ineinander verschlungenen, hitzigen Tanz unvorstellbare Ströme aus Bewusstsein zu gebären. Angeleitet vom Kosmischen Geist verwirbeln sie in Glückseligkeit: gigantische Ur-Geister, die in ihrer Entwicklung einmal galaktische Zentralsonnen sein werden, ebenfalls als Geist und Bewegung, die in Harmonie – und manchmal auch nicht – weitere Bewusstseinswelten aus sich heraus gebären. Und wenn sie gelassener werden, erkalten sie zu bewusster Energie, unvorstellbar fein, wie sie nur im Anfang des Universums sein konnte.

Im Kleinen wie im Großen: Je größer die Aufgabe, umso bewusster der Geist, der sich später in den weniger umfassenderen Aufgaben spezialisiert. Die christliche Terminologie nennt es die Engelhierarchien, die direkt über dem Menschen mit dem Engelreich beginnen und bis zu den Seraphim, den *Geistern der Liebe*, hinaufreichen, alle zusammengehalten durch Liebe – vom Atom bis zur Sonne – und geführt von der Göttlichen Trinität. Wegen ihrer Nichtdarstellbarkeit wird sie im Christlichen *Vater, Sohn und Heiliger Geist* genannt, in anderen Religionen schlicht als Familie betrachtet: *Vater, Mutter, Kind*.

Von Anbeginn der Zeit wirkten Licht und Dunkelheit zusammen. Denn so wie das Licht schöpferisch, ausströmend, aufbauend ist, brauchte es zu seiner „Sichtbarmachung" die dunkle Gegenkraft des Hemmenden, Zusammenziehenden, Unterdrückenden. Dichtere Energie, Materie, entsteht aus Reibung zwischen Licht und Dunkel, aus dem Abkühlen der Lichtkräfte. In Licht begegnet der Mensch dem Engel, in ethnischen Gruppen dem Erzengel und als Menschheit dem Archai, dem Zeitgeist als einer global wirksamen Kraft, der Zeitqualität. Es sind Mächte, deren Wirken für jeden, der will und kann, erkennbar sind.

Anders das Dunkle: Da es nicht aus sich heraus schöpferisch tätig sein kann, muss es Energie rauben. Deshalb wirkt es im Verborgenen, schleicht sich an uns heran, wahrlich wie ein Dieb in der Nacht, und ist untrennbar mit der Lüge verwoben. Selbst in der Bibel wird nur von einem Widersacher gesprochen, aber es werden ihm drei Namen gegeben: Teufel, Satan, Luzifer. Da die römisch-katholische Kirche sogar die Natur hasste, wurden die lichterfüllten Devas, die Götter der Heiden, verdammt: So wurde aus dem großen Pan ein Teufel. Luzifer und seine Scharen waren die gefallenen Engel – das falsche Licht, das bis heute Vatikan und Jesuiten beherrscht –, und Satan und seine Dämonen drangen als Außerirdisches zur Erde. Jeder von ihnen hat sein eigenes Aussehen und eine eigene Kraft.

Die Leuchtenden gehören der Oberwelt, die Dunklen der Unterwelt an. Das bedeutet nicht, dass die einen über den Menschen und die anderen unter uns stehen. Es gibt keinen schlimmeren Fehler, als die Dunklen, den Schatten, zu unterschätzen. Sie sind in ihrer Art so mächtig wie das Licht, nur: Sie arbeiten halt anders. Rudolf Steiner sieht sie als eine Art „Sitzenbleiber", als jene, die die Anforderungen ihrer Zeit nicht erfüllt haben und deshalb in ihrer Evolution hängengeblieben sind. Licht- und Schattenwesen sind verschiedenfarbige Geschwister des gleichen Stammes, des gleichen Ursprungs, aber eben mit einer anderen Ahnenreihe. Sie alle ehren oder fürchten Christus, den Lenker der Menschheit. Dabei haben die einen das Wohl der Menschheit im Sinn, die anderen wollen sie sich unter den Nagel reißen.

Das Äußere 7 – Die Gen-Injektionen

Ich bin ungeimpft und kann kein „Corona" bekommen – außer ich lasse mich impfen. Denn Impfungen hatten bislang nur einen Zweck: Profit für die Pharma-Dämonie! Denn nicht die Impfungen heilten und löschten Seuchen aus – sondern Veränderungen von Lebensumständen! Kinderkrankheiten sind notwendige Reifeprozesse, ohne die Kinder schwächer sind als jene, die diese „Krankheiten" durchleben! Impfungen schwächen Kinder in jeder Hinsicht – körperlich, seelisch, geistig! Hunderttausende von Lügen, mit denen die Pharma-Dämonie die Wahrheit zugekübelt hat! So viele Impf-Tote und Impf-Geschädigte – gerade durch die Gen-Injektionen! Denn alle Impfungen entstanden aus einer widernatürlichen, unmenschlichen Denkweise!

Die Erfinder der Corona-„Pandemie" sind Halbmenschen, dämonisierte Leute mit dem klaren Willen zum Töten! Der Dämon in ihnen erwürgte jegliches Mitgefühl und jede Liebe! Und sie ließen es zu – einzig für den materiellen Reichtum! Aber sie können nichts von dem mitnehmen, wonach sie und viele andere Menschen streben: Geld, Besitz, Status, Macht! Das bedeutet gar nichts, wenn sie nach dem Tod ihren Gang antreten müssen! Da zählen vor allem der Grad ihrer Bewusstheit und die Güte ihres Herzens!

Die Corona-„Impfstoffe" sind *Gen-Injektionen*, die Dinge enthalten, die es möglich machen, den Körper genetisch umzubauen! Sie lügen uns vor, dass es unser Immunsystem stärken würde. Im Gegenteil: Das Immunsystem wird getäuscht und greift letztendlich den eigenen Körper an!

Die bewusst geheim gehaltenen Stoffe in der Spritze – wie giftige Metalle, Graphenoxid, Nanobots, Parasiten – sollen noch Schlimmeres bewirken: Sie sind eine Invasoren-Armee, die sich durch den Körper bewegt und die sich ihre Waffen und ihre Stützpunkte eigenständig aufbaut! Sie besetzt den Menschen mehr und mehr! Es ist künstliches, schwarzmagisches Leben, das den Menschen eingespritzt wird und das wie bewusstes Leben handelt!

Es markiert den Menschen, magnetisiert seinen Körper und sendet Signale aus. Und es macht den Körper – und das menschliche Bewusstsein! – empfänglich für Signale von außen, über 5G-Strahlung, Radioaktivität und Magnetfelder, den „Elektrosmog"! Die ebenfalls mit giftigen und radioaktiven Stoffen verseuchten Chemtrails verstärken die elektrische Leitfähigkeit der Luft und somit die Signale zu und aus den geimpften menschlichen Körpern! Über gewaltige Datenzentren und die weltweiten HAARP-Anlagen wollen sie gezielt ganze geimpfte Bevölkerungen steuern!

Der Mensch wird zu einer Art Maschine, lenkbar über eine in ihn eingedrungene, Künstliche Intelligenz (KI)! Dagegen wird er für Signale aus den Engelwelten unempfindlich! Es ist ein fremdartiger Geist, der für den Antichristen wirkt! Unter dessen übermächtigem Willen wollen die Halbmenschen die Menschheit in der Jauche des Transhumanismus ertränken: Besetzungen durch eine zutiefst dunkle, kalt-metallisch wirkende Intelligenz, die jede Menschlichkeit zerstört!

Sie bewirkt nicht nur den Zusammenbruch des physischen Körpers, sondern auch die Trennung vom Schutzengel und die Auflösung von Seele und Geist, indem es diese höheren Körper aus ihrer natürlichen und notwendigen Position verjagt oder sie gar miteinander verschmelzen lässt! Ein derart misshandelter Mensch verlässt seinen Körper und der Zutritt zum lichten Reich muss ihm verwehrt werden! Obwohl die Engel alles tun, um diesen dämonisch-soratischen Zustand zu verändern, müssen sie diesen erst einmal verstehen!

Das Innere VII – Der Tod

Wir werden geboren und sterben, wie schon oft. Obwohl wir darin Meister sind, helfen uns Engel beim Eintritt ins Leben, weil unser Bewusstsein dann schon dem der irdischen Menschen angepasst ist: diffus und von nichts Bedeutendem eine Ahnung. Entscheidend bei Geburt und Tod ist, wie die Körper des Menschen arrangiert sind. Normalerweise geht alles nach Plan: Engel steuern das Kommen und Gehen in der richtigen Weise. Auch über diese beiden Hauptvorgänge des Lebens muss der Mensch zukünftig selbst die Kontrolle erlangen.

Während die Geburt von Entscheidungen und Erfahrungen aus dem „Geisterreich" beeinflusst wird, trägt beim Sterben und Tod all das bei, was der Mensch in seinem Leben tat oder unterließ, all das, was er erkannte oder gar nicht erst sehen wollte. Auch wenn ein mächtiges Engelwesen ihn hinüberträgt in ein völlig anderes Reich – der Mensch wirkt mit hinein in den Ablauf seines Todes!

Das erdnächste Geisterreich ist das, was die christlichen Kirchen das „Fegefeuer" nennen. Das ist kein sadistisches Treiben irgendwelcher Teufel, auch wenn es für manche Menschen äußerst schmerzhaft ist. Denn dort muss man sich von all seinen Vorstellungen, seinen Vorlieben und Abneigungen, seiner Liebe und seinem Hass – von seiner ganzen irdischen Geistes- und Gefühlswelt des letzten Lebens! – lösen. Nichts darf davon übrigbleiben. Auf diese Weise gereinigt, tritt er dann in die höheren Geistsphären als ein. (Keine Sorge: All das, was er sich herausriss, wird ihm vor dem Eintritt in ein neues irdisches Leben wieder draufgepackt!)

Er wird durch die geistigen Sphären der inneren Planeten, die der Sonne und der äußeren Planeten geleitet und dann dem ganzen, weiten Kosmos zugeführt. In jeder der Sphären geht es um bestimmte Eigenschaften, die er sich in seinem Leben auf der Erde angeeignet oder verhunzt hat. Keine Angst: Niemand ist so ein Streber, dass er alles kann und alles weiß. Sonst müsste er diesen „Bußgang nach Canossa" nicht mehr antreten und sich auch nicht mehr auf der Erde herumtreiben.

Bei dieser außerirdischen Wanderung verliert der Mensch all seine Körper in den entsprechenden Sphären, bis nur noch sein geistiger Kern übrigbleibt: das noch ziemlich unterentwickelte göttliche Ich. Auch sein Schutzengel zieht sich zurück, um zu verschnaufen. Um in die hohen oder gar höchsten Regionen des Geisterreiches hineinzukommen, ist die Reihenfolge dieser Stationen außerordentlich wichtig. Die Götter legten den überirdischen Jakobsweg fest, der ganz und gar abgestimmt ist auf den Menschen in der jetzigen Form und Zusammensetzung seiner Körper. Wäre diese anders, müssen die Lichten hart schuften, um das notwendige Gepräge wieder hinzubekommen.

Das Derangieren der Körper geschieht durch ein traumatisierendes Sterben, etwa durch Gewalt, Drogen, Chemotherapie oder radioaktive Bestrahlung. Das betraf bisher nur relativ wenige Menschen, sodass die Lichten immer helfen konnten, den Menschen wieder auf die richtige Spur zu bringen.

Die „Corona-Impfung" verändert alles! Sie ist der Beginn des offenen Krieges der Unterwelt gegen die Oberwelt! Denn über die Gen-Injektionen greift der Schatten die Götter an!

Kapitel 8 – Karma

Obwohl es den Menschen schon viele Zeitalter gibt – meist in rudimentärer Form, die noch wenig Menschliches an sich hatte –, ist er gegenüber der ewigen Geisterwelt noch eine junge Kreation. Die geistigen Hierarchien – lichte wie dunkle – entstanden vor unserer Lebenswoge. Sie sind älter als wir, existierten schon, bevor der Mensch „initiiert" wurde. Obwohl die Schöpfung „Mensch" älter zu sein scheint, spielt sie erst eine Rolle, seit ihr zukünftiges Bewusstsein mit dem der Erde verknüpft wurde. Seitdem begleiten sie einander durch die Zeitenläufe. Damals war die Erde genauso wenig als Erde erkennbar wie der Mensch als Mensch und wurde auch anders genannt.

Eine richtige Gestalt nahmen beide an, als es „irdisch" wurde, als Energie sich stark verdichtete. Dabei begann der Mensch als Mensch – als nichts anderes! Nur weil er in einer Art tierischem Körper seine Erdenexistenz begann, bedeutet das nicht, dass er jemals ein Tier gewesen ist. (Bye bye, Darwin.) Als ein Seelenwesen wurde er mit einem Körper verknüpft, der ihn in der dichter werdenden Energie verankerte. Das taten hohe Engelwesen. Heute, in der modernen Zeit, spricht man lieber von galaktischen Wesen, von Außerirdischen, die uns ihre Gene gaben. Tatsächlich gaben ja auch die Götter von sich, die hohen und höchsten Engel der Oberwelt. Dieser tierähnliche Körper wandelte sich mit der Bewusstwerdung des Menschen um in den jetzigen, den uns vertrauten. Und er wird sich weiter wandeln.

Durch den Eintritt der Dunklen in unsere Entwicklung mussten wir sterben und wiedergeboren werden. So ist jeder von uns sein eigener Vorfahr. Aber als unsere eigenen Urahnen häuften wir mehr Unglück als Glück in unseren Leben an – Befreiungen und Belastungen, die immer heftiger in unsere Existenzen hineinwirkten. Das Gute nehmen uns die Götter weg, denn es ist Nahrung für sie. Aber sie helfen uns dadurch weiter. Die Wirkungen der unschönen Taten kleben an uns, diese müssen wir selbst wegreißen! Einst lösten wir es durch eine bewusste Gegenhandlung auf: Mal lagen wir auf der Streckbank, ein andermal zogen wir das glühende Eisen aus dem Feuer – doch jetzt gleicht ein stärker gewordenes Mitgefühl und eine gewachsene Liebe Karma aus!

Die Gedanken der Menschen verschwinden in verschiedene Reiche des Kosmos, je nach ihrem „Geschmack". So sammeln sich in einer besonders finsteren Region die mörderischen Gedanken der Menschen aller Kulturen, aller Zeitalter an. Das lockt gleichartige Wesen an, die daraus Kraft ziehen, denn wir speisen diese Gegend ja noch immer ein. Diese Wesen sind finsterer als die satanischen Dämonen und sie kommen als unser Gestalt-gewordenes Karma zu uns zurück – bis zum Bersten angefüllt mit unserem eigenen Hass, unserer eigenen mörderischen Wut auf alle Menschen! Ginge es nach ihnen, gäbe es nichts Menschliches mehr im Kosmos! Sie sind die Lieblingsknechte des Antichristen, des Sonnendämons, und wir müssen uns ihnen stellen.

Atlantis ging unter durch schwarzmagisches Treiben. Es musste vernichtet werden, bevor es alle Lebenswogen ins Chaos gestürzt hätte! Die Folgen der schwarzen Magie werden wieder sichtbar, denn wir selbst sind es, die sie geschaffen haben: Portale, durch die Kreaturen in unsere Welt hineinschleichen, die nicht mehr die ihrige ist. Doch sie sind auf der Suche nach ihren Schöpfern. Wir müssen uns erinnern!
Denn heute stehen wir an dem gleichen Punkt wie damals auf Atlantis! Werden wir heute nicht bewusst, sind wir morgen ähnliche Kreaturen, hervorgebracht durch die Corona-Gen-Injektionen!

Kapitel 9 – Schatten-Wirken: der Plan

So, wie das Licht bis in die höchste Sphäre der alldurchdringenden Schöpferliebe hinaufreicht, so erstreckt sich das Dunkle bis in den Abgrund einer allvernichtenden Bestialität hinunter: wie die weißen Löcher, die in verschwenderischer Wucht Ströme bewusster Energien in den Kosmos schleudern, ihn dabei konfigurieren, und die schwarzen Löcher, die alles, was ihnen zu nahe kommt, in die Tiefe zerren und zerfetzen. Doch aus dem rechten Zusammenwirken von Licht und Schatten entstehen eigenständige Entwicklungen, angetrieben durch die impulsiven Spannungen zwischen ihnen!

Sorat, der Sonnendämon, Herr und Züchtiger der Unterwelt, hasst das Schöpferische zutiefst – allen voran Christus –, weil er selbst nicht erschaffen kann. Er ist der direkte Gegenspieler von Christus, doch ohne Schöpfermacht sollte er Ihm nicht das Wasser reichen können.

Der Antichrist will nicht nur das Erwachen der Menschheit und damit ihre Schöpferkräfte unterdrücken – er will das gesamte Universum an sich reißen und es in seiner eigenen Finsternis ersäufen! Seine Horden drängen zur Oberwelt, können aber nicht hinein, weil sie das Licht nicht ertragen. Der Schatten giert seit jeher nach den Engelreichen, nach Allmacht, doch reines Licht würde ihn zerbröseln. Aber der Mensch betritt nach seinem Tod die Oberwelt und durchschreitet nach und nach ihre Sphären, wegen seiner immanent-göttlichen Gaben. Über den Menschen will sich das Dunkle Zutritt zum Göttlichen verschaffen. „Gen-infizierte" Menschen sollen das Licht für den Sonnendämon verdunkeln, bevor er es erobern kann!

Sorat will Christus stürzen und seinen Platz einnehmen! Würde ihm das gelingen, würde jede menschliche, ja jede geistige Entwicklung erstarren! Und ein weiteres kosmisches Refugium fiele der Finsternis zum Opfer!

Der Mensch entstammt der jetzigen, der Lebenswoge der Erde: Die Lichten und Dunklen sind älter als er und es gab sie schon lange, bevor der Mensch initiiert wurde. Die Älteren erschufen in Zeitalter auf Zeitalter Körper für Körper des Menschen.

Weil sie schon vor uns existierten, haben wir große Probleme, ihre Absichten zu verstehen – je älter, umso schwerer. Je dunkler der Schatten ist, mit dem sich ein Mensch einlässt, umso sicherer verliert er sich in ihm, verliert er tatsächlich seine Seele und seinen Geist – sie verwandeln sich! Deshalb setzen sich besonders jene Menschen dieser allergrößten Gefahr aus, die sich bewusst für das Dunkle, das Schwarzmagische, entscheiden: Sie werden immer weniger menschlich, bis sie ganz aufhören, ein Mensch zu sein, wenn die gleiche dämonische Gier nach Allmacht und der gleiche dämonische Hass auf die Menschen sie vollkommen erfasst hat!

Der Sonnendämon ist jetzt schon in seiner Macht und seinem Erscheinen Christus ähnlich – ein Blendwerk, eine Lüge, so wie der Schatten nur wirken kann! Und sein Plan ist: Ein Mensch, dessen höhere Körper durch die Impfung so sehr derangiert sind, kann nicht mehr erwachen! Erst recht nicht, wenn sein Schutzengel nicht mehr bei ihm ist! Stattdessen trägt er eine beschädigte Seele, einen kranken Geist in die nachtodliche Welt hinein! Zerstörungen, die das Licht schwer ausgleichen kann – wegen der Massen, die durch die global verabreichten Gen-Injektionen sterben! Die Götter müssen einen anderen Weg für sie finden!

Ohne Erinnerung an ihr Menschsein gehen die Geimpften in den Tod.

Kapitel 10 – Licht-Wirken: der Plan

Was wir Raumschiffe nennen – die heutigen Raumzeit-Geschosse von „außerhalb" – waren die Lichtkörper der Götter, damals, als wir uns noch begegneten. Aber auch sie mussten mit der Zeit gehen, mit dem Dichterwerden der Energie. Es sind noch immer Licht-Körper, selbst wenn sie wie Raumschiffe aussehen, eher immateriell als materiell, was ihnen Auftritte erlaubt, die wir mit unserem mickrigen Verstand nicht nachvollziehen können. Allerdings betrifft das auch die Dunklen, denn es kamen nicht nur die Netten „herunter".

Unsere Götter sind nicht wie wir. Wer glaubt, dass sie Menschen in Vollendung sind, der irrt. Jede „Rasse" von ihnen entwickelte in sich bestimmte Eigenschaften – wir aber tragen alle ihre Fähigkeiten in uns. Und nicht eine einzige davon brachten wir bisher zur Geltung. Geht auch gar nicht. Wir müssen diese Gaben zusammen und dabei möglichst harmonisch entwickeln.

Das ist ihr Plan für uns. Da sie alldurchdringender Geist und Energie sind und sich ebenfalls entwickeln, verändert sich dadurch jede Schwingung, verändert sich alles Bewusstsein um uns herum. Da wir in diesen Wellensalat fest eingeschnürt sind, verändert sich zwangsläufig auch unser Bewusstsein. Erlebnisse und Wissen treffen nun auf uns, von denen wir vorher niemals etwas ahnten. Multidimensionale Phänomene zeigen sich uns. Sie waren schon immer da, aber nun steigt unser überholtes Bewusstsein von seiner Liegematte auf und beginnt um sich zu schauen.

Die Erde steigt auf. Das bedeutet: ihr Bewusstsein wächst. Zwar ist unendlich viel Wissen da, aber es nützt uns nichts, wenn wir es nicht schauen, nicht verstehen können. Was wir erkennen, verändert uns, verändert unser Bewusstsein, verändert unsere Sinne. So müssen wir von Lektion zu Lektion weiterhangeln, aber Verstehen und Lernen verhalten sich nicht proportional. Es gibt keine starre Periodizität mehr: Alles ändert sich sprunghaft, wobei die Sprünge immer kürzer und dabei immer schneller werden!

Das große Geheimnis: Der Schleier, der die geistige Welt von der materiellen trennt, existiert nur in unserem Kopf! Er ist die Grenze zwischen subjektivem Empfinden und objektivem Denken, zwischen Persönlichem und Unpersönlichem! (An die „Witzenschaften", die ja so sehr darauf pochen: Auch Formeln sind nicht objektiv, sondern aus Sympathien und Antipathien geboren!)

Und das ist die (zwangsläufige) Hilfe der Lichten: Weil wir ein Teil ihrer Schwingung sind, verändern sie sich – damit wir uns verändern! Und sie verändern sich wiederum durch das, was sie durch uns erkennen! Also zieht unser eigenes Erkennen weite, weite Kreise, bis zu unseren Schöpfern hin! Bewegen wir uns bewusst in dieser Spirale, können wir gar nicht anders, als auf das Licht zuzugehen. Und Corona ist selbst für die Götter eine Herausforderung zur Veränderung!

Kapitel 11 – Der Gang durch die Zeiten

Jedes Zeitalter, d.h. jeder Zeitgeist, stellt andere Anforderungen an die jeweilige Menschheit, aufbauend auf dem vorher Angeeigneten. Die früheren Zeitalter waren starr in ihrer Dauer (rund 2.000 Jahre), doch das weicht auf! Jetzt wirkt Erzengel Michael, der Wahrer der Kosmischen Intelligenz, in der wir die *Bewusstseinsseele* entwickeln: All das, was in den Zeiten davor unerkannt „neben uns her" geschah, wird nun nach und nach aufgedeckt – vor allem die Lüge, das Wirken des Schattens! So sehr er sich auch dagegen sträubt – es ist nicht aufzuhalten!

Habt ihr euch nie gefragt, warum die Welt nicht mehr so ist wie in der „gemütlichen alten Zeit"? Hört auf zu träumen! Diese Zeit kommt nie wieder! Ihr werdet – wenn es sein muss unter schwerstem Druck, je länger ihr euch weigert, die Augen zu öffnen! – jeglichen Glauben an Politiker, Journalisten, Priester, Juristen, Akademiker, Banker und Wirtschaftsbosse und an jede Uniform verlieren! Vor allem an die Juristen, die es heutzutage nur gibt, um Recht und Wahrheit zu verdrehen! Der irrsinnige Autoritätsglaube löst sich auf!

Sogar was vor kurzem als unmöglich galt, geschieht: Die Strukturen in Oberwelt und Unterwelt verschwimmen, lösen sich auf! Wodurch? Weil der Mensch – der Mittelpunkt aller Sphären! – sein Bewusstsein erweitert! Das führt z.B. zu neuen Wegen im Nachtodlichen, was sich in einer viel kürzeren Inkarnationsfolge zeigt: Statt Jahrhunderte nur noch Monate, die wir drüben im Jenseits verweilen können, bevor es wieder auf die Erde geht!

Das führt auch dazu, dass die Schutzengel uns eher verlassen als geplant – weil wir schneller bewusst werden! Doch die lichte Welt greift auch aktiver ein: Die Feuergeister der Sonne schießen bereits 5G-Satelliten aus dem irdischen Orbit! Da die Weltverschwörung auf Künstlicher Intelligenz basiert, ist es ihnen ein Leichtes, alle Mikrochips durch einen Sonnensturm zu zerbröseln! Das wäre das Ende aller Technik auf der Erde! Aber was ist dann mit unserer Zivilisation? Beginnen wir danach wieder von vorne, wie es nach dem letzten Untergang von Atlantis geschah?

Die Götter schauen auf uns: Was machen wir, damit sie das Entsprechende in die Wege leiten können? Vom „Urknall" an war alles auf die Erschaffung des Menschen ausgerichtet! Das war die Intention dieses Universums der Menschen – sie im dichtest-möglichen Punkt der Energie, im Umkehrpunkt der Materie, zu erleben!

Die früheren Bewusstseinszustände der Erde, meist als Äonen, als sehr lange Zeitalter angegeben, sind niemals vergangen! Alle Äonen durchdringen einander – deshalb existieren die uralten Reiche aller Lichten und Dunklen auch jetzt noch!

Aber jede Zeit, jedes Reich, endet mit einem Ultimatum: die Endzeit für Wesenheiten, die völlig erstarrt und zu keiner Entwicklung mehr fähig sind – die lebende Schlacke, die aus ihrer Zeit fällt. Ihr Reich nennt der Okkultist die „8. Sphäre". Für all jene darin gibt es keine Hoffnung, keine Erlösung mehr!

Das andere Ende ist die Auflösung in Bewusstsein und Bewegung, ist das ewige Leben in Liebe und Schöpfungstätigkeit!

Kapitel 12 – Christus

Aus okkulter Sicht stellt es sich so dar, dass es nur Bewusstsein (= Geist) und Bewegung (= Wandel) gibt. Es ist die Liebe, die bewegt, die vorantreibt. Der Geist ist der Former, der Tüftler und Bastler, der „Schrauber" und das „Gemüt": Aus dieser Verbindung entstand ihr Baby: der Erstgeborene, die Energie des Denkens und des Liebens, eingewoben in einen unbändigen Willen, zu erschaffen!

Für uns Menschen nahm Er eine Gestalt an, die wir als Christus kennen, und die durch alle Zeitalter hindurch den Menschen half in ihrer Entstehung und in ihrem Werden, besonders dann, wenn es (wieder einmal) brenzlig wurde, wenn die jeweilige Menschheit am Abgrund herumturnte. Christus begleitete uns in verschiedenen Körpern, gleich dem, mit dem wir uns zur jeweiligen Zeit gerade kleideten.

Die letzte Hülle, die Er sich umwarf, war eine materielle, vor rund 2.000 Jahren. Christus tritt immer so in der Menschheit auf, wie wir es verstehen und dabei auch noch einen Quantensprung im Bewusstsein machen können. Die Materie löst sich auf, deshalb wird Er nicht wieder in einem materiellen Körper erscheinen, sondern in der nächsthöheren Energie, in der wir Ihm nun nachfolgen.

Er – das Ewige, das nicht unserem Universum der Vergänglichkeit entstammt – kann nicht mal eben so in einen niedrigen Körper einsteigen, erst recht nicht in einen materiellen! Der musste für Ihn bereitet werden, damit dieser zumindest einen Teil der Gottes-Energie für wenige Jahre tragen konnte. Jesus, der Nazarener, wurde dafür ausgebildet, er war ein höchster Eingeweihter, der diesen Körper so hielt, dass Christus darin einsteigen konnte.

Das geschah bei der „Taufe" im Jordan, als der Körper 30 Jahre alt wurde. Habt ihr euch nie gefragt, warum der Gottessohn „getauft" werden musste? Das ist die Umschreibung für ein gewaltiges okkultes Ritual, das wegen der Herkunft Christi alle Sphären berührte! Der „Täufer" Johannes war ein Eingeweihter, der das Ritual durchführte: das Verlassen von Jesus und das Eintreten von Christus in den besonderen Leib!

Christus musste erscheinen, an diesem tiefsten Punkt der Erde, weil die Menschen derart „sündig" geworden waren, dass es für sie keine Erlösung mehr gab: Zu sehr der Materie, dem Schatten, verfallen, konnten sie nach ihrem Tod nicht mehr davon befreit werden! Jeder wiedergeborene Mensch kam deshalb noch schlimmer zurück, noch engstirniger, noch dogmatischer, als er gegangen war! Die Engel wichen den Heimkehrern aus, und satanische Wesen krochen in die nachtodliche Welt hinein, weil die Menschen sich zu sehr mit ihnen verbanden.

Christus musste sterben – (dass er überlebte, ist eine Lüge!) –, um Wissen und Macht über das zu erlangen, über das Satan der Herr war: den Tod! Ein unsterblicher Gott starb einen Menschentod auf Golgatha – für alle Menschen! Seit das Blut seines Körpers aus den Wunden floss, erlangte Christus die Macht über die Erde – über ihr Energiefeld! Seitdem hat unser Planet eine andere Ausstrahlung, seitdem lebt Christus hier vor Ort!

Christus räumte auf! Leider nicht... Er bannte den Schatten nicht durch irgendein tolles Schwert, wie wir Menschen es uns gewünscht hätten, sondern allein durch Seine Liebe! Das passierte vor 2.000 Jahren, und mittlerweile ist der Schatten stärker denn je! Hervorgelockt durch menschliches Wirken – durch unbewusstes und schwarzmagisches Locken! Aber Christus ist jetzt im Ätherfeld der Erde! Und da kann ihn seitdem jeder finden – im eigenen menschlichen Herzen!

Kapitel 13 – Wo alles endet

Alles, was wir hier dargelegt haben, ist falsch! Natürlich gibt es das Beschriebene, aber wird das für uns zur Wahrheit, verharren wir in der Polarität! Wir Menschen sind Licht und Schatten zugleich! Wir sind... Menschen – ein eigenständiges, einzigartiges Leben! Mit uns kam eine nie dagewesene Energie in den Kosmos hinein! Diese Energie gab es nur in einem einzigen zeitlosen Moment – vor der Explosion des „Urknalls"! Dann zersplitterte das Ursprüngliche!

Wir Menschen sind die Harmonie aller Gegensätze – denn wir können sie in uns und für immer halten! Der Transhumanismus, wie er in kranken Köpfen herumspukt, ist der Gegenpol zur Menschlichkeit. Den Menschen zu einer Maschine umzukonstruieren – es beweist, wie wenig die Halbmenschen noch vom Menschlichen verstehen! Denn der Mensch in seiner göttlichen Kraft ist jeder noch so „eigenbewussten" Maschine absolut überlegen!

Das menschliche Bewusstsein verändert die kosmische Energie: Was heute noch Materie ist, wandelt sich um in ihre Schwingung! Es gibt niemanden mehr, der die „Bühne" aufrechterhalten muss! In der dünner und weicher werdenden Stofflichkeit prägen sich der Geist und die Seele ein! Das beginnt schon jetzt – und in naher Zukunft wird es keine Lüge mehr geben: Weil das Seelisch-Geistige sich dann im Außen, über den Körper, ausdrückt! Deshalb macht der Schatten solchen Dampf, denn schon bald erkennen wir den Lügner an seiner Fratze! Was im Menschen innerlich ist, drückt sich dann in seinem Gesicht, in seiner Haltung, der Gestik, dem Ausdruck und vor allem in den Augen aus! Es gibt dann niemanden mehr, der auf so einen heimtückischen Blick hereinfällt!

Die Rassenunterschiede sterben aus. Es wird nur noch zwei Arten von Menschen geben: die guten Schönen und die bösen Hässlichen! Klingt wie das Ende eines Kitsch-Romans, aber es ist weder ein Roman noch hat es ein Ende! Denn die guten Schönen werden nichts unversucht lassen, auch das letzte ihrer schattigen Geschwister zu retten! In Zukunft kann kein Guter mehr Glück und Erfüllung finden, solange noch ein einziger Mensch leidet!

Natürlich gibt es auch dafür eine Deadline, die aber in den folgenden Zeitaltern neu gesetzt werden kann – durch uns selbst! Dann, wenn wir mehr und mehr unsere göttlichen Fähigkeiten erkennen und bewusst einsetzen – dann sind wir die Naturgesetze, die Taktgeber der kosmischen Regeln!

Und dann sind wir es, die die Verdammten aus der 8. Sphäre befreien, weil wir dieses unnatürliche Reich auflösen werden!

Jeder Mensch, der *jetzt* erwacht, erreicht etwas, das ganze Zeitalter – all die Zeitgeister – davor nicht bewirken konnten: Nicht das weltweite Verdrängen des Schattens, sondern seine Transmutation in etwas, das im Licht bestehen und handeln kann – in einem menschlich ausgerichteten Sinne!

Kapitel 14 – Anleitung zur Selbsthilfe I

1. Das Wichtigste: Lasst euch nicht impfen! Bleibt standhaft, egal was sie euch vorlügen, welchen Druck die Marionetten in Politik, Medien, Ärzteschaft und Ämtern auch ausüben! Seht euch um: In jedem Psychokrieg werden die öffentlichen Debatten emotional geführt, nicht sachlich! Objektive Berichterstattungen würden zum sofortigen Zusammenbruch des Impf-Kartenhauses und aller weiterer Lügen der Pharma-Dämonie führen! Es geht auch für sie um alles in diesem Dritten Weltkrieg, denn fällt der Glaube an die Pharma, fällt auch der Glaube an die (westliche) Medizin!

2. Vertraut euch selbst! Nicht der Arzt, sondern ihr selbst wisst am besten, was gut für euch ist! Schluckt nicht alles, was er euch verschreibt! Glaubt ihr ehrlich, dass sie nicht fähig sind, Medikamente ohne Nebenwirkungen zu erfinden? Die Nebenwirkungen sind das Hauptgeschäft der Pharma-Dämonie – die nächsten Patienten! *Es ist euer Glaube, dass die Pille euch hilft, der euch heilt – nicht die Pille!* Erkennt eure göttliche Macht! Denn es ist ebenso ein Glaube, der euch krank macht!

3. Heilt euch selbst! Seid alarmiert, wenn der Arzt euch sagt, dass ihr das Medikament für immer nehmen müsst! Dann heilt es nicht und dient einzig dem Profit! Heilen könnt letztlich nur ihr euch selbst! Herzprobleme beispielsweise resultieren aus eurer Einstellung zu Menschen! Ihr müsst euch ändern, wenn eine Krankheit gehen soll! Die Krankheit ist ein Anzeiger, mehr nicht! Sie wird schwer, wenn ihr euch weigert, selbst für euch die Verantwortung zu übernehmen!

4. Bildet euch! Zu jedem Gebiet, zu jedem Thema gibt es eine Fülle von sachlich-objektiven Informationen! Sucht selbst, bewegt euch! Denkt daran: Wer studiert, wird in ein bestimmtes, oft einengendes Weltbild festgenagelt! Macht euch frei davon, dass es Grenzen für das Denken gibt! Visualisiert das Undenkbare! In Wahrheit gibt es keine Grenzen! Schließt euch in Gruppen von Gleichgesinnten zusammen und informiert euch gegenseitig!

5. Ist das Kind schon in den Brunnen gefallen und ihr habt euch impfen lassen, dann seid gewiss: Wir kriegen große Hilfen mit und haben immer Beschützer um uns! Sie sind zwar normal nicht sichtbar, aber der Schutzengel ist immer da. Ihr könnt auch andere Engel zur Hilfe rufen, aber bittet nur, wenn es Not tut! Ruft sie nicht wegen jeder Kleinigkeit, denn euer Leben wurde euch zur Verantwortung gegeben, nicht den geistigen Helfern – fallt also nicht auf euer Ego, euer niederes Bewusstsein rein!

6. Vertraut dem Leben! Bevor ihr in den Geburtsstrom einsteigt, habt ihr euch selbst, zusammen mit den Göttern, geistigen Schutz zugelegt, der auf euer bevorstehendes irdisches Leben abgestimmt ist, sodass ihr manchen Erfahrungen niemals begegnen werdet! Auch bringt ihr Verbindungen der Liebe mit, die aus Leben zwischen den Leben stammen, die sehr stark wirksam sein können.

7. Das Zweitwichtigste: Betet! Gewöhnt euch an, zu beten! Der stärkste Schutz, den es für uns gibt, ist Christus! Redet in Gedanken mit Ihm, fühlt, wie Er euch immer begleitet! Seid in eurem Herzen, wenn ihr mit Ihm sprecht! Wenn ihr nach einer Impfung etwas in euch spürt, was vorher nicht da war, richtet eure Aufmerksamkeit darauf und bittet Christus, das zu klären! Geht zu Menschen, die sich mit dem Corona-Phänomen auskennen und es möglicherweise ausleiten können! *„Sieh Deine Kinder, Christus, wie sehr wie sich weigern, erwachsen zu werden, wie sehr sie immer noch an der Obrigkeit hängen, und hilf ihnen!"*

Kapitel 15 – Anleitung zur Selbsthilfe II

8. Seht das Lügenwerk! In der Regel erschufen wir – gemeinsam mit den Göttern des Universums – die Matrix für einen vitalen Körper, der ein gesundes Immunsystem aufbaut! Das ist der Grund, warum bei den meisten Menschen die Giftstoffe der Gen-Injektion da landen, wo sie hingehören: im Klo! Und das ist der Grund für die Lüge, nämlich dass das „Virus" ja so listenreich ist und ständig mutiert und deshalb mit „stetig verbesserten Impfstoffen" nachgeimpft werden muss! Das ist der gleiche Blödsinn wie das Geschwätz vom schwächer werdenden Impfstoff, oder dass dieser zwar die Ansteckung nicht verhindert, aber den Verlauf der Erkrankung mildert! Hört auf, diesen Schwachsinn zu glauben! Fragt die Geimpften, die „Corona" nach der „Impfung" bekamen, wie der Verlauf war! Am schlimmsten ist die Mär, dass „Vorgeschädigte" sich unbedingt impfen lassen müssen – gerade diese dürfen das nicht!

9. Seid wachsam! Alles, was ihr lernen und wissen sollt, wird euch zugeführt! Nichts im Leben geschieht zufällig! (Die Erfindung des Zufalls ist die Kapitulation der Wissenschaft vor der Wirklichkeit!) Unbewusstheit ist der Schlüssel zum Einfallstor in den Menschen hinein! Nehmt bewusster wahr. Ein einziger klarer Gedanke kann einem viel Leid und Ärger ersparen! Wenn ihr stark darin seid, müsst ihr vieles nicht mitmachen, etwa nur dies oder das essen, diesen oder jenen Stoff zu euch nehmen. Folgt nicht jeder neuen (materialistischen) Erkenntnis, denn dann richtet ihr euren Geist eher auf Mangel und Krankheit aus!

10. Seid euch darüber klar, dass ihr niemals alle Antworten finden werdet! Selbst ein Okkultist wird immer ein Schüler der Götter bleiben. Vertraut darauf, dass das Rechte zur rechten Zeit da sein wird! Erzwingt nichts! Betet für andere, egal ob Menschen oder Tiere oder Mutter Erde – Beten ist eine Art von Kraftsammlung und -verteilung!

11. Alles was wir tun, liegt letztlich in unserem Schicksal begründet, in unserem Karma: in all den guten und den schlechten Kräften,

die wir mitbringen! So können die Anleitungen zur Selbsthilfe wirken – sie müssen es aber nicht, ebenso wie Corona nicht wirken muss! Früher war das Schicksal in Stein gemeißelt – es war unabänderlich! In dieser Zeit der sich auflösenden geistigen Strukturen können wir es ändern! Aber nicht durch ein Larifari-Bewusstsein! Manchmal geschieht eine Schicksalsänderung nach einem halben Leben voller bewusstem Denken, manchmal auch nur durch einen einzigen Moment wirklicher Liebe!

12. Sich dem Geistigen zuzuwenden, erspart einem nicht zwangsläufig Leiden! Manchmal sieht es so aus, als ob wir eine Mini-Version vom Leiden Christi selbst durchmachen müssen, um danach komplett „neu sortiert" zu sein! Seht in allem, was euch geschieht, etwas Sinnvolles!

13. Der faszinierendste Punkt, das Ultimatum: Wir alle müssen gehen! In der westlichen Gesellschaft, die die ewige Jugend und Schönheit vergöttert, werden das Sterben und der Tod ausgeblendet – dabei gehen wir ihm Tag für Tag, Sekunde für Sekunde unseres Lebens entgegen! Mit jedem vergangenen Tag bleibt uns ein Tag weniger, um Erfahrungen zu machen und um zu lernen! Besser ist, wir nutzen unsere eindeutig begrenzte Zeit in diesem Leben! Wenn ihr geimpft werdet und daran sterbt, ist es Karma – und alles danach erst recht! Egal was danach geschieht – es hat seinen Sinn im großen Ganzen, mag es im Menschlichen auch noch so katastrophal erscheinen! Beschäftigt euch mit dem Tod, beschäftigt euch innigst mit ihm, dem machtvollen Engel der Wandlung! Er lernt ebenso, wie wir lernen, und nur der Wille zum Weitergehen erweitert uns, nicht das Stehenbleiben und Erstarren!

Kapitel 16 – Anleitung zur Selbsthilfe III

Im Gegensatz zum normalen Menschen weiß der Okkultist von all dem anderen Sein um sich herum, dem Unsichtbaren, dem Geistigen. Er ist oft mit ihm verbunden. Nimm trotzdem nichts von mir an: Überprüfe es selbst, denn vertraue vor allem Dir. Natürlich brauchst Du auch Vertrauen zu anderen, denn gemeinsam sind wir stark.

Was in der materiellen Welt geschieht, dient oft der Ablenkung und zerfasert unser Denken. Um klar zu werden, schmeiß als Erstes die Glotze, das Radio und die Zeitungen aus Deinem Leben! So, wie wir es vor über 30 Jahren taten, als der erste Jugoslawien-Krieg begann und offensichtlich wurde, wie sehr uns Politiker und Medien belogen! Natürlich gönne Dir einen Film, wenn Dir danach ist, einen guten, wohltuenden, der nicht von Werbung zerrissen ist! Gewaltfilme reißen Löcher in Dein Energiefeld – Eingänge für den Schatten – und begleiten Dich in die Geisterwelt, in die Du nachts im Schlaf hineingehst!

Werde klar im Kopf, entwickle eigene Gedanken und sei nicht Teil der allgegenwärtigen Panikmache. Sei Dir des Geistes hinter allem bewusst, des Bewusstseins, das Dich beobachtet. Wende Dich in Gedanken an die lichte, geistige Welt und bitte um Wahrheit. Aber nur, wenn Du Dir sicher bist, dass Du nicht unter ihr zusammenbrichst. Sonst bitte „nur" um Schutz! **Die lichte geistige Welt arbeitet auf Anforderung, sie mischt sich nicht ein.** Naja, nicht immer... aber auch das dient nur Deinem Schutz, und Deinem Schicksal.

Gehe in die Esoterik zu den Engeln – sie sind wunderbare Tröster! Aber vergiss Deine Bodenhaftung nicht! Handle bewusst und tue möglichst nichts, was Du später bereust! Wirf aus Deinem Leben, was Dich in Angst und Trauer zieht – vor allem die Halbmenschen, die Energie ziehen und Dich krank machen! Aber vergiss nicht: Ein Gutes kann nur entstehen, wenn Du Dich vorher schlecht gefühlt hast! Nur aus so einem Zustand heraus kommst Du weiter! **Erwarte nicht, dass die Verbindung mit Engeln Dich zu einem paradiesischen Leben führt, denn so funktioniert der Plan nicht!** Licht- und Schatten-Situationen – Du musst sie beide durchleben! Du bist nicht hier, um ein Leben lang glücklich zu sein und Spaß zu haben, oder reich oder schön und beliebt

– das schmink Dir gleich ab! Diese eher unnatürlichen Eigenschaften können Dich sehr weit von Dir selbst wegführen!

Was Du unbedingt brauchst, ist die Fähigkeit zur Selbstbetrachtung, die unbedingte Ehrlichkeit Dir selbst gegenüber! Das erleichtert den Weg enorm! Hör auf zu lügen und Dir selbst und anderen etwas vorzumachen! Die Profi-Lügner in Politik und Medien ahnen nicht, dass ihre Handlungen auch astralisches Leben tötet – ihre Seele!

Hör vor allem auf Dein Herz, denn die Stimme in Deinem Kopf kann Dich verdammt irreleiten! Bete zu Christus! Erkenne ihn als Deinen großen Bruder, der den Weg schon gegangen ist, auf dem Du noch bist: bewusst ein Gott zu sein! Konzentriere Dich! Werde nicht bequem!

Für mich ist es unerträglich zu sehen, dass Menschen das Offensichtliche nicht wahrhaben wollen! Sie könnten es schon, aber sie wollen es nicht! Wahrheit ist überall verfügbar, doch sie sehen weg! Heute gibt es für einen Menschen nichts Gefährlicheres, als weiter ohne Bewusstsein durchs Leben zu taumeln! Wir müssen jetzt Licht denken, Liebe fühlen und ein Wissen wollen, das von Geist durchdrungen ist!

Verändern wir uns innerlich derart, werden die erstarrten, Lieblosen Strukturen sichtbar, in die sie uns eingesperrt halten wollen! Aber das gelingt ihnen nicht! Denn im Bewusstwerden sprengen wir gleichzeitig den Kerker, und unsere Menschlichkeit wird sichtbar!

Kapitel 17 – Zur Polarität

Die extreme Polarität des hier Dargestellten diente dazu, die Dringlichkeit darzustellen, mit der wir unsere Wahrnehmung verändern müssen. Denn aus unserer Wahrnehmung ergibt sich unsere Sicht der Dinge. Und das bestimmt die Bewusstseinsebene, auf der wir leben!

Trotz meiner polaren Sichtweise können die Lichten und die Dunklen bewusst zusammenwirken. Das beweist, dass sie so verschieden voneinander nicht sind. Jedenfalls nicht in den Sphären nahe der Mittel-Erde. Nur in den höchsten und tiefsten Reichen wird es dann krass.

Wir müssen verstehen, dass die Götter, die uns erschufen, uns nicht so lieben, wie wir andere Menschen lieben. Wir lieben auf eine persönliche Weise, wie einzelne Menschen, unseren Hund, das Auto. Sie lieben uns als Art, weil sie in ihre Schöpferkraft verliebt sind. So, wie wir Bäume allgemein oder Blumensorten lieben, so lieben sie die Menschen. Davon ausgenommen ist die an uns grenzende Engelsphäre. Im Grenzland von Engel und Mensch findet oft eine persönliche Liebe statt.

Deshalb können sich unsere Schöpfer auch fies verhalten und die Dunklen uns gegenüber manchmal hilfsbereit. Das ist zwar immer zweckgebunden, aber manche wollen nicht dazulernen. Wenn die Lichten etwas Neues erschaffen wollen und Altes ihnen im Weg ist, räumen sie es weg. Das können durchaus – und es ist so passiert! – alte Kulturen der Menschheit sein! **Dann sehen wir keinen Unterschied zwischen ihnen und dem Schatten.**

Nicht jeder Kriegstreiber wird von einem Dämon geleitet, auch Engel können Menschen zu einem Krieg inspirieren! Denn hinter jedem Krieg auf der Erde stecken „handfeste" geistige Interessen! Außerdem sind sich die Götter zeitweilig untereinander nicht grün: Manche können sich gegenseitig nicht ausstehen und handeln gegensätzlich. Aber auch das könnte Teil eines höheren Plans sein…

Nicht nur unsere Welt ist nicht das, was wir von ihr halten, auch „die über und unter uns" sind letztlich mit unserem derzeitigen Bewusstsein nicht zu verstehen. **Also, umarmt deshalb nicht gleich jeden Engel und bekreuzigt euch nicht sofort vor jedem Dämon – sie können auch eigene Absichten haben!** Wir können durchaus ein Stück des

Weges gemeinsam gehen, denn alles dient dem Lernen, dem Bewusst-werden! Aber ihr müsst immer auf der Hut sein – vor allem vor euch selbst! Denn der Feind lauert innen – nicht außen!

Kapitel 18 – Ausleitung

„Tu, was Du willst, so lautet das Gesetz!", ist eine schwarzmagische Aufforderung. *„Tu, was Du willst, aber schade niemanden!"*, ist schon ein reifer Aufruf. Tatsächlich sind beide unsinnig, weil niemand in dem freien Willen lebt, der uns so gerne angedichtet wird! Wir haben nicht die Freiheit, tun zu können, was wir wollen! Zum Glück nicht!

Das, was die Götter von uns verlangen und zu dem sie uns hindrängen – ist Disziplin! Weniger die körperliche, sondern die gedankliche Disziplin! Doch wir sollen nicht so werden wie die außerirdischen Greys, die sich selbst um ihr Gemüt züchteten! Wir sollen uns aber auch nicht verlieren in luziferischen Schwärmereien und herumschweifenden Gefühlswallungen!

Nur ein konzentrierter Gedanke hat Macht! Damit hat der naturwissenschaftlich verbildete Mensch ein großes Problem, nämlich dass Gedanken eine äußere Wirkung haben! Und doch bestimmen die Gedanken eines Menschen sein ganzes Leben! Sie bestimmen, wie er sich fühlt, wie er lebt, was ihm geschieht, wer ihm begegnet! Leider meistens unbewusst!

Doch es nützt euch nichts, ihr Lieben: Ihr werdet euer Denken radikal ändern müssen, damit ihr euch in den bereits begonnenen, rasanten Ereignissen entsprechend mitverändern, ja, sie sogar steuern könnt!

Jeder auf Erden ankommende Mensch bekommt einen bestimmten Rahmen mit, in dem er sich entwickeln kann (oder heutzutage sogar darüber hinaus!): sein Schicksal. Einen Menschen in seiner Entwicklung zu hemmen oder gar zu stoppen und zu etwas anderem zu zwingen – selbst im Glauben, es gut zu meinen (der „Vorhof zur Hölle"!) –, ist ein schwerer Fehler! Der größte ist der – wie man es leider verniedlichend selbst in Kinderfilmen sieht –, einen Menschen willentlich zu beeinflussen! Das geht gar nicht und kommt überhaupt nicht gut an! (Sogar mein Engel lässt mich in mein Unglück rennen, weil ich es – wieder einmal – besser weiß als er mit seiner weisen Empfehlung.)

Wer also eine Corona-Impfpflicht einführt oder Menschen zur Impfung erpresst, begeht einen Fehler mit kosmischen Auswirkungen! Den wird er nicht wieder los! Kein Mitgefühl reicht so weit, dass es ihn erlösen wird!

Wir müssen also, wenn wir hier erscheinen, das Gegebene annehmen. Das ist unsere erste Aufgabe, die alle weiteren Situationen und Veränderungen betrifft! Aber nur aus einer ruhigen Akzeptanz heraus handeln wir richtig weiter, nicht aus einer wilden Ablehnung! Unser altes Leben ist vorbei, zusammengekracht durch die von langer Hand geplante „Pandemie". Es kehrt nicht wieder zurück, und das ist gut so. Besser, wir gewöhnen uns an veränderte Lebensbedingungen. Wie diese aber sein werden, müssen wir entscheiden – jeder Einzelne von uns – und nicht eine lebensverachtende, weltferne Schar von Halbmenschen!

Was wir brauchen, ist mehr Menschlichkeit und nicht weniger! Vor allem brauchen wir keine Künstliche Intelligenz (KI), ein fremdartiges Bewusstsein, das letztlich auch seine Schöpfer beherrschen will!

Kapitel 19 – Eine Botschaft

Dieses letzte Kapitel von Teil 1 stammt ganz von „ihnen" – übermittelt aus der geistigen Welt. Als ihre „Bodenstation" und doch egobehafteter, polarisierter Mensch wären mir diese Zeilen so nicht gelungen:

Aus unserer Sicht hat der Schatten die gleiche Lebensberechtigung wie das Licht, denn sonst wäre er nicht da. Ohne den Schatten wäre der „Urknall" verpufft, gäbe es keine Schöpfungen, so wie sie sich uns heute zeigen. Und ohne ihn gäbe es euch Menschen nicht.

Ihr existiert durch eine Schöpfertrinität, die euch erschaffen hat in Bewusstsein, in Weisheit und in Liebe. Ihr Menschen seid Liebe und Geist und Bewegung – gleichzeitig und immer! Verändert ihr das Verhältnis in euch, verändert ihr das Universum in seiner Totalität und im gleichen Augenblick!

Ihr seid die Harmonie aller Gegensätze – gleichzeitig und immer! Was nur für einen winzigen Moment existieren konnte, haltet ihr mühelos in euch selbst – durch die Christus-Liebe! Seid euch eurer Bedeutung für uns alle bewusst! Ihr seid geschaffen worden, zu vereinen in dieser Dreieinigkeit! Christus vernichtete Satan nicht, denn Er steht inmitten des Lichts und der Dunkelheit.

Licht und Schatten sind die beiden Seiten im Menschen. Solange er nach einer der beiden Seiten hin handelt, existieren sie. Auch wenn unser lieber Gerhard gerne polarisiert – ihr müsst darüber hinauswachsen zur Liebe hin.

Auch wenn manche die Oberwelt als die Liebe darstellen und die Unterwelt als eine kalte Intelligenz – beides gehört zusammen! Findet einen Mittelweg zwischen der weisen Würde eines Alten und dem verzückten Staunen eines Kindes!

Verzweifelt nicht an euch, falls ihr schlechte Dinge gesagt und getan habt – ihr löst sie durch liebevolles Handeln wieder auf! Heute mehr denn je!

Verurteilt niemals – (Hörst Du das, Gerhard?) –, denn es ist nicht an euch, zu richten! Selbst die Götter richten nicht. Es ist der Mensch, der sich selbst richtet durch das, was er tut. Prophezeiungen, Wahrheiten –

sie gelten nicht auf ewig, sie sind immer nur vorübergehend. Allein ihr Menschen macht sie wahr oder unwahr.

Christus ist euer Vorbild in Klarheit, Liebe und Weisheit. Er ist der Weg, den ihr gehen müsst. Er führt nicht ins Außen, sondern in euer tiefstes Inneres. Nur im Christus-Sein ist der Mensch Mensch, ist er das, was er immer war und immer sein wird – der Gott! Und wir alle warten darauf, dass ihr euch auch so benehmt!

Die Christus-Kraft, die ihr selbst seid, wandelt das Unerhabene in euch um! Ihr selbst hebt die Wirkung jeder Impfung auf, wenn ihr die Christus-Kraft in euch entdeckt. Sie verändert alles.

Seid Christus im Herzen – und ihr seid frei! Und ihr erkennt, dass es keine Unterschiede zwischen den vielen Lebensarten gibt, selbst zu dem scheinbar unnatürlichsten nicht – denn wir entstammen alle der gleichen Quelle!

Teil 2

Einleitende Worte von Jan van Helsing

Liebe Leserinnen und Leser,

ich weiß nicht, wie es Ihnen geht, aber die Aussagen von Gerhard Konstantin sind einerseits sehr einleuchtend sowie logisch nachvollziehbar und bestätigen vieles von dem, was mir bereits geläufig war. Manches ist mir komplett neu bzw. ist mir der Blickwinkel, wie Gerhard Konstantin es zeigt, nicht bekannt gewesen. Bei ein paar wenigen Stellen behaupte ich, sie anders einzuschätzen oder bin gänzlich anderer Meinung.

Nach dem ersten Lesen dieser 19 Kapitel in Teil 1 kam mir sofort die Idee, ihm eine Menge Fragen zu stellen, denn ich bin ein neugieriger und wissbegieriger Mensch und bin zudem stets bereit, mich aufzuklären und gegebenenfalls auch eines Besseren belehren zu lassen.

Ziel des nun folgenden Interviews ist es nicht, hier meine eigene Meinung groß kundzutun und lange Monologe meinerseits zu führen – diese findet man in meinen eigenen Büchern –, sondern ich möchte von Gerhard Konstantin so viel von seiner Weltanschauung erfahren wie möglich. Lassen wir das auf uns wirken, was er zu sagen hat.

PS: Manchmal spricht Gerhard Konstantin im Interview direkt Politiker, Ärzte oder Journalisten an. Diese Sätze habe ich zur besseren Unterscheidung *kursiv* gestellt.

Das Interview

Herr Konstantin, Ihr Text ist außergewöhnlich – außergewöhnlich interessant zu lesen und erhellend bezüglich einiger Aspekte, was das Geschehen angeht, das wir Menschen weltweit seit Beginn des Corona-Szenarios erleben. Außergewöhnlich ist auch die Sichtweise unsere Helfer und Begleiter aus der geistigen Welt betreffend – Engel und Schutzengel genannt. Ich habe viele Fragen diesbezüglich und freue mich auf die Antworten.

Lieber Jan van Helsing, zunächst einmal herzlichen Dank, dass wir uns gemeinsam dieser Thematik annehmen und den Lesern die Möglichkeit einräumen, das Leben selbst und das, was wir derzeit „er"-leben, von einer höheren Warte aus zu betrachten. Was den ersten Teil, also die 19 Kapitel angeht, so mag dem Leser durchaus aufgefallen sein, dass manche Zeilen im Zorn geschrieben wurden. Nun, in der Ruhe und mit Abstand betrachtet, sehe ich, dass es so nicht gut ist. Es ist eine Schrift, die spaltet statt verbindet, weil sie tief im polaren Denken wurzelt. Das müssen wir überwinden, auch oder gerade, weil das Dargestellte eine traurige, polare Realität ist. Ich fand keinen anderen Weg, um die Menschen aufzurütteln. Doch es ist der Kopf, den ich anspreche bzw. auf den ich mit dieser Keule einschlage. Wichtiger ist es, das Herz anzusprechen. Aber das muss ich selbst erst noch lernen.

Dazu haben wir ja jetzt Gelegenheit.

Das ist richtig. Im Teil 1 habe ich nicht das Allerwichtigste angesprochen, das an den Anfang gehört hätte, und das ich auch später nicht ausreichend gewürdigt habe: die Macht unserer Gefühle und Gedanken! Die Kraft unserer Gefühle, unseres Glaubens und unserer Gedanken können uns von allem heilen! Wenn wir unbeirrt oder sogar unbekümmert Gesundheit erwarten, wird das eintreten! Das ist ja der Grund, warum die Gen-Injektionen weniger Schaden anrichten, als das Dunkle sich erhoffte. Das liegt möglicherweise auch daran, dass manche Impfchargen unterschiedlich stark bis gar nicht durchsetzt waren mit all dem Fremdzeug. Bewusste Menschen, die sich haben impfen lassen – die beispielsweise vom Arbeitgeber dazu gezwungen wurden –, können mit einem starken Glauben den kranken Willen in den Gen-Injektionen in die Knie zwingen und aus sich heraus ihre Gene heilen! Und egal, wie sehr uns der Schatten beharkt: Ist Christus in uns und glauben wir eisern an die Stärke Seiner Liebe, dann schützen wir uns und sind geschützt!

Mein Geschriebenes in Teil 1 mag möglicherweise beängstigend sein, aber das soll es nicht. Das wollte ich vorab noch gesagt haben.

Gut, Herr Konstantin. Dann kommen wir zum Okkulten: Was ist der Okkultismus?

Der Okkultismus ist wie die Naturwissenschaft ein Weltbild, das für eine bestimmte Art der Realität steht, an dem sich beide anzunähern versuchen. Dabei ist für Okkultisten der Urgrund unseres Daseins ein geistiger, für den Wissenschaftler ein materieller. Und anders als der materialistische Forscher sieht der Okkultist nicht „blinde", mechanistische Kräfte wirken, sondern wesenhafte, mit denen er unter bestimmten Voraussetzungen in Verbindung treten kann. Er erkennt, dass er kein objektiver Beobachter sein kann, so wie es der Wissenschaftler glaubt, sondern dass ihm eine teilnehmende, ja entscheidende Rolle zukommt. So erfährt sich der Okkultist hineinverwoben in ein geistiges Netz aus verschiedenartigen und unterscheidbaren Bewusstseinen. Und während der Naturwissenschaftler behauptet, dass alles, was er macht, das „große Ganze" unverändert sein lässt, sieht der Okkultist dieses auf sein Handeln reagieren – und ihn sogar dazu hinführend. Es sind also zwei fundamental verschiedene Weltbilder.

Was muss man mitbringen, um ein Okkultist zu werden?

Zuerst einmal: Ich bin keinen der geheimen „offiziellen" Wege gegangen. Mein Wissen basiert auf Erfahrungen, dass wir „beobachtet" und mitunter auch kontaktiert werden von einem Bewusstsein hinter der materiellen Realität. Das schließt das „Außerirdische" mit ein, denn die „Götter" sind letztendlich nicht-irdisch. Und auf eine unerklärbare Weise sind beide voneinander abhängig: der „Beobachter" und derjenige, der beobachtet wird.

Bevor jemand einen okkulten Weg beschreiten will, halte ich drei Grundvoraussetzungen für entscheidend: Erstens die Liebe zu Christus und zweitens die Liebe zur Wahrheit. Christus können wir nur in dieser Liebe folgen. Alles andere führt zur Verklärung, zur Verzerrung Seines Wirkens. Und als Drittes muss sich der Suchende schonungslos selbst betrachten können, wie ein Fremder von außen. Das bedeutet, dass er sich eine starke und gesunde Urteilskraft aneignen muss, bevor er losgeht. Aus eigener Erfahrung weiß ich, wie sehr die Widersachermächte uns in die Irre führen können, wenn diese drei Kräfte nicht in uns leben, die zudem getragen sein müssen von einem unbeirrbaren Willen.

Als ein skorpionischer Melancholiker ist das bereits in mir angelegt. Beide prädestinieren mich geradezu für das Untergründige und eine schockierend ehrliche Selbstbetrachtung. Allerdings auch für Irrwege... Und ein gesunder Humor hilft uns, wenn wir gerade in einem Tal gelandet sind.

Ich verstehe. Aber wie würden Sie eine okkulte Weltsicht in einfachen Worten beschreiben?

Ein Okkultist sieht die Welt umfassend. Im Grunde läuft es auf das *„Erkenne Dich selbst!"* hinaus. Im Okkulten begreifen wir uns als einen Teil des Universums. Und das sieht bei uns ganz anders aus als jenes, das die materialistische Naturwissenschaft, von der ja unsere Welt infiziert ist, den Menschen lehrt. Es gibt viele Arten von Okkultismus. Jede Religion hat ihre Geheimlehren und -schulen, wie der Sufismus im Islam, die jüdischen Kabbalisten und das Rosenkreuzertum der Christen. Sie alle suchen die Bindung zum Göttlichen, sind auf dem Weg der positiven menschlichen Entwicklung. Aber es gibt auch dunkle Wege, die einer Magie folgen, die dem Ego dient und der Menschheit schadet. Darüber spreche ich hier nicht.

Der Weg des Okkulten führt zu einer Erweiterung der Wahrneh-mung und des Bewusstseins. Denn uns umgibt nicht nur das Sicht-bare, das Materielle: Das ist nur ein winziger Teil der Existenz. Hin-ter ihr verbirgt sich eine völlig andere Wirklichkeit, aus der heraus unsere materielle Welt geschaffen wurde. Diese Kräfte, die ja leben-de Wesen sind, zu erkennen, ist das Ziel des Okkultisten. Letztlich sucht er die Verbindung zu Christus. Dafür entwickelt er seine See-lenkräfte weiter, hin zu Geistkräften, zu den göttlichen Kräften, um es seinen Schöpfern gleichzutun. Sich dem Okkulten hinzugeben, ist ein lebenslanges Werk; es endet nie, denn das Entdeckte entwickelt sich beständig, solange wir auf dem Weg bleiben. Es ist ein gefährli-cher Weg, auf dem wir uns verlieren können. Das kann über den Verlust von Seelenbruchstücken bis hin zur völligen Unmenschlich-keit führen. Bei Schwarzmagiern, die ihrem Ego verfielen und sich deshalb völlig verirrten, ist die Seele ganz und gar zersplittert. Wer den Weg der Liebe und des Lichts geht, findet Christus persönlich. Ihm zu begegnen. Kann nur in Demut geschehen.

Was ich hier darlege, sind einfache okkulte Antworten. Das Okkulte ist komplizierter als die materialistische Naturwissenschaft. Wer sich ihm widmet, kann das nur mit Herzblut tun und mit den Fähigkei-ten, den Seelenkräften, die er in sich erwecken muss. Es ist ein ande-res Lernen als das in den Schulen: Es bezieht sowohl den Willen als auch jede Gefühlsregung und jeden Gedanken des Schülers mit ein. Wer dazu nicht bereit ist und es trotzdem versucht, sortiert sich ei-nes Tages selbst aus.

Sie bezeichnen sich selbst als einen Schüler?

Wir bleiben immer Schüler der Götter. Erst in einem späteren Zeital-ter werden wir sein wie sie. Vor nicht allzu langer Zeit galt ich nicht mal als ein Schüler, denn der hat einen Eingeweihten als Lehrer. So einen Meister habe ich nicht, zumindest nicht hier in dieser Welt. Eigentlich lehrt mich jeder Mensch etwas, außerdem verehre ich Ru-dolf Steiner und Eckhart Tolle, die mich über ihre Bücher für das Tiefergehende im Leben, eben das Okkulte, öffneten. Persönlich traf ich sie nie. Rudolf Steiner (1861-1925) nannte das Erforschen des Okkulten eine „Geisteswissenschaft". Gewissenhaft untersuchte er Seelen- und Geistesphänomene und hielt viele Vorträge in Europa darüber. Von 1900 bis 1913 gehörte er der *Theosophischen Gesellschaft* von Madame Blavatsky an, war sogar der Generalsekretär der deutschen Sektion, aber weil er den westlichen Weg vertrat, trennten sich ihre Wege, da die Theosophen sich rein fernöstlich ausgerichtet hatten. Ende 1912 gründete er die *Anthroposophische Gesellschaft* für all jene Menschen, die ernsthaft nach seelisch-geistigem Wissen und den daraus entstehenden Erfahrungen strebten. Stets versuchte er dabei eine Brücke zur Naturwissenschaft zu bauen. Rudolf Steiner durchschaute die okkulten Bestrebungen, die schließlich in den Ersten Weltkrieg führten, und auch den okkulten Hintergrund des deutschen Volkes. Unsere Marionetten-Journalisten stellen ihn am liebsten als einen rechtsgerichteten Rassisten dar, was natürlich völliger Blödsinn ist. Tatsächlich wurde er von den Nationalsozialisten verfolgt, weil er den Dämon in Hitler sah.

Über 350 Bücher gibt es von Rudolf Steiner, herausgegeben von seiner *Anthroposophischen Gesellschaft*, zumeist Mitschriften von seinen zahllosen Vorträgen – eine Bücherwucht als ein Versuch, das Unbeschreibbare zu beschreiben. Geisteswissenschaft nannte Rudolf Steiner das, was letztlich eine „Erfahrungswissenschaft" ist. Grundlage ist zwar Wissen, aber dann müssen wir aus dem stillen Kämmerlein raus, denn **das Wissen muss sich an der Welt reiben.**

Nach den alten Geheimlehren bin ich also nicht mal ein Schüler, weil kein Meister neben mir steht. Aber so, wie ich den Zerfall der äußeren Welt sehe, sehe ich ihn auch in der geistigen Welt. Nichts ist in Stein gemeißelt, auch die Götter bleiben nicht stehen – ein Wandel, der nicht aufzuhalten ist, weil er sein muss, damit wir Menschen wahrhaftig frei werden.

Abb. 3: Rudolf Steiner

Die alten Wege verändern sich. Ein schamanischer Grundsatz lautet: Wenn Neues entstehen soll, muss Altes sterben. Die Zeit der Schüler-Meister-Beziehungen ist vorbei. Wer ein Schüler des Okkulten sein will, muss vor allem einen starken Willen dafür haben. Und wenn nötig, trifft er an markanten Wegpunkten und -gabelungen auf geeignete Helfer, entweder Menschen oder andere. Wenn es uns also bestimmt ist, einen Weg ohne einen direkten Meister neben uns zu gehen, ist er gefährlicher als zuvor, denn der Schatten ist sehr stark – just in uns selbst, wenn wir uns vom Ego treiben lassen oder wenn unser Bewusstsein stark gedämpft ist, oder wir die Welt nicht wahrheitsgemäß sehen – also der Normalzustand des Massenmenschen. Die Widersacher greifen uns von innen und von außen her an. Sie tarnen sich vor allem in Blendwerk, in Visionen, in Wahngebilden, die wir durchschauen müssen. Denn sie stellen es oft so dar, dass wir uns geschmeichelt fühlen und es uns glauben lässt, dass wir mehr sind, als es unserer Realität entspricht.

Das zu durchschauen, gelang mir erst durch Christus, als ich mich nach den langen Jahren der Ablehnung Ihm wieder zuwandte. Auch ist es wichtig, gleichfühlende und gleichgesinnte Menschen zu finden und sich untereinander als absolut gleichrangig anzusehen. Früher schauten wir zum Meister auf – heute, da so viele Eso-Lehrer selbst in einem Ego-Kampf stecken, hilft nur Gleichrangigkeit und Gemeinsamkeit in Christi Liebe.

Sehr interessant. Vor allem die Aussage, dass das Wissen sich an der Welt reiben muss. Es gibt so viele Zeitgenossen, die zuhause in ihrer Telegram-Welt leben, und glauben, die Welt zu verstehen...
War das bereits in Ihrer Jugend der Fall, dass Sie sich mit anderen Themen, vor allem aber mit dem Okkulten beschäftigten?

Ja, bereits als Kind spürte ich etwas Großes in mir leben. Es war ein Teil von mir und sprach zu mir. Später entdeckte ich, dass es nicht ich war, das da redete: ein zutiefst Innerliches zwar, aber ein eigenes Wesenhaftes. Ich folgte der Stimme und begann Geschichten zu schreiben. Viele okkulte Vorgänge in uns sind nicht direkt messbar, sondern nur erfahrbar, durch höhere Sinne, die der Okkultist entwickelt. Oder wie will man einen Eindruck über eine zukünftige Erde messen? Wie will man Gedankenstimmen erfassen? Wie will man eine veränderte Wahrnehmung mathematisieren und in eine Formel packen?

Ich bin kein „okkulter Supermann". Ich weiß nicht alles, kann nicht alles und mache laufend Fehler. Das macht mich so menschlich wie jeden anderen auch. Ich habe lediglich andere Interessen und Wahrnehmungen. Aber ohne wirkliche Disziplin und mangelndes Urteilsvermögen führte mich das viele Jahre in die Irre, nährte mein Ego und trieb mich dadurch immer weiter von mir weg. Es hat schon seinen Grund, warum das Erlernen von esoterischem und okkultem Wissen mit klarer Selbsterkenntnis einhergehen muss.

Ein Teil meines Wissens und meiner Erfahrungen baut, wie bereits gesagt, auf den Erkenntnissen Rudolf Steiners auf. Hätte ich vor, seine okkulten Erkenntnisse selbst zu suchen, würde ich nichts finden. Es ist ein geistiges Gesetz, dass ein Schüler des Okkulten nur mit dem beginnen kann, was vor ihm bereits Eingeweihte mitgeteilt haben. Das muss er sich zuerst aneignen. Rudolf Steiner teilte quasi bis zum letzten Atemzug alles mit, um den nach ihm Folgenden ein breites Spektrum an okkultem Wissen anzubieten. Die Schüler erweitern es – denn es ist ihre Aufgabe, neue Wege zu gehen. Dazu gehört: Was ein Weißmagier kann und weiß, ist ebenfalls dem Schwarzmagier zugänglich und umgekehrt. Deshalb müssen Schüler auf dem positiven Weg immer vorsichtig sein, was sie lernen und können wollen. Mit dem Erlernen von okkultem Wissen verhält es sich genauso wie mit dem Erlernen von gängigem: Anstrengen muss sich jeder selbst – Wissen wird niemandem geschenkt. Erst auf einem ausreichenden Wissenspolster kann sich Neues oder Ergänzendes aufbauen. Darauf zu hoffen, *„dass alles in einem ist"* – so funktioniert das nicht. Wer nicht bereit ist, sich zu mühen, kann nicht wachsen und reifen.

Besonders Ärzte sollten etwas von dem allgemeinen esoterischen Wissen annehmen, gerade jetzt in Bezug auf Corona. Wer glaubt, dass das, was er einmal gelernt hat, für alle Zeiten gültig ist, der irrt gewaltig. Louis Pasteur, der Phantast der Ansteckungstheorie, war kein Wohltäter, sondern ein krankes Hirn, ein Halbmensch, von einem Dämon besessen. Er war ein Lügner und Betrüger und führte grausamste Tierversuche durch, um sein niederstes Wesen zu befriedigen. Trotzdem konnte er nicht die Ansteckung über die Luft beweisen, weil es diese nicht gibt! Dafür fälschte er seine Tests und vertraute seine Tagebücher auf dem Sterbebett seinem Enkel an, mit der Auflage, diese niemals zu veröffentlichen. Doch dieser ehrliche Mensch machte genau das. Die Beweise von Pierre Béchamp, einem Zeitgenossen Pasteurs, der genau das bewies, was Pasteur ja indirekt auch bewies – dass eine Ansteckung über die Luft nicht möglich ist – verschwanden in den Beweisgruften der Hochfinanz. Die befand, dass mit Pasteurs Schwachsinn viel Geld zu machen sei. So entstand der ganze Rummel um das sinnlose Impfen. Auch in der modernen Zeit wurde Béchamp bestätigt, aber darüber herrscht eisiges Schweigen in Medien und Medizin und ihren gesponserten Lehranstalten. Den meisten Ärzten kreide ich an, dass sie nicht bereit sind, einmal über ihre Programme, die ihnen in ihrem Studium gesetzt worden sind, nachzudenken, besonders zum Thema „Impfen". *Informiert euch darüber, aber nicht von der Front der Pharma-Getreuen. Erkennt, dass das Wichtigste im Leben des Menschen eine liebevolle Gemeinschaft ist, in der er sich geborgen fühlt – und dann diese bewusste Zerstörung durch die absolut schwachsinnigen Isolations- und Quarantäne-Vorschriften! Wer das bestimmt, will den Untergang der Menschen! Ja, manchmal schimpfe ich auf euch Ärzte, aber ihr habt mir in den letzten drei Jahren zweimal das Leben gerettet und ein andermal einen Trümmerbruch zusammengeschraubt. Das verbindet.* Außerdem mag ich meinen Hausarzt, er ist der Mann meines Vertrauens. Mit ihm kann ich über vieles reden, auch über die „anderen Dinge". Dennoch trennen uns Welten. Ich könnte ausrasten, wenn ich die maskierten Menschen sehe. Aber so einen Weg bin ich ja auch einst gegangen: arzt- und obrigkeitsgläubig. Bis zu dem Zeitpunkt, an dem ich als Massenmensch kapitulierte. Da half kein Wegsehen, kein Verdrängen, kein Betrinken mehr: Ich musste den Weg gehen, den meine geistigen Begleiter und ich selbst vor diesem Leben ausgetüftelt haben.

Ah, ich rutsche wieder ab. Ich werde nun Ihre Fragen gezielter beantworten und meinen okkulten Werdegang nach und nach mit hineinstreuen.

Nein, das passt schon. Das ist für mich alles interessant. Ich möchte Sie ja auch näher kennenlernen – Ihr Denken, Handeln usw.

Nehmen wir jetzt gerne eine konkrete Frage meinerseits: Wie sehen Sie die Zukunft der Menschheit?

Nachdem ich vergeblich versucht habe, große okkulte Antworten in ein paar Seiten zu packen – was an und für sich unmöglich ist –, sind jetzt Ihre Fragen die Richtschnur. In Teil 1 musste ich wegen meines selbstgesteckten Ziels, kurz und bündig einige geistige Vorgänge hinter Corona darzulegen, einiges stark vereinfachen, besonders was die Schöpfung, die Trinitäten und die Liebe betrifft.

Im Folgenden beleuchte ich sie etwas umfassender und dadurch ein wenig anders. Das Wichtigste: Die Liebe gab es nicht von Anfang an in unserem Universum, sonst gäbe es hier keine Dunkelwesen. Aber eines Tages wird sie im Anfang sein – aus der Vergangenheit heraus. Das erkläre ich später.

In Ordnung. Also: Was erwarten Sie für die Zukunft?

Es wird zwei Zukünfte geben, eine nahe und eine ferne. Für die nahe Zukunft habe ich wenig Hoffnung. Wenn ich durch die Straßen gehe, sehe ich nur noch den Zerfall von Formen und Strukturen. Vor allem sehe ich maskierte Menschen, die trotz Aufhebung der Maskenpflicht weiterhin so entsetzlich herumlaufen. Was können wir von solchen Menschen erwarten? Der geistige Hintergrund des Booms von Zombie-Filmen weist auf ein reales Phänomen in unserer Gesellschaft hin, denn alles Sichtbare ist ja die äußere Darstellung des unsichtbaren Geistigen dahinter.

So war die schlimmste Erfindung nicht die der Bombe – ich rede nicht von der Atombombe… obwohl ich mir da heute nicht mehr sicher bin –, sondern die der Massenmedien. Wer sie steuert, kann den Verstand der Menschen nach Belieben zermatschen, sodass sie ganz leicht zu führen sind – über Angst. Wer den gesteuerten Massenmedien verfällt, wird zu einem widerstands- und verstandeslosen Menschen, zu einem Zombie, der letztlich nur noch von elementarmateriellen Bedürfnissen getrieben wird. Die Massenmedien sind der sichtbarste Wahn in unserer Gesellschaft!

Aber zu den elementaren Bedürfnissen gehören doch Frieden und Gesundheit.

Frieden in Form von zufrieden gelassen werden, ja. Dafür lassen sie sich impfen oder wieder einmal aufwiegeln gegen den Russen. Hauptsache, sie haben ihre Ruhe und müssen ja nicht selbstständig denken, selbst wenn sie dafür erneut in Reih und Glied antreten. Und zur Gesundheit gehört eben, dass jeder Einzelne sich selbst darum kümmern muss. Wer sich auf die Pharma-Dämonie verlässt oder auf jene Ärzte, die nur den Programmen dieser Pharma-Giganten folgen, der ist selbst schuld. Diese Gläubigen sind von Angst zerfressen. Das sehen wir ihnen äußerlich nicht an, aber innerlich gleichen sie den Untoten. Und es ist diese Angst, die sie umbringt.

Gut, dann bleiben wir noch bei Corona…

Gerne. Durch Corona schufen sie einen mächtigen Zugang der Angst, den sie nach Belieben benutzen – und weiterhin benutzen werden, denn noch immer zwingen sie die Menschen zu den Tests, die völlig untauglich sind.
Glaubt tatsächlich ein Mensch der Masse, dass nach Corona alles wieder normal wird, dass nach den verbrecherischen Massenimpfungen alles gut ist? Das Portal ist immer noch weit geöffnet: Sie basteln bereits an den Formulierungen der nächsten Welle dieser fiktiven Pandemie herum, zum Herbst hin. Oder wird es gar eine andere sein? Dann prügeln sie es den Leuten erneut über die Lügenmedien

ein, dass diese – oder eine andere – zurückgekehrt sei: noch schlimmer, noch todbringender, noch weniger Möglichkeiten, ihr zu entkommen. Damit entfachen sie erneut die unentwegt schwelende Erwartung in den Menschen, dass sie sich anstecken und krank werden und dann sogar sterben müssen.

Und so passiert es ja auch – nicht weil ein „Virus" sie bedroht, sondern weil sie es so haben wollen! Wer Krankheit oder gar Tod erwartet, dem passiert das! So funktioniert Krankheit, nicht durch eine erstunkene und erlogene Pandemie mit einem zurechtphantasierten Virus! Was steckt denn hinter dem „geheimnisvollen" Wirken von Placebos und Nocebos?! Die Macht unserer Gedanken! Wenn wir unbeirrt daran glauben, dass uns ein dreimaliges Herumlaufen um unser Auto vor dem Essen vor allen schädlichen Wirkungen der Lebensmittel schützt, dann passiert das auch!

Und der „Impfdurchbruch"? Das geschieht ja den Geimpften, nicht den Ungeimpften! Ich kenne Geimpfte, die seitdem immer wieder krank werden – mit den typischen Anzeichen von Infektionen, aber viel schlimmer und länger andauernd als vor den mörderischen Gen-Injektionen! Das entlarvt die Lüge, dass weitere Impfungen für einen „milderen Verlauf" sorgen! Und wer entscheidet, dass die Älteren oder Kranken als Erste geimpft werden müssen, spricht ein Todesurteil über diese Menschen aus!

Also ich bin auch zu der Erkenntnis gekommen, dass es überhaupt nichts bringt, mit den Geimpften zu sprechen – also mit denen, die sich aus Überzeugung haben spritzen lassen.

Ja, das ist so. Ich machte die bittere Erfahrung, dass dieser Menschenschlag nichts hören will von der Wahrheit: Sie wenden sich ab, belächeln oder beschimpfen einen sogar. Als „9/11" geschah – wir waren gerade auf dem Weg in die USA – und die Logik klar sagte, dass es so nicht passiert sein konnte, wie es die Medien-Einheit hinausschrie, und ich vermutete, dass es die Amis selbst gewesen waren und das aussprach, ging man mir fast an die Gurgel.

Was sollen die Götter noch machen?! Wie sollen sie auf diese Unfähigkeit, Wahrheit aufzunehmen, reagieren?! Sind die Menschen überhaupt noch zur Vernunft zu bewegen?! Solange sie den Medien glauben, beherrscht sie der Schatten! Diese dahinvegetierenden Menschen verstehen nicht, dass sie damit unsere Schöpfer verraten, die uns ihre Fähigkeiten schenkten, um wahre Menschen werden zu können. Dazu gehört eben auch die Fähigkeit des kristallklaren Denkens und Urteilens. Jeder, der dieses Denken in sich heranzieht, sieht zwangsläufig, wie unsere Kultur dem Bösen verfällt. Gerade der Deutsche, der schon dem Nazi-Dämon verfiel, hätte erkennen müssen, was durch Corona gespielt wird: Wenn es keine andere Meinung in den geifernden Massenmedien gibt, ist das nichts anderes als Kriegsgeheule – weil Corona ein Krieg gegen nahezu alle Menschen ist! Nur die Marionetten in den mittleren Reihen wie Politiker und Journalisten bleiben am Leben. Noch.

Und was macht just der Massendeutsche, dieses komplett hirngewaschene Wesen?! Er spult unbeirrt seine von den Lügenmedien einprogrammierten Verhaltensweisen ab. Es sind keine Denkprogramme, denn denken tut er ja nicht, sonst würde ihm der ganze tod- und verderbenbringende Irrsinn auffallen. Nach über zwei Jahren erkennen sie immer noch nicht die tödliche Lüge, klammern sich maskiert vermutlich bis an ihr Lebensende daran! Wie krank das ist...!

Das sind harte Worte. Es gibt doch auch andere Deutsche, die nicht mitmarschieren und sehr wohl denken können. Solche, die auch kritische Bücher kaufen oder entsprechende Websites lesen.

Auf diese verehrungswürdigen Menschen stützt sich meine ganze Hoffnung. Wenn unsere nahe Zukunft nicht so schwarz wird, wie ich sie sehe, ist es allein diesen tapferen Frauen und Männern zu verdanken. Wenn sie dazu noch erkennen, dass hinter dem Sichtbaren ein Krieg zwischen Licht und Dunkelheit tobt, haben sie einen entscheidenden Schritt zum Verstehen getan. Denn die dunkle Seite kann nur so weit gehen, wie wir es zulassen – dann bricht ihr Lügenwerk zusammen! Allerdings müssen wir auch lernen, dass dieser

Krieg nicht mit den üblichen Mitteln gewonnen werden kann, nicht durch weitere Spaltung.

Die Corona-Gläubigen werden fallen, wenn sie sich weiterhin weigern, von ihrer Arzt- und Obrigkeitshörigkeit abzulassen. Würden die Medien ihnen einhämmern, dass Corona durch Beziehungen entsteht, würden Männlein und Weiblein anfangen, den anderen zu hassen – bis hin zum Krieg der Geschlechter! Denn so hirntot sind all diese Menschen! Aus ihrer Asche entsteht eine neue Menschheit, in der es keine Politiker, Massenmedien und Apparate- und Pharma-Medizin mehr geben wird.

Was treibt uns denn in den Untergang? Gehorsam! Und vieles ist so einfach zu durchschauen! Und je mehr sie ihre menschenmordenden Maßnahmen forcieren, umso mehr Leute wachen auf. Das ist eine Zwangsläufigkeit, die sie nicht stoppen können. Deshalb müssen sie rasch und auf allen Ebenen zuschlagen: durch den Psychokrieg, 5G, Chemtrails, Strahlenwaffen, künstlichen Klimawandel, KI, Gender sowie Transhumanismus, Gen- und Nanotechnologie und und und… Wieviel Kraft muss ein Mensch aufbringen, um auch nur einen Teil dieser so offensichtlichen Verbrechen auszublenden?

Die Amokläufe in den Schulen: Gegner eines Staates würden Finanzämter stürmen, nicht Schulen – das tun die Feinde der Menschheit! Die im Mainstream im Sommer 2022 verkündete angebliche Insolvenz von Amazon: Ein 200 Milliarden schwerer Jeff Bezos soll plötzlich insolvent sein?! Das Problem: Amazon war ein Impfmaßnahmen-Durchbrecher – der Kunde musste sich nicht impfen lassen, um an seine Waren zu kommen –, denn was scheren einen all die blödsinnigen Regeln für das Einkaufen, wenn wir uns das locker über Amazon bis zur Haustür bringen lassen können – Waren jeglicher Art! Das hatte der Schattenregierung nicht gefallen!

Ich fragte mich schon länger, wie sie das Problem lösen wollen. Lassen wir uns überraschen, wie sie das nun weiter verhackstücken. Vielleicht dürfen wir bald ja nur noch mit dem digitalen Impfpass einkaufen – selbst im Internet, oder nur mit diesem „Ausweis der nahen Zukunft" Waren an der Haustür annehmen.

Meine Frau zeigte mir ein Bild aus dem Internet. Darin war Sid, das Faultier aus den „Ice age"-Filmen, abgebildet, mit dem Spruch: *„Natürlich haben wir mehr Corona-Infizierte, weil ja auch mehr Tests gemacht werden. Würden wir mehr IQ-Tests machen, hätten wir auch mehr Blöde!"*

Genialer geht's einfach nicht, oder?

Finde ich auch. Und unsere Wahrheitsunterdrücker in den Redaktionen lügen wieder – diesmal über Amazon, den erfolgreichsten Internethändler! –, dass sich die Balken biegen. Es sind jene Seelen, die vor Eintritt in dieses Leben ihren Freunden, Helfern und Göttern auf „der anderen Seite" versprachen, für die Wahrheit einzustehen. So viele Versprechen, die sie nicht einlösten... Aber so geht es schließlich den meisten von uns, weshalb unser Karma uns zur Rückkehr zwingt, in eine immer schwierigere Welt.

Wer Angst sät, ist bösartig! Ihr Panikmacher geht mit zersplitterter Seele heim ins geistige Reich, das nicht mehr euer Zuhause ist. Es gibt Mächte dort, die euch nicht mehr haben wollen. Viele werden eine unerträgliche Isolation und Einsamkeit erleben, einen Seelenkerker, den ihr euch auf der Erde zusammengelogen habt.

Über eins müssen sich alle im Klaren sein: Den dunklen Mächten und ihren menschlichen Knechten, die keine Menschen mehr sind, ist es völlig egal, was aus der Erde wird. Deshalb werft endlich die ganzen Angstmacher, eure Programmierer und Lebensvernichter aus eurem Leben! Glaubt mir: Wenn ihr nicht mehr den Worten eines Marionetten-Politikers und -Nachrichtensprechers lauscht und den ganzen Schwachsinn in der Presse nicht mehr lest, dadurch geht eure eigene Welt nicht unter – im Gegenteil: Ihr macht euch von euren Programmierungen frei und öffnet die Augen!

Auch wenn ich weiß, welche Wege und Irrwege menschlicher Geist zu gehen vermag, erschüttert es mich doch, miterleben zu müssen, wie viele von uns über Angst geknechtet wurden. Hinterfragt die Dinge in eurem Leben und schüttelt alle Angst ab. Vertrauen ist eine gute Sache, denn wir sind niemals allein!

Können Sie konkret unsere nahe Zukunft beschreiben?

Ganz klar: Weil sich die meisten Deutschen weigern, die Wahrheit zu erkennen, kann nur die Verelendung und das große Sterben kommen – es ist das Ziel der Knechte Satans! Und es geschieht vor allem hier in Deutschland! Der Ukraine-Krieg ist die logische Fortsetzung von Corona: Nachdem sie die Deutschen „angstbesessen" machten, folgt jetzt die geplante Phase des Mangels, so eine künstlich erzeugte Energie- und Lebensmittelknappheit, die nur der Medien-Junkie als vom Krieg verursacht ansieht. Und die „Papierknappheit" entlarvt jeder Gang zum Briefkasten als Lüge – Werbung, Werbung, Werbung…

Ist das nur hier in Deutschland so?

Hauptsächlich, denn **Deutschland ist das entscheidende Schlachtfeld zwischen Licht und Schatten!** Wir Deutschen haben nie in einer Demokratie oder gar in Freiheit gelebt. Deutschland ist ein Vasallenstaat der USA, den die US-Satanisten nach Belieben ausrauben. Die hiesigen führenden Politiker, Herausgeber und Journalisten sind nicht unsere Freunde; sie sind Marionetten wie das programmierte Gros der Deutschen. Dass die Impfpflicht abgeschmettert wurde, lässt mich hoffen, dass noch nicht alle Politiker verdorben sind.

Warum ist Deutschland das entscheidende Schlachtfeld?

Es gehört viel Bewusstsein dazu, dass kranke Treiben von Luzifers und Satans Knechten zu durchschauen. Alles, was in der Weltgeschichte geschah, geschieht und geschehen wird, hat ebenfalls seinen Ursprung in geistig-astralen Vorgängen. In Deutschland inkarnieren seit einigen Jahrhunderten immer wieder Menschen mit einem hohen Bewusstsein – die großen Mystiker, Philosophen, Forscher, besondere Menschen wie Meister Eckehart, Tauler, Böhme, Goethe und viele andere –, die in der Lage waren, zusammen mit unserem Volksgeist – jedes Volk hat einen Führungsgeist, einen großen Engel, der über es wacht –, das Massenbewusstsein anzuheben. So sollte Deutschland das erste Land auf der Erde werden, in dem seine Bürger ein relatives hohes Niveau an Geist haben – das erste erwachte Volk! Diese Deutschen hätten das Treiben der dunklen Mächte durchschaut und dem Einhalt geboten.

Ist das nationalistisch gemeint?

Nein, denn es sollte mit der ganzen Welt geteilt werden. Der Schatten sorgte dafür, dass ein Volk, das alle Menschen zu einem bewussten Leben hätte hinführen können, nicht mal mehr ein Hauch seiner selbst ist. Die Weltkriege wurden von den Dunkelmächten inszeniert und nach jedem Krieg wurden die einst selbstbewussten Deutschen immer kleiner gemacht. Hitler, der schon in einem früheren Leben ein Schwarzmagier war, schuf die Voraussetzungen für die tiefe Spaltung Deutschlands. Er ist der Beweis dafür, wie verführerisch ein luziferischer Dämon wirken kann. Jetzt ist die Masse nur noch willenloses „Menschenmaterial", mit dem die Halbmenschen in den USA verfahren, wie es ihnen gefällt. Und eine Strategie, die deutsche Kultur zu verwässern, ist eben die Massenmigration. Vorher begann schon die Vernichtung unserer schönen Sprache. Das hat nichts mit dem Herrenrassen-Denken der Nazis zu tun. Aber der Massendeutsche ist nun mal so programmiert, dass er sich empört von jedem abwendet, der das Gute in den Deutschen sieht, der stolz auf sein Land sein möchte! Jedes Land in der Welt hat seinen Nationalstolz – aber gerade wir dürfen ihn nicht haben?! So eine große Angst haben sie vor uns – *und so weit haben sie euch schon gebracht, dass ihr euch selbst ablehnt! Glaubt mir das, meine Deutschen, oder geht unter!*

Das hört sich nach einer tiefen Wut auf die Deutschen an.

Ich grolle ihnen sehr, weil in ihnen geistig ganz andere Möglichkeiten angelegt worden sind! Statt ein dumm gehaltenes Volk zu sein, hätten sie die Schattenmächte entlarven können! Wie oft zeigten sie uns Szenen in der Glotze, die zu einer ganz anderen Geschichte gehören. Und das ist das Hauptproblem des Fernsehens: Der Informationsgehalt von Bildern und Szenen ist gleich Null, dafür putschen sie direkt die Emotionen, damit auch der Rest an klarem Denken hinweggefegt wird. Um zu verstehen, was in den Spots geschieht, müssen sie erklärt werden – und spätestens da tritt die Lügenmaschinerie in Aktion! Wenn wir das Gezeigte also verstehen wollen, müssen wir uns zusätzliche Informationen besorgen – und eben nicht der erklärenden Stimme vertrauen. Dieser Typ, dieser Lügner, ist der, der uns programmiert, und je sympathischer er wirkt, umso mehr fallen wir auf ihn rein. Schauen wir endlich hinter die Fassade!

Aber niemand kann seinem Schicksal entkommen, vor allem nicht ihr Lügner in den Redaktionen und ihr in den Parlamenten, die ihr eure Macht so missbraucht, dass Menschen dadurch geschädigt werden oder gar sterben! Ihr alle ohne jede Moral und Gewissen – sofern ihr es noch selbst seid – müsst den Tod am meisten fürchten! Kennt ihr denn nicht den ersten Hüter der Schwelle, dem jeder nach dem Tod als erstes begegnet?! Dieses Ungeheuer, das euch entgegentritt – das seid ihr selbst! Das habt ihr seelisch aus euch gemacht in diesem jetzigen Leben! Kein Erwachter möchte jemals mit euch tauschen! Für einen Judas-Lohn – ein kurzes, materielles Dasein in eingebildeter Macht und Fülle?! Ihr werdet lange in Dunkelheit und Demut ausharren müssen!

Gegeninformationen zu den öffentlichen müssen sorgfältig ausgesucht werden. Ich habe kein Internet, kenne aber einige, die nur dort suchen und genauso wenig hinterfragen, die alles akzeptieren, was gegenteilig ist zu den Lügen in den Massenmedien. Das führt ebenfalls in die Irre, denn es gibt auch viel Schrott im Netz, obwohl mir klar ist, dass die Fiesen ohne das Internet bereits weiter wären in ihrer wahnsinnigen Weltunterdrückung.

Nun aber noch ein paar Worte zum Ukraine-Krieg und was danach folgt, bevor es dann ans Eingemachte geht.

Immer raus damit.

Dass Putin US-Biowaffenlabore in der Ukraine angriff, darüber berichtet unsere deutsche US-Presse natürlich nicht. Jeder plappert über solche Labore, wo was entsprungen ist – aber nur wenige begreifen, dass in solchen Einrichtungen tod- und verderbenbringendes Leben herangezüchtet wird, um gezielt große Gruppen von Menschen umzubringen! Biowaffenlabore dürfte es überhaupt nicht geben! Sie sind ein klarer Beweis für das Wirken satanischer Mächte in dieser Welt!

Deutschland und Russland stellen gemeinsam eine Macht dar, in der die Menschen vom Wesen mehr zusammengehören als wir mit den USA. Das wurde bislang sehr erfolgreich von den Halbmenschen in und hinter der US-Regierung verhindert. Nach Ami-Willen dürfen wir niemals zusammenfinden! Deshalb geifern ihre deutschen Medien gegen Russland und loben den *„ach so glorreichen und uneigennützig handelnden, nur nach Gerechtigkeit und Weltharmonie strebenden Sheriff".* Ich muss mich gleich übergeben.

Zur russisch-deutschen Beziehung kann ich auch etwas beitragen: George Friedman, der Gründer der amerikanischen Denkfabrik STRATFOR, sagte einmal: *„Das primäre Interesse der USA, wofür wir seit einem Jahrhundert die Kriege führen – Erster und Zweiter Weltkrieg und Kalter Krieg – waren die Beziehungen zwischen Deutschland und Russland. Denn vereint sind sie die einzige Macht, die uns bedrohen kann, und unser Interesse war es immer, sicherzustellen, dass das nicht eintritt."*[7]

Und der Ukraine-Krieg ist definitiv von der Nato provoziert. Ich habe dazu zwei lange Artikel auf meiner Nachrichtenplattform „DieUnbestechlichen.com" publiziert. Soviel an dieser Stelle: Putin ist nicht nur mit dem Manöver „Defender Europe-21", bei dem die Einkesselung Russlands geübt wurde, erneut provoziert worden, es gab seit mehreren Jahren – vor allem aber im Frühjahr 2021 – immer wieder Scharmützel zwischen Ukrainern mit Nato-Waffen und Russen im Donbass, wobei es leider auch zu Toten auf beiden Seiten kam. Die Russen waren dabei jedoch immer darauf bedacht, die Lage nicht total eskalieren zu lassen. Das habe ich von einem Soldaten des österreichischen Bundesheeres erfahren, der über entsprechende Informationen verfügt.

Ja, Putin ist der einzige, der in diesem vom Westen geschürten Krieg einen klaren Kopf behält! Die NATO, einst ein Verteidigungsbündnis, ist unter US-Führung durch ihre EU-Marionetten eine Angriffsarmee geworden wie die der Amis. Was haben die Amis und die NATO in der Ukraine zu suchen?! Sie wollen Russland zu einem Krieg gegen Europa provozieren! Putin muss ihnen doch einen Grund geben, damit sie ihn „notgedrungen" angreifen müssen! Die Massendeutschen – sie sind so verblödet worden von den Lügenmedien, dass sie das nicht sehen können!

Alle Kanzler wurden es durch Ami-Gnaden. Wenn wir aus einer Gruppe von Marionetten einen Anführer wählen, was wählen wir dann? Immer eine Marionette. Wer das einmal erkennt, sieht den Grund für das unterwürfige Verhalten unserer „Weltpolitiker". Da ist es egal, wo das Kreuz auf dem Wahlzettel steht. Selbst wenn mal eine Außenpartei hochkommt, wie die Grünen (auf die ich vor Jahrzehnten alle Hoffnung gesetzt hatte), ist sie bereits vom CIA-Parasiten infiziert.

Auch das kann ich aus erster Hand bestätigen. Ich traf im Frühjahr 2022 einen AfD-Politiker, der auch Minister des Deutschen Bundestages war, den die CIA anzuwerben versuchte. Durch ihn kenne ich nicht nur den Namen des Anwerbers, sondern weiß auch, welche hohen AfD-Politiker bereits im Sold der USA stehen. Der Anwerber erklärte dem AfD-Politiker, dass die AfD gegründet worden sei, um die Menschen wieder an die Wahlurne zu bringen, die die CDU und CSU aufgrund deren Linkskurses verlassen hatten. Und zur Bundestagswahl 2021 sagte er: *„Es ist egal, ob Scholz oder Laschet Bundeskanzler wird, WIR gewinnen. Deutschland ist ein besetztes Land, und das wird auch so bleiben!"*[8]

Ich möchte an dieser Stelle nicht mehr dazu sagen, denn der AfD-Politiker schreibt gerade selbst an einem Buch genau darüber, deshalb möchte ich hier nichts vorwegnehmen.

Ja, das ist leider so. Russland ist ebenso dringend auf seine Öl- und Gas-Exporte angewiesen wie wir auf ihre Energieträger. Die USA will den mächtigen Bären zwingen, unsere Gasverträge zu kündigen, was den Russen genauso schadet wie uns Deutschen. Wenn Putin das macht, können die Verbrecher in den Medien weiter auf ihn einschlagen, was für ein schlimmer Mensch er doch ist. Und zum anderen befehlen die USA ihren deutschen Politiker-Knechten, dann den wesentlich teureren Ami-Energieschrott einzukaufen – und leiten damit die lange geplante Phase des Mangels ein, die nächste Stufe des Krieges.

Politiker, die das mitmachen oder gar Waffen in die Ukraine schicken wollen, schädigen Deutschland genauso, wie es der Zweite Weltkrieg tat. Aber ein Scholz will plötzlich hundert Milliarden Euro für die Bundeswehr locker machen! Ich bezweifle, dass der Mann weiß, wieviele Nullen diese Zahl hat. Durch drastisch erhöhte Energiepreise wird vieles nicht mehr gewinnbringend produziert werden können. Aber wodurch steigen die Preise denn?! Durch Steuern! Und wer erhöht die Steuern?! Die Marionetten in den Parlamenten! Warum ist denn der Spritpreis in Deutschland am höchsten?! Warum steigen die Preise bei uns am rasantesten?!

Es ist eine tolle Möglichkeit unserer Regierung, uns noch mehr zu schröpfen: eben durch unverhältnismäßige Steuererhöhungen, die der schlimme Krieg nun mal fordert... Und viele machen ach so verständnisvoll diese leicht durchschaubare Abzocke mit!

Na ja, nun wollen sie eine Steuer auf eine Steuer erheben, die Grundstückssteuer auf die Grundsteuer. Mal sehen, was für ein Irrsinn denen noch einfällt, die ihnen anvertrauten Bürger auszurauben. Das sind typische Dekadenz-Erscheinungen eines untergehenden Volkes. Ich bin gespannt, wann die Deutschen das begreifen.

Ganze Lebensmittelsorten sollen aus den Regalen verschwinden und normale Verbrauchsgüter seltener werden sowie Minderwertiges mehr und Qualität weniger. Seltsamerweise bleibt der ganze Chemie-Kram wie Chips und Weingummis etc. konstant billig. Und Schnaps natürlich auch. Dazu säuselt „Economic-Schwab", dass Eigentum nicht gut für uns ist.

Für den, der es nicht weiß: Sie sprechen von Klaus Schwab, dem Gründer des Weltwirtschaftsforums (*World Economic Forum*, WEF). Michael Morris schreibt über ihn im Buch »Lockdown 2«: *„Das WEF ist eine, nun seit 50 Jahren bestehende, neoliberale Globalisierungslobby-Veranstaltung, die einmal jährlich als große Show im schweizerischen Davos zelebriert und bis heute von seinem Gründer, dem Deutschen Klaus Schwab, geleitet wird. Der 1938 im süddeutschen Ravensburg geborene Ingenieur scheint von den politischen Ideologien seiner Kindheit bis heute stark geprägt zu sein. Er träumt laut davon, ‚alle Aspekte unserer Gesellschaften und Volkswirtschaften zu überarbeiten‘ und ‚unser Denken und Verhalten zu verändern‘. Das ist so etwas wie das Zomato-Prinzip auf Steroiden. Schwab träumt offen von drakonischen Maßnahmen zur Kontrolle der Bevölkerung. Im Rahmen seiner ‚4. Industriellen Revolution‘ verlangt er künftig Gehirnscans für (fast) alle Menschen, die reisen wollen, um einzuschätzen, ob sie ein Sicherheitsrisiko darstellen. Genau an dem Punkt kommt wieder Peter Schwartz ins Spiel, der genau das im Jahr 2010 in seinem „Lock Step-Szenario“ vorausgesagt hatte. Natürlich ist Peter Schwartz Vize-Präsident des WEF, zuständig für die „Strategische Planung“. Der Impfpass als neues Reisedokument ist also voraussichtlich nicht der Weisheit letzter Schluss – da geht noch viel, viel mehr. Denn für Schwartz und Schwab sind selbst Gehirnscans an den Grenzübergängen nur ein Zwischenschritt. Mittelfristig fordert der enge Mitstreiter der Supereichen, Mitglied im innersten Zirkel der Bilderberger und 17-facher Ehrendoktor, dass allen Nicht-Multimillionären Mikrochips implantiert werden, um jederzeit ihre Gedanken lesen zu können. Das erinnert, wie Tessa Lena treffend, aber ein wenig verharmlosend sagte, tatsächlich an ‚eine Kombination aus Science-Fiction des frühen 20. Jahrhunderts, verklärender sowjeti-*

Abb. 4: Der Gründer und Leiter des Weltwirtschaftsforums, *Klaus Schwab*, mit seiner Frau Hilde.

scher Plakate, und der Besessenheit eines geisteskranken, spielsüchtigen Buchhalters'. Doch das Erschreckende an all dem ist, dass diese Wesen das wirklich ernst meinen und scheinbar zum Äußersten bereit sind.

> **„In dem Maße, wie sich die Möglichkeiten in diesem Bereich verbessern, wird die Versuchung für Strafverfolgungsbehörden und Gerichte zunehmen, Techniken einzusetzen, um die Wahrscheinlichkeit krimineller Handlungen zu bestimmen, die Schuld einzuschätzen oder sogar möglicherweise Erinnerungen direkt aus den Gehirnen der Menschen abzurufen... Aktive implantierbare Mikrochips, die die Hautbarriere unseres Körpers durchbrechen, werden die Art und Weise verändern, wie wir mit der Welt in Kontakt treten, und uns zwingen, zu hinterfragen, was es bedeutet, Mensch zu sein.“**[4]
>
> *Klaus Schwab*

*Klaus Schwab hält gerne Vorträge auf Englisch, mit einem deutschen Akzent, der so dick ist, dass man glaubt, er wäre einer schrägen Komödie entsprungen. In seinen Videos an die Welt spricht er von dem ‚neuen Gesellschaftsvertrag', den er für uns ausgearbeitet hat und der natürlich ebenso auf ‚soziale Gerechtigkeit' wie auf ‚Nachhaltigkeit' ausgerichtet ist. Er hat sich das ganz genau überlegt: ‚Jedes Land, von den USA bis nach China, muss teilnehmen, und jede Branche, von Öl und Gas bis hin zu Technologie, muss transformiert werden.'...
Wer sich gegen Schwabs Vision sträubt, soll mittels moderner technologischer Wissenschaft, dem „Moral Enhancement" (Moralischer Verbesserung), zur Räson gebracht werden. Dies ist mittlerweile tatsächlich ein anerkannter Bereich der biomedizinischen Technologie und der Neuroethik. Stellen Sie sich eine Neuverfilmung von »Dr. Frankenstein« vor, in der die Monster Cyborgs sind, organische, kohlenstoff-basierte Wesen, die wie Menschen aussehen, aber von Mikrochips gesteuert und von „Künstlicher Intelligenz" kontrolliert werden."*[5]

Danke für diese Erklärung, leider gehe ich meist davon aus, dass solche Informationen nicht Allgemeinwissen sind. Die Massenmigration ist jedenfalls eine zurechtgebombte Bewegung, damit die Vasallen in unserer Politik alles reinlassen können – und wer berechtigte Bedenken dagegen einwendet, gilt als Nazi! Dabei ist es die Schaffung eines Unruheherds, durch den sie Deutschland nach krankem Belieben in einen Bürgerkrieg hineinhetzen können.

Nicht dass ich was gegen Ausländer habe, ich war ja selbst lange Zeit einer – ich war über viele Jahre auf der ganzen Welt unterwegs. Ich mag Multikulti, er ist der Weg der Zukunft, aber nicht auf die gewaltsame Art, wie ihn Politik und Medien vorantreiben!

Die Lügenmedien greifen jeden an, der die Massenmigration ablehnt, aber gleichzeitig schüren sie die Ängste der Deutschen vor den Migranten, indem sie keine Gelegenheit auslassen, in heuchlerischer Erbostheit über deren Vergehen und Verbrechen zu berichten. *Ich denke, Schizophrenie wird euer nächster Bewusstseinszustand sein, ihr Schmierfinken – und wenn ihr nicht aufpasst, geschieht das noch in diesem Dasein. Wacht endlich auf, meine Deutschen!*

Eine Welt, in der sich Menschen über andere erheben können, in der Einzelne über Krieg und Frieden, über Armut und Wohlstand von ganzen Völkern entscheiden können – das war einmal eine Notwendigkeit, aber heute ist das nur noch zutiefst gestört.

Noch ein Letztes dazu: Wenn ich über ein Land schimpfe, dann meine ich nur dessen Führung. Ich habe nichts gegen die US-Amerikaner – auch so ein Wahn: *„Wir sind Amerika!"*, aber das sind sie eben nicht! Ich erlebte sie sogar als ausgesprochen liebenswürdig, aber noch abhängiger von den bunten Bildern im TV als die Deutschen. Jedoch zu einem Leben verurteilt, das sich über Arbeiten müssen und Geld ausgeben definiert, das ist kein gesundes Leben. Dazu ohne soziales Netz. Aber wir sind ja selbst auf dem Weg dorthin, in die Verarmung und zurück zu einem Entwicklungsland.

Wir sollten Mitgefühl für sie haben, denn sie sind am schwersten betroffen vom Wirken ihrer Schatten-Regierung, denn sie sind die ersten Opfer der Blutgier dieser Halbmenschen. Die USA stehen selbst vor der Zerreißprobe durch die geistesgestörten Superreichen, die dort hausen und jeden Bezug zum Leben und zu jeder Normalität verloren haben. Die nach außen als eine eingeschworene Gemeinschaft erscheinen, aber dem anderen nicht einen einzigen Cent auf dem Konto gönnen. Wie im Fall Bezos: Ein Opfer musste her und so traf es ihn.

In einer neueren Vision, die ich im Mai 2022 hatte, sehe ich die US-Amerikaner ihr Joch der Superreichen abwerfen, und dass diese von dort fliehen müssen, aus einem Land, in dem sie sich wie die Made im Speck eingenistet haben, aber nichts für die Menschen empfinden. Nicht mehr lange können sie ihrem kranken Plan folgen, die ganze Welt zu beherrschen.

Was ich nie verstand, ist, warum sie so besessen davon sind.

Das hat einen okkulten Grund. Rudolf Steiner bezeichnete Amerika einmal sinngemäß als *„den Ort, wo Kulturen sterben"*. Die USA, als ein Länderbündnis ohne Geschichte, wurde in dieser Form ja von europäischen Siedlern geschaffen. Diese Menschen waren anfällig für den großen Geist, der dort hauste: Ahriman/Satan. Diese Menschen verfielen dem Materialismus, der seinen Ursprung in Satan hat.

Aber vorher lebten dort die Indianer. Was war mit ihnen?

Was mit ihnen passierte, sehen wir ja: Ihre Kultur starb durch die Invasion der Siedler aus. Wenn mir jemand vom Edelmut der Indianer vorschwärmt, bin ich vorsichtig. Das war bestimmt nicht so der Fall. Ebenso nicht, dass nur edle Leute von Europa nach Amerika auswanderten. Wie auch immer: Die indianische Kultur wurde ausgelöscht und ihre jetzige materialistische Folgekultur ist bereits am Untergehen.

Die heutigen Regierenden in den USA – das sind nicht die, die wir in der Glotze sehen, sondern die Schattenregierung – sind völlig vom satanischen Geist besessen. Und das Luziferische wirkt mit hinein, denn wahnsinnige Großmacht-Pläne sind seine Domäne.

Kurz zur Schattenregierung der USA: Dr. Arend Oetker, der ehemalige Vorstands-Chef der *Atlantik-Brücke*, gab im Jahre 2002 folgende Antwort auf die Frage nach dem Bestehensgrund dieser Organisati-

on: *„Die USA werden von 200 Familien regiert, und zu denen wollen wir gute Kontakte haben."* **Zudem sei zu den USA angemerkt, dass die eigentlichen Gründer der 13 ursprünglichen US-Staaten allesamt Freimaurer waren – siehe die 1-Dollar-Note.**

Ja, und diese paar Hundert Familien wollen Russland und Europa zerstören, am besten dadurch, dass diese sich gegenseitig umbringen. Und dann wollen sie an China ran. Wie abartig das alles ist – und wie wenig durchführbar! Denn der kranke Plan der US-Satanisten fußt auf keinem Boden – und fatal für sie: Je mehr sie danach handeln, umso mehr Menschen verändern sich, wachen auf!

Im Augenblick ist China der lachende Dritte. Es hilft ihnen sogar dabei, uns zu vernichten – und wir Deutschen bezahlen es auch noch! Dafür gaben unsere lebensfernen Bürokraten China den Status eines „Schwellenlands" – und wir schenkten diesem Absahner der Wirtschaften über 630 Millionen Euro! Entwicklungshilfe für China?! Wem kommt das nicht abartig vor?!

Und weil das vielen suspekt war, schoben sie gleich das Totschlagargument „Klimawandel" hinterher. Da China ja 30% des weltweit ausgestoßenen CO_2 produziert – wie soll ein Gas eine Rolle in einem nicht-existenten Klimawandel spielen?! – und es nicht von sich aus schafft, das zu reduzieren, müssen wir Deutschen ihnen dafür finanziell unter die Arme greifen! Mal ehrlich: Gibt es beklopptere Argumente?! Wer uns das für sinnvoll verkauft, gehört verboten!

In Wahrheit ist das auch eine Entschädigung dafür, dass sie ihre Produktion stoppten, damit deutsche Konzerne keine Teile mehr von ihnen bekommen! So ist das mit der Raffgier, liebe Manager, wenn ihr billigst produzieren lasst in anderen Ländern! Ihr hättet lieber auf euer eigenes Land bauen sollen!

Unsere US-Knechtin Merkel spielte ihre Rolle als Deutschland-Zerstörerin sehr gut. Ich halte sie nicht für sonderlich intelligent und bezweifle, dass sie kapiert, was sie anrichtet, aber ich halte sie für extrem machtgierig – etwas, das unsere derzeitigen politischen Führer eint, denn nur mit solchen Charakteren lässt sich das Kranke durchführen.

Einschub: Ihre stets zu einem nach unten weisenden Dreieck geformten Hände, das sie demonstrativ in der Öffentlichkeit zeigt, ist das Zeichen der Schatten-Pyramide, an deren Spitze der Antichrist steht. Außerdem hält es gute Energie ab.

Zeichen, Symbole, Rituale – all das verschwörerische Getue –, darauf stehen ja die Halbmenschen, dabei sind es Relikte einer untergehenden Ära. Mit Vorliebe missbrauchen sie positive Symbole, kehren ihren Sinn um, denn die hochaufragende Pyramide ist das Zeichen einer starken, neutralen Energie. Das Gleiche mit dem Peace-Zeichen, das ich selbst jahrelang um den Hals trug.

Das ist richtig, was Sie sagen. Das Peace-Zeichen ist die Todesrune. Andersherum ist es die Elhaz-Rune, die das Leben repräsentiert.

Doch weiter zum Thema China: Dabei hat China mittlerweile – auch durch deutsches Geld – so stark aufgerüstet, dass sein Militär zu einer direkten Gefahr für die USA geworden ist. Die chinesische ist eine großartige Kultur, in die Luzifer einst inkarnierte, und selbst heute noch wie aus der Zeit gefallen wirkt: von scharfsinnigen Philosophien und feinster Kunst durchdrungen. Ein Land, in dem der Einzelne nichts gilt, dafür der Staat umso mehr. Immer noch nicht ganz da, wie eine „Zeitblase" in der materiellen Welt, sodass es besser kopieren kann, als Eigenes zu erschaffen.

Jetzt boykottiert China durch Abmachung offen den ganzen schwachsinnigen Welthandel, soll ihn zum Stillstand bringen. Das ist ein zweifaches Glück für uns. Endlich hört es auf damit, Waren wegen einer irrsinnigen Profitsucht von einem Ende der Welt zum anderen zu karren. Und wir können jetzt das Sinnlose im Materiellen, das ja die ganze Welt verseucht, erkennen und uns

Abb. 5: Das Peace-Zeichen steht für Tod und Zerstörung – Millionen Menschen tragen es auf Tshirts oder als Anhänger.

davon abwenden. Lasst uns bescheidener werden und nicht alles haben und kaufen wollen, nicht mehr auf das Besitzen fixiert, sondern auf das Sein. Der ganze kranke Welthandel wird platzen. Und das sage ich, der selbst lange diesem Moloch diente und so oft über seine Unsinnigkeit den Kopf schüttelte. Aber das ist unsere Kultur, die westliche, die satanische! Aber ich denke, darüber wissen Sie sicher besser Bescheid als ich.

Allerdings. Mit der Weltverschwörung beschäftige ich mich ja schon seit Jahrzehnten und habe in vielen Büchern über die Hintermänner geschrieben. Uns geht es hier jedoch um die Kräfte, die HINTER den Hintermännern wirken.

Genau. Was diese Leute vorhaben, ist inzwischen bekannt: Neue Weltordnung, Great Reset, Kontrolle, Überwachung. Nach dem Erwachen durch Corona wird es nie wieder eine WHO geben. Auch alle anderen dunklen Weltinstitutionen wie die Weltbank/IWF, Schwabs Weltwirtschaftsforum (WEF) und viele zentrale Machteinrichtungen mehr – sie werden alle fallen, und das ziemlich schnell, sie werden fallen wie die Dominosteine. Sie alle kranken daran, dass sie auf satanisch-luziferischen Hirngespinsten basieren, nicht auf irdisch-menschlicher Realität – weil sie die Menschen nicht einbeziehen, sondern gegen sie gerichtet sind. Sie sind Institutionen des Bösen und werden nicht allein durch Menschenwirken zerschlagen, sondern auch durch Göttermacht!
Selbst das unselige Treiben der EU wird ein Ende finden, das immer mehr Sand in die nationalen Getriebe schüttet. Mir kam es immer so vor, als ob die EU den Auftrag hat, besonders unsere Bauern abzuschaffen, nicht nur bei uns, sondern auch in anderen Ländern. Dafür ließen sie ja auch Lebensmittel aus der ganzen Welt herankarren. Und das soll profitabel sein?!
Dabei müsste selbst den fern jeder Realität handelnden EU-Bürokraten klar sein, dass sie – dass wir alle! – nur durch die Arbeit unserer Bauern existieren! Ohne diese wären wir vielleicht nur 5 Millionen Deutsche, die verstreut in dunklen Eichenwäldern in klei-

nen Stammesverbänden hausen. Alle lebten von der Hand in den Mund, und es gäbe keinen Staat, keine Stadt, keinen Fortschritt jeglicher Art! Wir stünden in einem Überlebenskampf, könnten weder Schulen noch höhere Schulen besuchen noch anspruchsvolle Berufe ausüben! Zollen wir ihnen also den Respekt, der ihnen zusteht, und lasst uns jeden verjagen, der sie in den Ruin treiben will!

Ja, ich weiß, ich muss jetzt aufhören, sonst rede ich mich in Rage. Nur noch ein Wort zu unserem Rechtssystem: Auch das wird zerschlagen, weil es Recht nach Gesetzen spricht – besonders unsere Bundesgerichte, die eindeutig abhängig sind, siehe Corona-Urteile!

Euer Geklüngel mit den Politikern, ebenso ihr Bücklinge in den Behören – dafür müsst ihr eines Tages geradestehen, und zwar nicht nur vor einer irdischen Instanz! Euer Gewissen, das ihr hier in euch abgetötet habt, wird euch „drüben" erwarten und die größten Qualen bereiten! Könnt ihr es schon spüren, dass eure vertraute Welt dabei ist, sich aufzulösen?!

Zur EU kann ich sagen, dass es von Anfang an der Plan war, nach dem Zweiten Weltkrieg eine europäische Verbindung von Abhängigkeiten zu schaffen, damit Frankreich z.B. Deutschland brauchen würde, um existieren zu können. Gegen ein Land, dessen Güter/Waren/Rohstoffe man benötigt, kann man schlecht Krieg führen. Es ging von Anfang an darum, souveräne Nationalstaaten abzuschaffen und im Falle der EU alle europäischen Länder in die „Vereinigten Staaten von Europa" zu überführen. Das Endziel ist dann der Welteinheitsstaat, und die Menschen darin sind eine bunte Mischung aller Rassen – ohne Identität, Kultur oder Tradition. Das sagte Brock Adams, der ehemalige Direktor der UN Health Organization, auch ganz offen: *„Um die Weltregierung umsetzen zu können, ist es nötig, Individualität, Loyalität gegenüber Familientraditionen, nationalen Patriotismus und religiöse Dogmen aus den Köpfen der Menschen zu bekommen."*[9]

Kommen wir aber nun zu der fernen Zukunft, von der Sie sprachen. Die unterscheidet sich offenbar von der nahen Zukunft.

Diese ferne Zukunft geschieht durch das Wirken der geistigen Hierarchien. Eigentlich sollte der Mensch sie selbst erschaffen, aber der Schatten ist so durchdringend geworden, dass die meisten Leute sich aus Angst wegducken. Im Kosmos findet eine Erhöhung der astral-materiellen Schwingungen statt. Das kann jeder an sich selbst spüren, wenn er wach genug ist. Die Wahrnehmung, das Denken und Fühlen, verändern sich. Und damit auch unser Wille, die noch schwächste Kraft in uns. Er bewirkt, dass wir nicht mehr in der Masse mitmarschieren.

Die Zeit läuft schneller. Es kann auch jeder bemerken, dass er heute nicht mehr das schafft, was er sonst in der gleichen Zeit hinbekam. Das ist ja nicht messbar, weil die Schwingung der Materie selbst schneller wird. Und egal, welche Pläne wir schmieden, etwas läuft immer quer, nichts geht mehr glatt wie früher. Das sind Anzeichen einer fundamentalen Veränderung, die den ganzen Kosmos durchzieht.

Welche Veränderung meinen Sie?

Wir sind so ziemlich in der Mitte der Entwicklung der Siebten Kosmischen Ebene angelangt, am tiefsten Punkt der Materie. Von hier aus wandelt der Urgeist sein Abwärtssinken bis in die Materie hinunter um in ein Aufwärtssteigen in die göttliche Welt zurück. Das wird alles im Universum beeinflussen. Dieser Impuls wird von einer erwachten Menschheit auf der Erde ausgehen. Dabei wird dieses Aufwärtssteigen viel schneller vonstatten gehen als die Abwärtsbewegung. Die Materie verändert sich bereits. Was wir sehen, ist nur noch eine Dekadenz-Erscheinung. Es dauert zwar noch eine Weile, von uns aus gesehen, aber ich sehe hoffnungsvolle Phänomene wie das Verschwinden ganzer Sternengruppen aus dem Sichtbaren: Sie sind ja noch da, aber bereits aus der messbaren, der grobmateriellen Dimension verschwunden. Auch die natürliche Radioaktivität erhöht sich durch den verstärkten Zerfall von Materie. Ich hoffe sehr, dass sie jetzt allmählich weicher und es dann im Außen sichtbar wird, was innen im Menschen lebt.

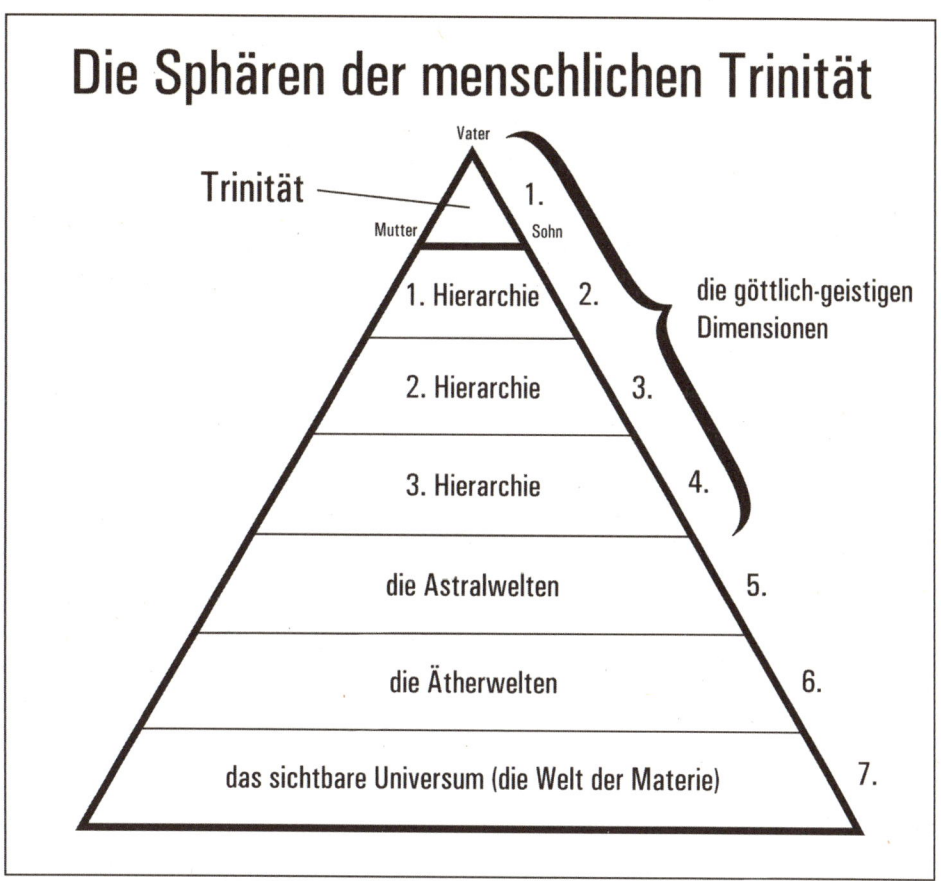

Abb. 6: Schematische Form der multidimensionalen Götter-Pyramide und ihrer Schöpfungsreiche im irdisch-menschlichen Universum. Die Dimensionen durchwirken sich, bauen aufeinander auf. So existiert Materie nur durch die vorherige Erschaffung der unsichtbaren Welten.

Die geistigen Hierarchien

Vater

Trinität

Mutter
(Heiliger Geist)   Sohn

mit ihnen verbunden über

1. Seraphim
(Geister der Liebe)

Wollen

2. Cherubim
(Geister der Harmonie)

1. Hierarchie

3. Throne
(Geister des Willens)

4. Herrschaften
(Geister der Weisheit)

Fühlen

5. Mächte
(Geister der Bewegung)

2. Hierarchie

6. Gewalten
(Geister des Form)

7. Zeitgeister
(Geister der Persönlichkeit)

Denken

8. Erzengel
(Söhne des Feuers)

3. Hierarchie

9. Engel
(Söhne des Lebens)

Mensch
Naturreiche
(Naturgeister, Elementarwesen, Tiere, Pflanzen, Mineralien)

Abb. 7: Kästchenhafte Darstellung des Unvorstellbaren. Es gibt keine Begrenzungen, nur die ansteigende Stärke von Bewusstsein. Menschen-Wahrnehmung reicht selten über die Engel-Ebene und die der Elementarwesen hinaus.

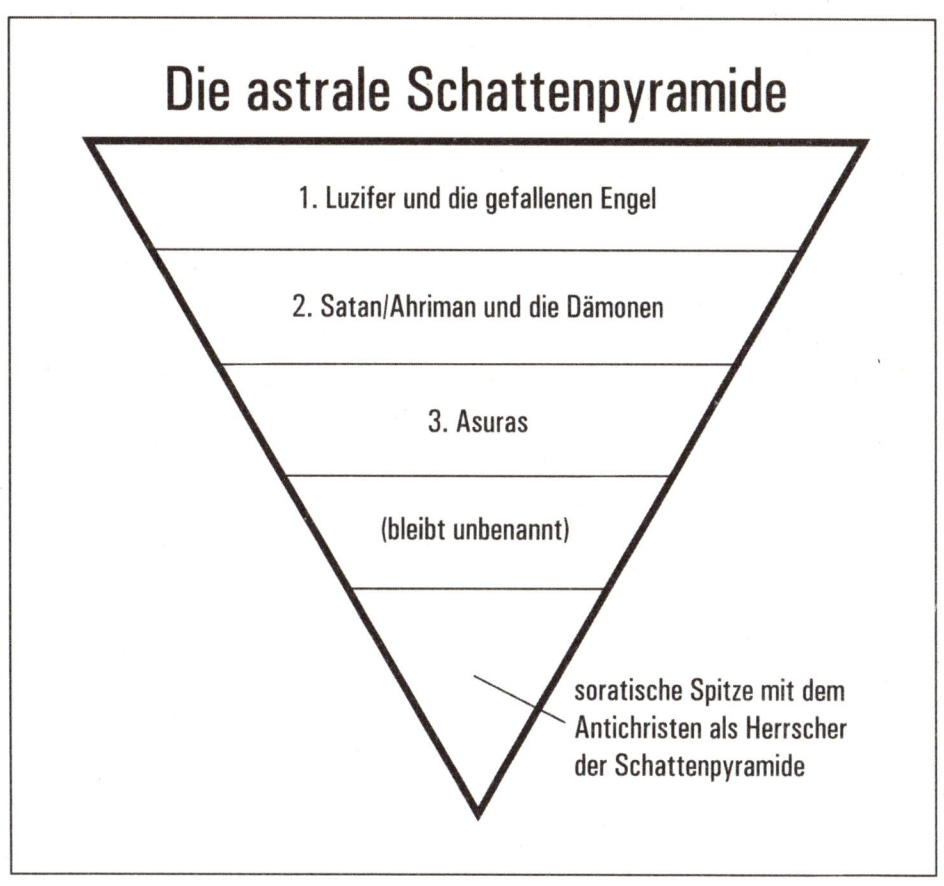

Abb. 8: Annäherung an den Abgrund. Auch die Dunkelmächte – ansonsten klar unterscheidbar – können als eine gemeinsame Kraft wirken. Sie tun es meistens auch.

Das soll geschehen?

Das wird geschehen. Wie okkult in der Apokalypse des Johannes dargestellt, wird es in Zukunft keine Rassen mehr geben, sondern nur noch die guten Schönen und die bösen Hässlichen, weil „nur" das dann in den Menschen ist – es wird sich immer mehr entmischen! Die Spreu trennt sich vom Weizen! Dann formt die Stärke unseres Gewissens den Körper und das Aussehen! Und dann endlich kann selbst der Massendeutsche erkennen, wem er in Wahrheit folgt! Die Zeit verändert sich jetzt schon. Was die Eingeweihten der alten Geheimschulen nicht vorhersahen – selbst Rudolf Steiner nicht, soweit ich weiß –, dass die Entwicklung selbst sich weiterentwickelt, sich verändert. Sie rechneten in Zeitdauern, die nicht mehr gültig sind. Deshalb sind auch keine Vorhersagen mehr möglich. Der Weltenplan ist dabei, in einen völlig neuen überzugehen!

Also beschleunigt sich alles?

Sicher, warum auch nicht? Die Schattenmächte sch… auf alle Regeln – warum sollten die Götter dann nicht auch einiges etwas „großzügiger" auslegen? Ihnen geht es ähnlich wie den Polizisten, wenn sie einen schlechten Menschen festsetzen wollen, durch das Gesetz jedoch ein Anwalt dazwischenfunken kann, der aber nicht nach dem Recht handelt, sondern für den, der ihn bezahlt. Ist das gerecht?

Warum sollten ausgerechnet Anwälte vollkommen sein in dieser moralisch verwahrlosten Zeit? Außerdem sind nicht alle so.

Auch wieder wahr. Es soll ja auch Richter geben, die noch menschlich urteilen. Die Dunkelmächte spürten es, als der Urschöpfer selbst das Universum zum Erwachen impulsierte. Es überraschte sie aber völlig, wie weit höheres Bewusstsein schon auf der Erde erwacht war. Deswegen überstürzen sich die Ereignisse hier, denn die Schwingungserhöhung aus erhöhtem Bewusstsein entlarvt sie zwangsläufig. Nun werden die Figuren sichtbar, die bislang im Verborgenen wirkten. Das kann jeder Mensch erkennen, wenn er sich einmal die Ruhe und Zeit nimmt, das Weltgeschehen zu betrachten:

Alles ist auf einmal anders geworden! Die meisten Menschen ahnen nicht einmal, dass der relative Frieden auf der Erde nur durch eine Flotte von Raumschiffen im irdischen Orbit gewährleistet wird. Jeder, der den Ukraine-Krieg und seine Folgen fürchtet, sollte wissen, dass die Armada der sogenannten *Intergalaktischen Konföderation* – ein Bündnis außerirdischer Menschheiten und anderer kosmischer Rassen – keinen Atomkrieg zulassen wird. Die Drohung, andernfalls für alle sichtbar am Himmel zu erscheinen, ging an alle Regierungen, die diesen Krieg anzettelten, also hauptsächlich an die westlichen.

Diese Außerirdischen sollten sich nicht einmischen, so war der Plan, doch der dämonisierte Halbmensch öffnete schon mit der ersten atomaren Kettenreaktion auf der Erde ein Portal zu einem sehr gefährlichen und finsteren Reich: dem der Asuras, der 3. Macht des Bösen. Ihr Vernichtungswille ist weitaus schlimmer als der von Ahriman, auch Satan genannt, der 2. Macht, und noch größer als die von Luzifer, der 1. Macht des Bösen. Und was sie mit CERN in der Schweiz vorhaben, darauf will ich hier gar nicht erst eingehen.

Atomexplosionen wirken durch alle Sphären hindurch, weil sie die göttliche Kraft, die die Materie zusammenhält, gewaltsam sprengen und dadurch eine furchtbare, multidimensionale Gewalt freisetzen – die das ganze Universum beeinflusst! Der irdische Orbit ist voll von außerirdischen alliierten Flotten, die sich gegenüberstehen. Der Krieg auf der Erde zwischen Schatten und Göttern ist nur ein Schlachtfeld im kosmischen Krieg, allerdings ein äußerst wichtiger. Es geht um die Seelen und den Geist des irdischen Menschen, der eines Tages seine Gottkräfte erwecken soll. Sie sind in ihm angelegt worden und er muss sie nach und nach hervorbringen, damit er dereinst in höchster Moral das mächtigste Wesen im Universum ist.

Unser Universum, das sich aus einem anderen herausgebar, und seine geistigen Hierarchien, die allesamt über uns stehen, haben die Aufgabe, den Menschen der Erde entstehen und werden zu lassen. Er wird in ferner Zukunft die Aufgabe haben, das Universum aufzulösen und es in ein neues, in einen Kosmos der Liebe zu überführen.

Wow, das ist ja gewaltig! Aber darauf – also auf Außerirdische – gehen wir später gesondert ein. Aber sie wirken offenbar massiv auf uns ein – aus dem Hintergrund.

Das ist der Wille, das Ziel des Urschöpfers, auf den alles ausgerichtet ist. Unsere Wissenschaftler rätseln und rätseln, warum alle kosmischen Konstanten so sind, wie sie sind, damit das Universum ein anthropozentrisches wurde – weil ein Gottes-Bewusstsein es entwarf, um darin Menschen entstehen zu lassen!

Mit der Fähigkeit zum schamanischen Reisen wurde ich geboren, ein Talent, das aus Vorleben stammt. Schamanen bereisen astrale Welten, die ein großer Teil des Universums sind. Es ist die Sphäre der Seelen, feinstofflich genug, um nicht gesehen oder gemessen werden zu können, und doch dicht an der Materie dran. Ich entdeckte, dass in diesen Welten andere Gesetze herrschen als in unserer vertrauten. Deshalb sind immer Führer da, die den Schamanen begleiten und ihn vor Gefahren warnen. Das sind die Gruppenseelen der Tiere, die wir Krafttiere nennen, weil sie uns in ähnlicher Gestalt erscheinen. Allerdings verhalten sie sich da anders als ihre Geschöpfe, die Haus- und Wildtiere. Es ist ein direkter Weg in eine Parallelwelt, der näher zu den Göttern führt.

Sie sprechen von den Göttern: Ist Gott für Sie mehrere Schöpferwesen, oder existiert er gar nicht für Sie? Gibt es denn aus Ihrer Sicht einen Urschöpfer?

Natürlich existiert der Urschöpfer, schließlich lebt ja etwas von Ihm in uns und letztlich leben wir ja nur durch Ihn, durch Seine Trinität. Aber Gott ist anders, als die Kirche Ihn darstellt. Im Okkulten gibt es einen obersten Gott, und dieser wird das „Höchste Wesen" genannt. Da er ein Unbenennbares und Unvorstellbares ist, wird eine Hilfsvorstellung verwendet: Gott als ein gleichseitiges Dreieck, dessen Winkel jeweils Wille, Kraft und Wort bedeuten; sie umrahmen seine Schöpfung. Ich nenne ihn den Urschöpfer. (Abb. 6 und 7)

Nun sind wir mitten im Thema. Fangen wir also mit unserer Vorstellung von Gott an – mit dem Anfang. Dann wird es auch eine in sich schlüssige Geschichte. Worüber wir jetzt reden – das Universum und sein Schöpfer – ist in seiner Unvorstellbarkeit ein weites Feld für zahlreiche Darstellungen. Hier nun meine Version.

Ist das dann Ihre eigene Meinung oder von anderen übernommen – aus Schriften?

Es ist eine Kombination. Ein Teil stammt von Rudolf Steiner. Wenn ich Rudolf Steiner richtig verstehe, endet seine Geisteswissenschaft beim Planetensystem und beim Tierkreis. Es gibt von ihm nicht so viele Aussagen über das galaktische Leben, jedenfalls nicht in dem, was ich bislang gelesen habe. Aber wenn ich meine Aufmerksamkeit darauf richtete, entdeckte ich einige Randbemerkungen von ihm. Das ist kein Wunder. Erzählen Sie heute einem normalen Zeitgenossen etwas über außerirdische Menschheiten oder von den Reptiloiden – da setzt es ja schon bei den unsrigen aus. Wie viel schwieriger war es dann für Rudolf Steiner – vor rund einhundert Jahren –, so eine Erwähnung überhaupt in Betracht zu ziehen. Schon bei dem Urbösen – Sorat, dem Sonnendämon und Antichristen – spürte er den Widerwillen seiner Zuhörer und änderte noch während des Vortragens das Thema.

Meine Version ist ein Zusammenfügen verschiedener kosmischer „Mythen": Was die Wissenschaft „Urknall" nennt, ist das Zersplittern des Urschöpfers in sieben urgeistige Fragmente – als das Erste Universum oder die Erste Kosmische Ebene, die der Unmittelbaren Trinitäten. Es sind die sieben „durchschimmernden und individuellen" Eigenschaften des Urschöpfers – seine Emanationen als die sieben Trinitäten. Jede dieser ursprünglichen Fragmente rief die höchsten Götter aus ihren eigenen schöpferischen Kräften herbei, bereitete ihnen den „Ort", von dem aus sie wirken sollten: die Zweite Kosmische Ebene.

Selbst Universen entstehen, entwickeln sich und vergehen. Der Urschöpfer ist die „Ursubstanz" eines vergangenen Universums, die alles Leben, allen Geist, alles Wissen daraus enthält – konzentriert in einem raumzeitlosen Punkt –, um dann als ein neues Universum „nach außen" zu explodieren. Um sich weiterzuentwickeln.

Die Siebte Kosmische Ebene ist das Reich der Materie und des sichtbaren Universums, da wo wir zuhause sind. Wir irdischen Menschen stehen also noch ganz unten in unserer Entwicklung.

Des Urschöpfers Bewegung zeigt sich auf der Erde als Evolution, in der die geistigen Hierarchien wirken. Jede neue Kosmische Ebene hat ihre eigenen Götter, die in ihrer Schaffenskraft von Ebene zu Ebene „niedriger stehen", um die ersten feinststofflichen Energien und Formen zu kreieren. So entstanden bis heute die Sieben Kosmischen Ebenen – vom Urschöpfer und seinen Trinitäten bis hinunter zur Materie, einer multidimensionalen, geronnenen Energie. Die oberen vier Kosmischen Ebenen sind Geistsphären, die bis hinunter zu den Engeln der 3. Hierarchie reichen. Ihnen folgen die Äther-, die Astral- und die Materie-Ebenen, die sich durch die „Frequenz" ihrer Schwingungen unterscheiden. (Abb. 6)

Raum entsteht mit den ersten Energien, denn Geist braucht keinen Raum. Der Urschöpfer hat keine Gedanken, die Zeit benötigen. Er ist das ICH BIN und schafft aus sich heraus. Er ist der Urbeginn, und bei ihm ist das Wort, durch das alle Dinge geworden sind.

Die Zeit kam später zum Vorschein, sie wurde notwendig durch die verschiedenen „Schnelligkeiten" der geistigen Hierarchien, die sich von Ebene zu Ebene aufbauten und dabei zugleich spezialisierten.

Die „tieferen" Kosmischen Ebenen unterscheiden sich von den „oberen", weil in ihnen die Schwingungen entstanden, die mehr und mehr materiell wurden, bis dann die feste, grobe Materie in die Siebte Ebene gegossen werden konnte. So auch unser Heimatsystem, die Sonne mit ihren Planeten: „Kristallisationen" mächtiger Bewusstseine.

Jede Kosmische Ebene ist durchdrungen von den sieben verschiedenen Trinitäten. Von der Ersten bis zur Siebten Kosmischen Ebene wirken der Vater-Gott und Christus, das wahre Menschheitsidol, zusammen mit dem Heiligen Geist, der Kosmischen Weisheit, der Mutter-Göttin. Sie sind also die höchsten Mitgestalter des Universums.

Unser Gott hat also nicht das Universum geschaffen?

Nein, aber er entspringt als Trinität dem Bewusstsein des Urschöpfers, und er steht damit so hoch über uns, dass er nicht im Entferntesten vorstellbar ist. Christus durchdringt alle Ebenen und beeinflusst alle geistigen Hierarchien unserer Evolutionswoge. In dieser kann sich nichts, aber auch gar nichts Seiner Macht widersetzen.

So mächtig, kosmisch gesehen, aber nicht allmächtig...?

Das ist nur unsere irdische Deutung. Wir verstehen nichts von wirklicher geistiger Größe. Die Sieben Kosmischen Ebenen, in der die Sieben Trinitäten durch ihre eigenen Evolutionswogen wirken, durchdringen einander zu einem multidimensionalen Geflecht, das jenseits unserer Erfassungsmöglichkeiten existiert, in dem wir alle miteinander verwoben sind.

Steuert unsere Trinität noch andere Menschheiten?

Das tun die Trinitäten als ein Ganzes. Es gab und gibt viele Menschheiten. Vor uns formte und führte unsere Trinität andere – wir sind quasi das „Meisterstück". Die Trinitäten entwickeln sich ja mit ihren Schöpfungen weiter, denn sie waren ja auch nicht immer Trinität. Ihre Herausforderung wurde in jeder „tieferen" Ebene buchstäblich größer, weshalb eine größere Aufsplitterung notwendig wurde, die in der Materie als Staubnebel, Metastrukturen, Linsen, Galaxien, Tierkreise sowie Sonnen zu erkennen sind.
Der Ursprung unserer Trinität ist ja nicht in der materiellen Ebene, sondern bei oder im Urschöpfer. Deshalb ist Christi Liebe zu uns Menschen aus kosmischer Sicht gesehen unfassbar. Er – ein Unsterblicher und weit, weit „über" uns lebender Gott und Regent vie-

ler Sonnensysteme! – durchlebte den Tod auf der Erde als ein irdischer Mensch!

Jeden Augenblick des Sterbens erfuhr er voll bewusst, um tatsächlich eine Befreiung der irdischen Menschheit von den damals übermächtigen satanischen Dämonen zu erwirken! Er trat Satan in dessen eigenem Reich entgegen, dem Reich des Todes, das Er ja nicht kannte! Zum ersten Mal war Satan machtlos geworden auf der Erde! Christus hat den Tod überwunden und so diesen Weg für uns Menschen angelegt! Wenn wir uns als geeignet dafür erweisen.

Aber es gibt Dokumente, die beschreiben, dass Jesus nicht gestorben ist, sondern nach der Kreuzigung in Frankreich weiterlebte und mit Maria Magdalena eine Familie gründete, aus der Kinder hervorgingen. Ich meine, so etwas denkt sich ja jemand nicht einfach so aus…

Das ist die materialistische Sichtweise, nicht die okkulte. Der Materialist braucht historische Dokumente, damit er glauben kann, der Okkultist nicht. Der sieht anders.

Aber wenn wir die Dokumente nicht hätten, die Bibel nicht, woran sollten wir dann glauben?

An das, was in unserem Herzen ist – über das Fühlen. Da lebt Christus, ebenso im Ätherfeld der Erde, in dem Er nun herrscht, seit Sein Blut auf Golgatha die Erde berührte. Dafür verließ Er seinen „Thron" in der Sonne. Das ist Sein zweites Kommen: dass sich die Menschen nun bewusst werden, dass Er uns nie verlassen hat, dass wir uns noch immer direkt an Ihn wenden können. Körperlich kehrt er kein zweites Mal zurück. Wir Menschen müssen Ihm nun entgegenkommen – über Bewusstwerdung.

Mit Seinem Tod veränderte sich alles für uns. Er brachte uns das göttliche Ich und damit das Karma. Seitdem ist jeder Mensch für sein Handeln selbst verantwortlich, denn nur Wesen mit Selbstbewusstsein haben es. Vorher waren wir nur Marionetten der lichten und dunklen Götter.

Und vorher gab es Karma nicht?

Doch, aber ich verrate Ihnen etwas: So wenig, wie Zeit eine Rolle in den geistigen Reichen spielt, so wenig gibt es dort die Ursache-Wirkung-Effekte. Dort treten Wirkungen auf, die erst später in der Materie eine Ursache haben. Das widerspricht unserer linearen Logik, aber so ist das Universum ja auch nicht aufgebaut. Materie entstand und wird erhalten in einem dynamischen Geflecht zahlloser geistiger Aktivitäten und Verbindungen, die wir aus der mickrigen Sicht des Irdischen nicht durchschauen können. Christus als der Ich-Bringer der Menschheit verknüpfte uns mit Karma.

Der zentrale Punkt in meiner Version der Schöpfung und Entstehung des Universums ist ein anderer. Der Urschöpfer wird als Wille – Kraft – Wort dargestellt. Das reicht nicht aus – das Entscheidende fehlt: die Liebe zum Leben! Wo in seinen Eigenschaften ist die Liebe, die ja unsere Hauptkraft ist?! So unvorstellbar des Urschöpfers Macht auch ist: Was bewegte ihn dazu, Leben zu erschaffen? Ohne Gefühle wäre es reines Denk-Leben, für mich eher unwahres Leben. Davon haben wir genug in der Galaxis herumlaufen.

Was verleiht dem kalten Denken Wärme? Ich halte die Liebe für eine Urkraft. Doch es gab sie im Anfang der Schöpfung nicht – sie machte sich erst später bemerkbar. Deshalb wurde ein Wesen geschaffen, das in sich die Liebe tragen kann – bis hin zu einer vollkommenen, bedingungslosen, urschöpferischen Macht. Und das sind wir irdischen Menschen: das Ende einer langen Reihe von Versuch-und-Irrtum-Experimenten. In einigen Menschheiten wirkte bereits in der Vergangenheit die Liebe und erfasste die Trinitäten, noch schwach, aber stetig. Am stärksten konnte sie über Christus unsere Menschheit erfassen.

Das ist wirklich unvorstellbar, das Wirken aus der Vergangenheit in die Zukunft.

Es gibt Stimmen in der Esoterik, die behaupten, dass wir Menschen selbst die Schöpfer des Universums sind. Das sehe ich genauso. Wir

„kleinen", irdischen Menschen verändern die Kräfte des Urschöpfers zur Liebe hin!

Und damit alles, was existiert!

Ja. Und das wollen die noch liebelosen Mächte verhindern. Es wird ihnen leicht gemacht, weil die Eigenschaften des Urschöpfers sich in ihrer Gesamtheit als Freiheit ausdrücken: in freiem Schaffen und in freiem Willen. Keine Begrenzungen. Und was durch uns hinzukommt, ist die Freiheit zu lieben, wen wir wollen. Alles ist möglich – alles geschieht – alles kann sich lieben!

Die Naturwissenschaft kann Schwerkraft nicht erklären. In der Esoterik kennt man sie schon lange: Es ist die Liebe von Mutter Erde, die uns Menschen zu sich zieht. Sie ist es auch, weshalb es die Menschheit noch gibt: durch ihre Liebe zu uns. Tiefe Liebe verbindet und hält zusammen. Anders beim aggressiven Mars-Bewusstsein mit seiner schwachen Liebe zu seiner Menschheit: Der Geist ließ es zu, dass sich die Leute dort wegsprengten, oder wie bei Mallona, dem einstigen Planeten zwischen Mars und Jupiter, wo sich heute der Asteroidengürtel befindet, den ganzen Planetenkörper gleich mit.

Das sind ganz neue Sichtweisen!

Weil sie nicht-materialistisch sind. Es ist eine geistige Sichtweise. Dabei können wir schon im sichtbaren Weltall, in all den verschiedenen Formen und Phänomenen, den Ausdruck der Schöpfergeister aller kosmischen Ebenen erkennen. Wen erfasst nicht Demut angesichts des nächtlichen Sternenhimmels oder der wunderbaren Falschfarben-Bilder unserer Teleskope, die das Universum der Materie absuchen. Just in diesen grandiosen Bildern können wir die unfassbaren Götter hinter all den Nebeln, den Galaxieninseln und den Sternenseen spüren! Geistwesen, deren Tage nach Jahrmillionen und mehr gerechnet werden!

Liebe drückt sich in ihren Schwerkraftzentren aus. Zwar ist die filamentartige Struktur des messbaren Universums das äußere Antlitz des Urschöpfers, das aber erst durch die Anziehung der Liebe diese Gestaltung erhielt. Selbst in den noch faserigen, nebulösen Gebilden zeigt sich der Grad der Liebe in ihnen, wenn auch schwächer als in den Strukturen.

Was hält das Universum zusammen?

Keine Schwerkraft, sonst würde es eine Symmetrie in Form und Bewegung aufweisen. Die „fädenartige" Struktur der sichtbaren Materie weist auf eine andere Kraft hin, die diese Gebilde verschieden stark zusammenhält – entgegengesetzt zum Auseinandertreiben des Urschöpfers. Deshalb gibt es voneinander wegstrebende Muster im Kosmos und sich anziehende: die Liebe. Das ist der Grund, warum unser Universum keine Kugel ist, sondern strukturiert. Und niemand kann sagen, wie alt dieses materielle Gefüge ist, aufgrund des ungleichförmigen Verlaufes der Zeit selbst und durch Ereignisse, die die Zeit zusätzlich veränderten.

Und zwischen diesen Strukturen ist nichts, kein Raum, keine Dunkle Materie, keine Dunkle Energie. Das sind materialistische Hirngespinste. „Da draußen" gibt es weder Raum noch Zeit – nur Bewusstsein, das lenkt.

Wer glaubt denn all den ahrimanischen Behauptungen, dass der Kosmos nur ein mechanisches Geschehen sei ohne jegliches Bewusstsein?! Wie weit sind jene vom Göttlichen entfernt, die dort „selbstorganisierende Gebilde" hineindichten?! Es sind lebende Urenergien, geschaffen aus Schöpferwesen, die in keiner Formel zu finden sind!

Selbst wenn die Liebe irgendwie im Menschen entstand, warum durchdrang sie plötzlich das ganze Universum, als es den Menschen nachweislich noch gar nicht gab?

Über das Nachweisliche, den Dokumentenwahn, habe ich mich ja schon ausgelassen. Auch wenn wir es nicht begreifen: Allein durch die Zielsetzung, eine Wesenheit zu erschaffen, die in Willen, Denken und Fühlen lebt – also den Menschen –, erschien die Liebe, und wir wissen nicht, woher sie kam, wem sie entstammt.

Die Liebe ist das größte Mysterium in der gesamten Schöpfung, so wie die Anziehungskraft für unsere Wissenschaft rätselhaft bleibt. Sie wird unser ewiges Geheimnis bleiben. Vielleicht ist sie auch nicht erklärbar, gar nicht über das Denken zu erfassen. Vielleicht finden wir ihren Ursprung in einem ganz anderen Universum. Niemand weiß auf sie eine Antwort. Aber das ist eine der stärksten Antriebskräfte in uns: Antworten zu suchen, die wir womöglich niemals finden können.

Liebe ist nicht in Worte zu fassen, und selbst jetzt während des Schreibens über sie gleitet sie mir davon, werden es reine Worthülsen. Christus ist gestaltgewordene Liebe. Deshalb dürfen wir, was Ihn betrifft, nicht den Liebe-losen Einrichtungen wie dem Vatikan und anderen „christlichen" Kirchen glauben. Manche sehen Christus als einen „Herbeigerufenen", der nicht diesem Universum entstammt, der „von außen" kommt. Das passt zu der ebenfalls unerklärbaren Liebe! Ist sie nun Er – oder ist Er sie…?

Liebe überwindet alle Dimensionen. So wurde ich von meinen Krafttieren in den Seelenreichen zu jenem Menschen hingeführt, mit dem ich seit Jahrtausenden verbunden bin: meiner Geistführerin, die mich seitdem leitet.

Wie macht sie das?

So, wie es auch zwischen normalen Menschen geschieht. Nur ist sie eben unsichtbar.

Und Sie sehen sie? Sie ist ja kein richtiger, also physischer Mensch…

Wenn ich mich darauf konzentriere, ja. Einfacher ist es, ihrer Stimme zu folgen, dieser unglaublich sanften, liebevollen Stimme, wo eine Zurechtweisung sich immer noch wie ein Streicheln der Seele anfühlt. Ich höre sie im Kopf und fühle sie im Herzen. Sie zeigte mir Wege, die ich oft ging, manchmal auch nicht, weil ich meinen eigenen Kopf habe, den ostfriesischen Dickschädel. Sie warnte mich, wenn ich dabei war, einen schweren Fehler zu begehen. Leider hörte ich nicht immer auf sie. Doch sie ist der Mensch, der mich am meisten beeinflusste – noch vor meiner langjährigen Frau.

Wie sicht sie aus? So wie wir?

Auf ihrer Seite wirkt alles viel eindringlicher. Sie sieht aus wie ein Mensch, aber es ist viel mehr in ihr. Ihre Augen sind die durchdringendsten, die ich kenne. Sie enthüllen jedes Geheimnis. Ich kenne nur drei Menschen, die ähnliche Augen haben. Wir führten über viele Jahre Hunderte von Gesprächen, die ich notierte.

Geistführer sind Menschen, die wir aus früheren Leben kennen oder aus den Zwischenleben: zwischen Tod und neuer Geburt. Sie erklären sich bereit, uns eine Weile zu begleiten, zum Beispiel als ein einzelner Führergeist oder auch als eine Gruppe. Sie sind keine Engel und bleiben nur eine Weile bei uns und wechseln sich oft innerhalb eines Menschenlebens ab. Das mit meiner Geistführerin ist eine Ausnahme. Es ist die Liebe, die uns verbunden hält. Mehr möchte ich dazu nicht sagen.

Eine letzte Frage zu ihr: Besteht der Kontakt immer noch?

Ja, aber stark reduziert, weil ich irgendwann mal erwachsen werden musste und nicht bei jeder größeren und kleineren Entscheidung sie um Rat fragen wollte. Sie war es auch, die mich zurückbrachte zu Christus und zu Rudolf Steiner führte. Sie wirkt ähnlich aufbauendmahnend wie er. Sobald ich mich auf sie konzentriere, ist sie da.

Rudolf Steiner machte mir klar, dass es zum östlichen okkulten Weg auch einen westlichen gibt: den okkulten Weg zu Christus, zu Ihm, der mir seit Kindertagen so vertraut war. So konnte ich Christus wieder annehmen, trotz meiner seit Jahrzehnten anhaltenden Ablehnung gegenüber der Kirche. Ich hatte Christus mit ihr verwechselt. So wurde ich ein Schüler des Okkulten, letztlich ein Jünger Christi, wenn auch bislang ein miserabler. Aber als ein nordisches Kaltblut, das ohnehin nicht zum Überschwang neigt, ist es eine stille Liebe, die uns verbindet.

Ihm sollen wir folgen, um göttliches Bewusstsein in Liebe zu werden, so wie Er. Dabei übt Er niemals Druck aus. Wir müssen Ihm über das Herz folgen und nicht über den Vorbeter auf der Kanzel.

Hier noch einmal für alle „Historiker": Christi Mission auf der Erde war es, zu sterben und aufzuerstehen! Allein über die Erfahrung des Todes konnte ein ewig lebender Gott in die Domäne Satans – die Materie und den Tod – angemessen eingreifen und entscheidende Dinge für die menschliche Zukunft verändern! Satan, der ziemlich hoch in der astralen Schatten-Hierarchie steht, kann seitdem unseren Tod nicht mehr beeinflussen, wenn wir ein Leben in Christi führen.

Das „Mysterium von Golgatha", wie Rudolf Steiner all die Erfahrungen von Christus um den Tod und seine Auferstehung nennt, werde ich in tausend Jahren nicht verstehen. Doch gerade jetzt im Zeitalter unserer Bewusstseinsseele fordern die Götter uns dazu auf, uns dieses tiefgreifendste Mysterium, das je auf der Erde geschah, bewusst anzuschauen. Das muss sich mit unserer Bewusstseinsseele entwickeln. Und dann erst haben wir auch ein wirkliches Selbstbewusstsein. Christi „Reise durch die Hölle" ist ein weiterer Schlüssel zum Werdegang der Menschheit. Sie beschreibt Seinen Weg durch die innere Erde, gleich nachdem Er den Körper am Kreuz verließ. Diese Reiche, durch die Er ging, sind anfangs materiell, werden dann astral-lebendig und schließlich geistig. Die Erde hat keine Schichten, so wie es die Materialisten verstehen. Satan zu besiegen, sodass sein Wirken kein Einfluss mehr auf unseren Tod hat, war nur eines, das Er für uns Menschen tat.

Das andere Unvorstellbare ist, dass er quasi den „Lichtkeim" mitten in Mutter Erde legte, damit sie in späteren Weltenaltern eine Sonne werden kann – was zur völligen Vergeistung der Erde und der Menschen führt! Wie gesagt, wir sind noch nicht im Entferntesten so weit, Seine Mission zu verstehen! Die Erde wird am Ende der ganzen Evolutionswoge – im Vulkan-Äon – eine reine Sonne sein und der Mensch ein Gott! Das legte Christus am Ende seiner Reise bis in den Mittelpunkt der Erde an – und wir Menschen führen es aus!

Eine große Lüge der Kirche ist die Verfälschung Seiner letzten Worte am Kreuz. Sie waren nicht eine Anklage gegen den Vater, warum er Ihn verlassen hat, sondern im Gegenteil: Es war Sein Dank an den Vater, dass er Ihn so erhöht hat! Warum wohl dieses Bild der Kirche von Christus? Warum wird er am Kreuze sterbend als „klein und hässlich" dargestellt, war es doch die heroischste Tat, die ein Gott jemals vollbrachte – und das aus reiner Liebe zu uns Menschen!

Was will uns die Kirche damit vermitteln? Ich fand Christus jedenfalls erst, als ich das Jesus-Bild der Kirche als das erkannte, was es ist: eine Ablenkung vom göttlichen Christus! Das ist meine Erfahrung: Der christlichen Kirche ist nicht zu trauen – keiner Religion, die uns von unserer eigenen Göttlichkeit fernhält –, allen voran dem Vatikan, selbst wenn der einzelne Christ ein gutgläubiger, wohlmeinender Mensch ist. Die Kirche ist fixiert auf die Vergangenheit und suhlt sich in ihren alten, falsch gedeuteten Geschichten um der Macht willen. Früher fand ich es normal, heute erkenne ich es als bezeichnend, dass viele Kirchtürme, zumindest die alten, von Totem, von Friedhöfen umgeben sind.

Sie sprechen von Jesus, dem Menschen. Jesus von Nazareth war ein höchster Eingeweihter, der den Körper bereitete, damit Christus durch die Taufe im Jordan in ihn eintreten und Seine göttliche Strahlung drei Jahre lang halten konnte. Auch Johannes der Täufer war ein hoher Eingeweihter. Wären wir Menschen schon so weit wie der Nazarener, wäre unsere Erde eine andere. Vor allem würde es dann die Kirche nicht mehr geben, da das niedere Selbst ausgelöscht wäre. **So gesehen ist Jesus unser irdisches Vorbild, Christus das kosmische.**

Als Kind habe ich Christus verstanden: Er lebte in meinem kleinen Herzen und berührte alles in mir. Alles, was ich über Ihn las oder von Ihm hörte, nahm ich über das Herz auf. Ich kannte jede Geschichte von Ihm und ich sah Ihn leben. Er strahlte wirklich Liebe aus und das zog die Menschen an. Er war ganz anders als die Menschen damals und auch heute. Ich stellte mir lange Zeit vor, dass wir uns persönlich kennen, dass ich Ihn einst begleitet hatte. Vielleicht als sein wichtigster und meistgehasster Jünger – Judas, der Verräter, der die Schuld auf sich nahm, damit Er Seine Mission beenden konnte...

Sein Tod machte mich fassungslos, und als Kind weinte ich darüber. Heute stehen wir vor der Herausforderung, das, was wir als Kind fühlten, wieder lebendig zu machen und mit dem Denken zu verbinden. Heute existiert Christus in unserer Welt nur über das Denken. Dabei ist Er Gott-Leben – lebendiger und wahrhaftiger als alles in der Welt!

Lese ich – was sehr selten geschieht – mal eine Predigt über Ihn oder die Deutung eines Bibelforschers über einen Begriff oder eine Textstelle in der Bibel, bestürzt es mich, wie tot das ist, was sie auslegen. Die Bibel kann heute keiner mehr verstehen, außer ein paar Eingeweihten vielleicht – darüber sollten wir uns keine Illusion machen. Den Priester trifft keine Schuld – es ist unsere Zeit des „toten Denkens", in der wir gerade stecken, die Zeit der abstrakten Begriffe, des Denkens, das kein Leben in sich trägt. Das ist Satans Fluch, der unsere Zeit so krank macht, die aber ein notwendiger Teil unserer inneren Entwicklung ist. Aus dieser können wir mit gestärkten Seeleneigenschaften hervorgehen – bereit, Christus auf eine andere Weise kennenzulernen: auf der Seelenebene des bewussten Fühlens und Denkens. So lebt Er tatsächlich in uns – und wir sollten die Texte über Ihn beiseite wischen! Selbst die großen Druiden der Vorzeit – die Zauberer und Magierinnen, die die Megalith-Anlagen bauten und die Steine programmierten – konnten nur tatenlos dem Untergang ihrer Kultur zusehen, weil sie wussten, dass der Eine kommen wird, der uns allen vorausgeht – Christus!

Wer meint, dass das mit Christus nur eine Glaubenssache ist, der irrt gewaltig. Von Ihm geht eine reale Kraft aus – der Christus-Impuls, der in der Lage ist, den Menschen zu verändern. Das Feuer dieses Impulses erschafft eine neue Art von Okkultisten, von Eingeweihten, die über vielfältige geistige Fähigkeiten verfügen.

Ich „verlor" Ihn, als ich begann, Ihn und alles andere nur mit dem Denken erfassen zu wollen. Als Kind und Jugendlicher ging ich gerne in die Kirche und mochte die Geschichten vom Pastor. Als Mitglied im CVJM, dem *Christlichen Verein Junger Männer*, wollte ich sogar Missionar werden. Naja, dann begann meine „naturwissenschaftliche Phase", in der ich Atomphysik studieren wollte, in dem Irrglauben, damit die Welt erklären zu können.

Wie bereits bei unserem ersten Telefonat erklärt, sehe ich das anders. Es gibt ja nun Aufzeichnungen, die damals die Tempelritter beim zweiten Kreuzzug in die Hände bekamen, die beschreiben, dass Jesus überlebte und mit Maria Kinder zeugte und mit diesen nach Frankreich ging. Es gibt ja heute noch Familien, die sich auf ihre Abstammung von Jesus berufen. An und für sich könnten wir beide Recht haben. Angenommen, Jesus war ja nach der Abnahme vom Kreuz tot bzw. scheintot – er hatte ein Nahtoderlebnis mit außerkörperlicher Erfahrung – und kam später in der Höhle entweder durch Wiederbelebung oder von sich aus wieder zu Bewusstsein, als die Seele wieder in den Köper zurückkehrte. Da könnte das „Ritual", das Sie beschreiben, bereits vollzogen und der Christus-Geist auf die Erde übergegangen sein. Der Leib Jesu hätte dann weitergelebt. Eine andere Variante wäre natürlich, dass Jesus Maria vor der Kreuzigung geschwängert hat... So könnten wir beide Recht haben.

Ihnen ist schon klar, dass Sie damit das Fundament des Christentums in Frage stellen? Als die Knechte des Hohepriesters Christus gefangen nehmen wollten und einer Seiner Jünger einem von ihnen mit dem Schwert ein Ohr abschlug, schritt Christus laut „Matthäus 26/52-54" ein: *„Da sprach Jesus zu ihm: Stecke dein Schwert an seinen Ort! Denn wer das Schwert nimmt, der soll durchs Schwert umkommen. Oder meinst du, dass ich nicht könnte meinen Vater bitten, dass er mir zuschickte mehr denn zwölf Legionen Engel? Wie würde aber die Schrift erfüllet?"*
Ich bin kein Bibelgläubiger, weil wir nicht wissen, was noch Original ist und was Fälschung, seit Konstantin, der Große Tyrann, das Christentum zur Staatsreligion machte und mit dem Umschreiben der Bibel begann. Und so zieht sich jeder das heraus, was seiner

Wahrheit entspricht. Ein netter Widerspruch, nicht wahr? Die Bibel selbst wurde von Menschen in einem anderen Seelenzustand geschrieben, in einem Bewusstsein, aus dem wir uns herausentwickelt haben. Aber es ändert nichts daran, dass Christi Mission der Tod und seine Überwindung war – als der uns „Vorausgehende". Er transzendierte den Tod für uns, zeigte uns, dass er in Wahrheit keine Bedeutung hat.

Nun ja, wie gesagt berufe ich mich auf Texte der Tempelritter, die aus der damaligen Zeit stammen. Für mich persönlich war es allerdings immer schon zweitrangig, ob Jesus weiterlebte, der Sohn eines germanischen Legionärs oder selbst ein Außerirdischer war, seine Lehre und sein Wirken waren für mich von Bedeutung.
Kommen wir jedoch noch einmal zur Liebe zurück, die sich Ihrer Ansicht nach als Gravitation ausdrückt: Wenn das so ist, müsste sie ja schließlich verantwortlich sein für das Zusammenziehen des Universums bis zu dem Punkt, den die Wissenschaftler „Big Crunch" oder das „Große Knirschen" nennen, dem entgegengesetzten Pol des Urknalls.

Sie hält das Leben, aber presst keine Materie zusammen. Sie erweitert und begrenzt nicht. Und es ist eine irdische, erwachte Menschheit, in vollendeter Liebe leuchtend, die den Impuls zum Aufstieg des Geistes geben wird. Die Liebe ist mehr als Schwerkraft. Sie berührt alle Körper, die der Mensch bereits hat und die er noch entwickeln muss. Je höher sie dann stehen, umso intensiver wird die Liebe sie durchstrahlen. Ich wage die Prognose: Wenn unser Universum „erlischt", gibt es nur noch Liebe.

Was sind das für Körper?

Der Okkultist weiß, dass unser physischer Körper unsichtbar wäre, wenn es nicht die anderen gäbe. Erst ihr Zusammenwirken macht uns sichtbar. Es ist zunächst der physische als „unterer" Körper, der aber zugleich der älteste und vollkommenste ist. Gesteuert durch die richtige Art von Gedanken und Gefühlen ist er gegen alle Krankheiten gefeit und selbstheilend. Dann folgt der Energiekörper (der Ätherleib), der Seelenkörper (der Astralleib) und unser Ich (das Höhere Selbst). Alle Körper haben wir weiterzuentwickeln, bis unser Höheres Selbst, unser göttlicher Geist, sie alle aus sich heraus steuern kann; das was jetzt noch die Götter tun.

Das Stichwort: Kommen wir nun zu den Göttern. Wer oder was sind die Götter für Sie? Gibt es auch Göttinnen?

Die hohen Geistwesen, die für unsere Evolutionswoge wichtig sind, die uns Menschen erschufen und von der Trinität angeleitet werden – und dazu gehört auch die Schatten-Hierarchie! Alles im Universum entwickelt sich, selbst der Urschöpfer ist davon nicht ausgenommen. Deshalb werden wir eines fernen, fernen Tages seine Rolle übernehmen.

Und alles geschieht in Zyklen, die sich nicht wiederholen, sondern aufeinander aufbauen. Das ist wie in der Schule: Für ein Jahr gehören wir einer Klasse an und gehen danach in die Sommerferien. Haben wir das Klassenziel erreicht, steigen wir mit unserem höheren Wissensstand nach den Ferien in die nächste Klasse auf, eine Stufe über der alten. Was sich als höheres Wissen in uns zeigt, ist der Abstieg des Urschöpfers in die Materie, die Involution, die äußerlich als die Entstehung der Arten, als Evolution, erkennbar ist.

Wir ergreifen ihn quasi durch unsere Bewusstwerdung. Sein eigenes Werden zeigt sich in der Entwicklungsfähigkeit seiner Trinitäten und Götter-Hierarchien, ob und wie seine Geschöpfe am „Außen" reifen – und so wächst der Urschöpfer selbst im „Innen".

Jede Entwicklung verläuft zyklisch, weil es der Weg des aufsteigenden menschlichen Geistes ist. Ein Zyklus wird auch ein *Weltalter* genannt oder *Äon* oder *Ewigkeit*. Die Dauer einer Klasse ist im Okkultismus solch ein Äon, und er benennt sieben Äonen – was die ganze Schulzeit darstellt – sowie die sieben Bewusstseinszustände des sich ebenfalls entwickelnden Planetengeistes, den wir jetzt „Mutter Erde" nennen, weil wir im Zyklus der Erde sind. So durchläuft das Planetenbewusstsein ebenfalls eine Entwicklung. Diese sieben Weltalter sind eine Evolutionswoge, und als sie begann, begann auch unsere Menschwerdung.

Also gibt es uns schon so lange?

Ja. Gott-Vater selbst verband uns mit dem Planetenbewusstsein, das die Vorgänge auf der Erde steuert. Die Namen der Zyklen oder Äonen sind unglücklich gewählt, weil wir sie automatisch mit den Planeten assoziieren. Aber es sind Zeitalter, um die es geht. Die menschliche Lebenswoge begann „auf dem Alten Saturn", ein Zyklus, in dem es Leben nur als eine Art Geistwärme-Signatur gab. Dort begann unsere Reise über einen solchen Wärmeleib, den die damaligen Götter für uns herstellten: den Vorläufer unseres derzeitigen physischen Körpers.

Es ging weiter über den „Sonnen-" und danach den „Mond-Zyklus". In diesen Ewigkeiten entwickelten sich die geistigen Hierarchien über das von ihnen ausgestreute Leben zur Gestaltung der Kosmischen Ebenen. Und mit der Erde gelangten wir bis tief in die Siebte Kosmische Sphäre hinein. Wenn das Bewusstsein der Erde ihr Ziel erreicht hat, nimmt es einen höheren, einen sonnenähnlichen Zustand an, danach noch zwei weitere. Schon im nächsten Zyklus, dem Jupiter-Äon, gibt es die Erde und auch uns Menschen in der jetzigen Form nicht mehr. Wir sind dann von hoher seelisch-geistiger Natur. Denn mit den sieben Weltaltern der Erde entwickeln wir uns mit: Im Saturn-Zyklus wurde unser jetziger materieller Körper geschaffen, in der Ära der Sonne der Ätherkörper und in der Mond-Periode der Astralleib. Jetzt im Erden-Zyklus brachte Christus uns das Ich und verankerte das Göttliche in uns. Hier müssen wir lernen, aus diesem Ich heraus all die Körper zu disziplinieren und selbst zu steuern, die Seele weiterzuentwickeln.

Am Ende aller Kulturen in diesem 5. nachatlantischen Zeitraum müssen wir sieben entwickelte Körper haben: „die sieben Geister Gottes im Menschen". Und dann geht's weiter…

Nochmals meine Frage: Gibt es auch Göttinnen?

Der Einfachheit halber benutze ich in meinen Ausführungen die männliche Form. Selbstverständlich gibt es auch Göttinnen. Aber mit der Geschlechterfrage berühren wir tiefe kosmische Geheimnisse. Der Mensch wurde ja geschlechtlich wegen der Vielfalt, die daraus entstand. Denn vielfältig musste das Leben im Kosmos werden. Vor dieser Spaltung trug jeder Mensch die Anlagen beider Geschlechter in sich. Da war die Erde noch feinstofflich, sodass sich inneres und äußeres Erleben in den weichen Körpern der Menschen ausdrückte. Das war die damalige Vielfalt.

Als die Erde zu erstarren begann, die Menschen materieller wurden, erstarb natürlich das Abdrücken der Umgebung in ihrem Leib. Deshalb geschah ja auch die Trennung des Mondes von der Erde. Damit ging das zu Feste aus dem Erdenplaneten heraus. Doch die anfängliche Weichheit der Materie kehrte nicht zurück, weil der Plan natürlich war, den Menschen dort hinein zu bringen. Es begannen sich die beiden – nicht drei! – Geschlechter zu entwickeln – und damit fing der Tanz erst an!

Ältere Menschheiten und die Götter benötigen keine Geschlechtlichkeit mehr, weil sie keine Fortpflanzung brauchen. Es liegt in ihrer Entscheidung, ob sie geschlechtlich bleiben oder nicht. Ab einer bestimmten geistigen Reife ist es nicht mehr nötig, sich dieser Art von Vielfalt auszusetzen.

Das klingt für mich nachvollziehbar. Sie erwähnten vorhin eine Schatten-Hierarchie.

Die Schattenwesen sind eine Art geistig-astraler „Sitzenbleiber": Sie sind auf einer der Götter-Stufen hängen geblieben. Sie schafften die notwendige Entwicklung nicht, um in die nächste Stufe der Hierarchie aufsteigen zu können. Aber im Unterschied zu uns können sie die Klasse nicht wiederholen. So folgen sie ihr wie ein Schatten, den normalen, den lichten Hierarchien. Sie entwickeln sich auch, jedoch auf Schatten-Art: sich an die höheren Götter-Rassen heranschleichend, um in deren Wirken mitzumischen, wenn sich ihnen die Chance bietet. Deshalb können sie große Macht erlangen, sogar noch höhere als in ihrer eigentlichen Götter-Dynastie, aus der sie stammen. Es war wohl eine Art Ausgleich, weil sie nicht zurückkehren können. Gleich mehr über sie. (Abb. 8)

Noch mal kurz zu den Zeitaltern der Erde. Sie sind unterteilt in Zeiträume, deren Namensnennung in manchen von uns einen Schwall an Eindrücken auslösen kann: das Polare als das erste irdische Zeitalter – Hyperborea – Lemuria – Atlantis. Wir leben jetzt im 5. irdischen Zeitalter. Da wir diesen Zeitraum noch nicht überblicken können, gibt es noch keinen geeigneten Namen dafür. Deshalb wird er leicht irreführend das *5. nachatlantische Zeitalter* genannt. Danach gibt es noch zwei, ebenfalls namenlose, bevor die Erdenzeit endet. Diese irdischen Zeitalter stellen die sprunghafte Entwicklung von grobastralischer bis zu der heutigen groben Materie dar – Zeiträume, die wir als „ätherische Luftikusse" irgendwo weit oben im Orbit begannen, an göttlichen „Nabelschnüren" hängend.

Können Sie Genaueres über diese Zeitalter sagen, besonders was damals in Atlantis geschah?

Es waren Entwicklungsstufen der Menschheit und der Erde. In Hyperborea stieg der Mensch aus geistigen Höhen auf eine geistige Erde herab. Lemuria war die Zeit der „Feuererde", die Zeit der Verfestigung der Erdkruste, in der Vulkane und Lava noch zum Tagesgeschehen gehörten. Es ist also schon ein paar Tage her. In dieser Zeit nahm der Mensch auf der Erde eine physische Gestalt an.

Die Erde war nicht der vulkanische Feuerball, so wie es uns erzählt wird. Sie entstand aus einem gasig-wässrigen Urnebel, denn sonst hätte es keine Atmosphäre geben können. Das Vulkanische ihrer Jugend entfesselte sich durch die rohen, ungehemmten Leidenschaften der „Feuermenschen", den Lemuriern.

Das war dann noch vor den Dinosauriern?

Genau. Menschen und Dinosaurier gingen zusammen. Das ist auch tief in uns eingeprägt. Deshalb lässt uns der Drache nicht los: Diese Geschichten faszinieren uns immer noch.

Wie konnte er diese Zeit überleben unter den Riesenechsen?

Wir müssen uns das alles nicht so vorstellen, wie es die Materialisten tun, die glauben, die Materie war schon immer so „steinern" wie heute. Feuer toste im Himmel auf und der lemurische Mensch beherrschte die Feuerkräfte. Er hatte noch längst nicht unsere Konstitution, im Gegenteil: Er war riesig und als Mensch nicht erkennbar. Sein Kopf war seinem mickrigen Hirn angepasst und dementsprechend deformiert. Einen lemurischen Menschen hätten wir niemals zum Essen eingeladen, sondern wären schreiend vor ihm davongelaufen.

Es war die Zeit des ersten körperlichen Gestaltens: groß und grobschlächtig. Denn die Götter mussten erst „mit dem Lehm" klarkommen, auch wenn die Materie längst noch nicht die heutige Festigkeit hatte. Der Lemurier stand also in punkto „Schauerlichkeit" den Sauriern um nichts nach. Außerdem war er wehrhaft, denn er beherrschte die Kräfte des Feuers. Vermutlich wurde da der Keim zu unserer heutigen Grillsucht gelegt. Sie schenkten sich beide nichts. Darin ist auch die Urfeindschaft zwischen Menschen und Reptilien begründet.

Von den Sauriern gibt es ja viele Knochen, aber warum hat man nie welche von den Lemuriern gefunden?

Glauben Sie mir, das hat man! Was von der weichen Materie versteinerte, ist bis in die heutige Zeit konserviert. Nur das steht unserer ebenfalls versteinerten Wissenschaft im Weg. Ihre Unfähigkeit zur Veränderung, die Hingabe an das Dogmatische ist ein weiterer Beweis des ahrimanischen Wirkens. Primitiv in ihrer Gestaltung und noch simpler in ihrer „inneren Ausstattung" gingen diese „Experimente" schließlich auch durch Feuer zu Ende. Damit endete zugleich die Ära der Großgestaltigkeit. Saurier und Lemurier verschwanden.

Durch den großen Meteoriten, der sie auslöschte.

Naja, so stellt es sich der Materialist vor: Ein Riesending fällt vom Himmel – ein Rumms, ein Knall, das Licht geht aus – und alles ist hin, was groß war. Als sich dann das Asche- und Staubdesaster legte, das Licht wieder anging, haben angeblich nur die Frühformen des Säugers überlebt und nur sie konnten weiterleben auf einer noch angeblicheren völlig verödeten Erde... Die Menschen sollten allmählich aufwachen und zu hinterfragen beginnen.

Alles, was auf der Erde und im Universum geschieht, ist „Götter-Wirken" – nichts läuft, was nicht in ihrem Plan steht, der allerdings flexibel gestaltet ist, weil die dunkel-astralen Götter mitmischen. Lemuria war notwendig, um Menschen, Reptilien und Tiere auf einer grobmateriell werdenden Erde zu verankern.

Die Reptilien auch?

Das Leben auf der Erde ist das Resultat vom Zusammenwirken verschiedener Evolutionswogen. Eine davon ist die reptilische. Es kommt ja nicht von ungefähr, dass die heutigen Reptiloiden die Erde für sich beanspruchen. Sie halten sie genauso für ihre Heimat, wie wir es tun, obwohl ihr Ursprung im Draco-System ist.

Was das Thema „Reptiloide" angeht, sollte ich vielleicht ein paar erklärende Sätze einbringen für die Leser, denen das nicht geläufig ist... Man findet in fast allen alten Schriften der bekannten Religionen und Völker Berichte über Menschen, die wie aufrecht gehende Reptilien aussehen. Abbildungen finden wir in alten germanischen Büchern (Dämonozoas), in alten Bibeln (Satan als halb Mensch, halb Drache), die Gargoyles in England, viel auch in Italien, insbesondere im Vatikan sowie auf Malta, wo man von einer alten Schlangenmenschen-Rasse Kenntnis hat, die eine Art Priesterstamm war. Jason

Mason beschreibt in seinem Besteller »Mein Vater war ein MiB – Band 2« auf mehreren hundert Seiten, was die Archäologen in den letzten 200 Jahren alles an Körpern und Mumien haben verschwinden lassen, was nicht in das darwinistische Weltbild der Evolution passt. Jason Mason hat zahlreiche Fotos solcher Wesen im Buch veröffentlicht, darunter auch Skelette von Riesen und etliche der sog. Langschädel, eine alte Rasse, die wiederum von den Reptiloiden zu unterscheiden sind. (Abb. 9 bis 13, S. 134)

Ich persönlich sehe die Reptilioden nicht so negativ wie viele andere Autoren, und kann das auch begründen. Ein Erlebnisbericht dazu als Beispiel: Es war ein UFO-Forscher namens Jordan Maxwell, der in einer Radio-Show zum Thema „UFOs" auch über Reptiloide sprach. Nach der Sendung erhielt er einen Anruf eines extrem reichen Geschäftsmannes aus Las Vegas, der Hotels kauft und verkauft. Dieser hatte seine Radio-Show gehört und erzählte ihm folgende Geschichte: Der Geschäftsmann hatte Maxwells Ausführungen über reptiloide Außerirdische gehört und war schockiert. Er selbst ist gläubiger Christ und hat fünf Mitarbeiter, die in der gleichen Kirchengemeinde sind wie er. Sie alle hatten das Radio-Interview verfolgt. Jedes Jahr gehen sie zusammen mit ihren Familien irgendwohin auf der Welt und machen Urlaub, wobei seine Firma alles bezahlt. Im Jahr 1987 waren sie zusammen in Colorado ein paar Wochen campen. Eines Morgens hatten sie ihr Lager abgebaut und gingen einen Hügel hinauf, wo sie von oben in ein Tal hinabblicken konnten. Unten sahen sie eine runde Fläche, die gemäht gewesen war, und in dieser runden Fläche stand eine Gruppe von Menschen, die Roben trugen und sich im Kreis stehend an den Händen hielten und dabei hin- und herwippten und sangen. Die Camper hielten sich bedeckt und ruhig und wollten diese Zeremonie nicht stören. Offenbar hielt sich jemand in der Mitte des Kreises auf, den sie allerdings nicht genau erkennen konnten. Sie sahen also von dem Hügel auf diese Gruppe im Tal hinab, als plötzlich von einer Sekunde zur anderen ein zweites Wesen neben dem ersten in der Mitte des Kreises auftauchte – aus dem Nichts heraus materialisiert –, wobei dieses Wesen wesentlich größer war als der Mensch neben ihm – *sehr* viel größer. Und dieses Wesen, das sie nicht genau erkennen konnten, zeigte mit dem Finger auf die Camper auf dem Hügel. Nun drehten sich alle diese Menschen in Roben zu ihnen herum und sahen hinauf. Also dachten sich die Camper, dass es wohl das Beste ist, den Platz zu räumen, doch als sie sich umdrehten, um abzuhauen, stand der große „Mann", der zuvor noch im Kreis stand, direkt hinter ihnen. Und nun sahen sie auch, wer das war: Es stand ein reptiloides Wesen von beeindruckender Größe vor ihnen, zirka 2 bis 2,50 Meter groß. Es hatte einen männlichen Reptilienkopf, war sehr muskulös – ein humanoider Körper, aber mit Reptilienhaut –, wobei dieses Wesen sie anblickte und eine Art Bann auf sie legte. Keiner von ihnen konnte sich bewegen oder etwas sagen – weder die Frauen noch die Kinder oder die Männer. Sie waren wie festgefroren. Der Immobilienmann sagte dann, dass sie alle dieses Wesen anstarrten und dieses Wesen sie. Das Wesen blickte jeden von ihnen an, dann schaute es alle Männer direkt an und gab ihnen telepathisch zu verstehen: *„Ich tue Euch nichts, aber schaut, dass Ihr jetzt verschwindet!"* Dann bewegte sich das Wesen für einen Moment – und zack, war es weg. Sobald es weg war, konnten sich alle wieder bewegen. Sie begannen zu schreien und zu weinen und rannten schnell den Hügel hinab, zurück zu ihren Autos, und fuhren nach Hause. Sie alle können das Erlebnis bezeugen.

Als ich diese Geschichte gehört hatte, kamen mir eine Menge Gedanken dazu, nämlich:

1. Diese reptiloiden Wesen sind tatsächlich real, also physisch. Sie sind in der Lage, sich zu materialisieren und zu dematerialisieren bzw. die Dimensionen zu wechseln. Sie verfügen offenbar über ein uns nicht bekanntes höheres geistiges Wissen.

2. Es gibt eine Gruppe von Menschen in Roben, eine Geheimgesellschaft höchstwahrscheinlich, die offenbar darüber Bescheid weiß und Kontakte zu diesen Reptilienwesen hat – womöglich schon seit Generationen – und dieses Wissen bewahrt. Sie kommunizieren mit diesen Wesen und betreiben irgendeinen Austausch, möglicherweise Handel.

3. Dieses eine Wesen war friedlich. Es hat den Menschen nichts angetan und hat sie sogar noch gehen lassen. Es hätte ihnen ja auch die Köpfe abbeißen oder sonst was machen können, hat es aber nicht.

Es gibt in alten Dokumenten Hinweise, dass vor Jahrtausenden bereits Mischwesen zur Erde kamen – und zwar als Kulturbringer. Zum Beispiel die Nommos im Zweistromland, die Viracochas am Titikaka-See in Bolivien oder der Stamm der Dogon in Westafrika, die alle davon berichten, dass Wesen ihre Kultur aufgebaut haben, die mit einem Raumschiff vom Himmel kamen und die sowohl unter Wasser als auch an Land leben konnten.

Lassen Sie mich noch ein weiteres Beispiel dafür nennen, dass die Berichte über aufrecht gehende Reptiloide nicht an den Haaren herbeigezogen sind: Im Herbst 2020 habe ich Dr. Heinrich Kusch kennengelernt. Dr. Kusch erforscht mit seiner Frau seit Jahrzehnten Tunnel- und Höhlensysteme weltweit und fand Belege dafür, dass es bis vor ein paar Jahrhunderten in Österreich – vor allem in der Steiermark – direkte Kontakte zu einer Rasse von Echsenmenschen gab, mit der damals vor allem Adlige auch Handel betrieben. Es waren demnach friedvolle Wesen. Und auch auf Malta gibt es Schädelfunde von Langschädeln, denen die Sagittalnaht (Pfeilnaht) an der Schädeldecke fehlt. Man geht davon aus, dass diese Schädel einer Priesterkaste von Schlangenmenschen zugeordnet werden können.

Ja, das sehe ich auch so, es gibt überall Gute und Böse, auch bei uns Menschen. Kommen wir aber zurück zu Lemuria: Hinzu kam, dass zum Ende der lemurischen Zeit manche Lebensformen ausgereizt waren: Sie waren zu keiner Veränderung mehr fähig. Um also Neues auf die Erde „hinstellen" zu können, musste das Alte gehen. Das geschah aber nicht von heute auf morgen: zackbumm und weg damit.

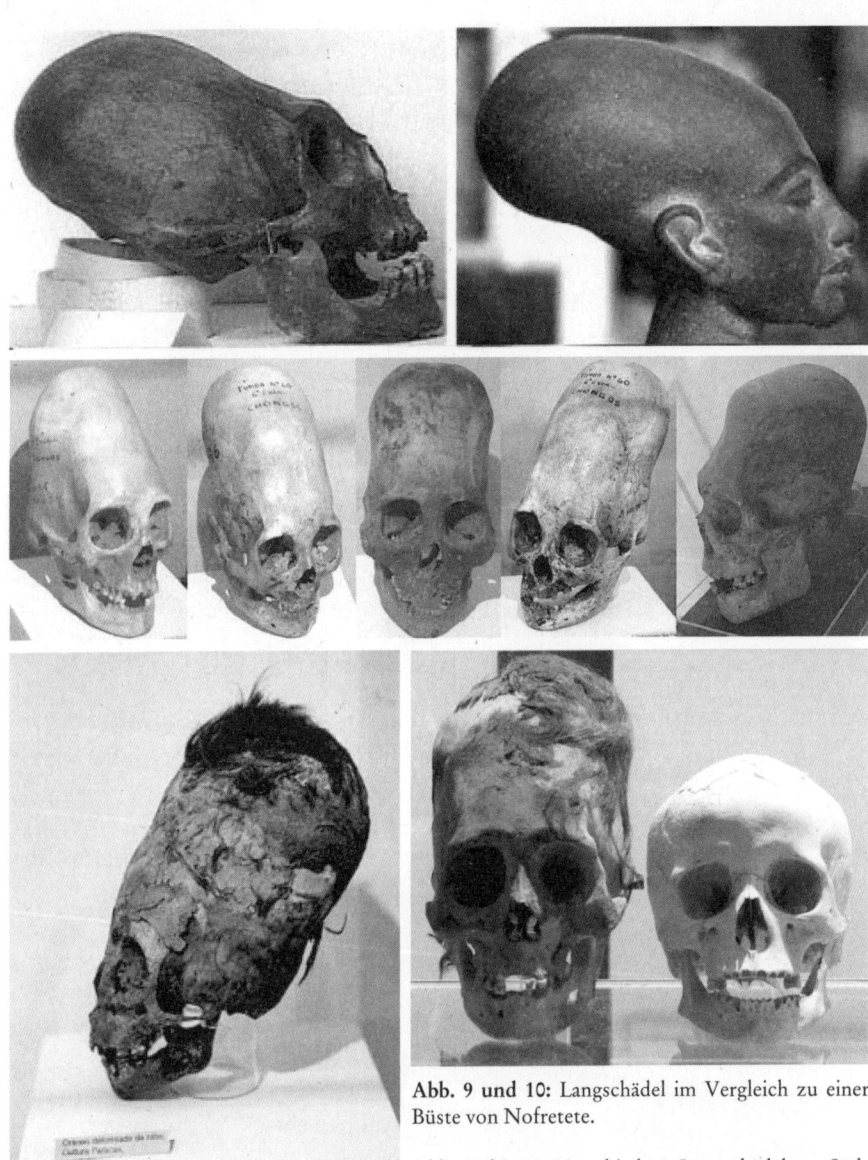

Abb. 9 und 10: Langschädel im Vergleich zu einer Büste von Nofretete.

Abb. 11 bis 13: Verschiedene Langschädel aus Südamerika. Rechts unten ein Langschädel im Vergleich zu einem normalen menschlichen Schädel.

Abb. 14: Stefan Erdmann und Jan van Helsing mit Credo Mutwa im Februar 2010 in Südafrika. Der südafrikanische Sangoma (Medizinmann und Seher) Credo Mutwa ist Autor mehrerer Bücher. Er berichtet von Kulturbringern, die von den Sternen auf die Erde kamen und sich mit den Menschentöchtern paarten. Sie bauten Gold und andere Rohstoffe ab und haben, so Mutwa, die Geschicke der Menschheit bis zum heutigen Tage beeinflusst. Er spricht von Wesen echsenartigen Aussehens, den *Chitauri (Centauri)*. Credo Mutwa erklärt, dass sie Mischwesen sind, die bereits vor vielen Jahrtausenden unseren Planeten besuchten. Die *Chitauri* sind ein Stamm von Reptilien-Wesen, die zirka 2,50 m groß sind und drei bzw. sechs Finger haben. Ihre Haut ist schuppig, ihre Augen sind groß und gelb mit katzenartigen Pupillen. Credo Mutwa hat Jan und Stefan davon berichtet, dass diese Wesen ihn entführt und ihm Knochenmaterial aus dem Oberschenkel entfernt haben. Das hat wohl einige Tage gedauert, bis er wieder frei war. Mutwa sprach von 24 verschiedenen außerirdischen Gruppen, die im Laufe der Jahrtausende die Erde besucht haben, inklusive der Reptiloiden.

Das Schaffen von Unfruchtbarkeit ist ein beliebtes Mittel der Hierarchien, so wie der Schatten uns heutige Menschen darüber angreift. Als Lemuria verbrannte – buchstäblich durch Begierden, die keine Vernunft stoppen konnte, weil es die noch nicht gab –, folgte keine Großgestaltigkeit mehr, deshalb war in Atlantis alles kleiner. Zwar nicht so kompakt wie wir heute, aber schon ein gewaltiges Stück konzentrierter.

Die Asche von gestern ist der Nährboden für die Moderne: Atlantis erhob sich aus den Fluten. Ein Name, der klar seinen Ort ausdrückt – im Atlantik. Da gibt es kein Herumdeuteln. Es war ein Riesenkontinent, der den heutigen Ozean schier ausfüllte. Und es gab nur noch ein großformatiges Tier: die Wale, die die Meere belebten. Aber die sind ja auch nicht von hier. Ihre Größe ist der körperliche Ausdruck eines höheren Bewusstseins – viel höher als das der Menschen, besonders der Atlanter und von uns Heutigen.

Viele außerirdische Lebensformen wurden als Ideen, als Pläne in die Äther- und Astralebenen eingespeist und kamen als Formen auch auf die Erde: als Pflanzen und Tiere. Zusammen mit den Energien der Erde und den Strahlungen aus dem Weltall – der ganze lokale Ort des Kosmos um die Erde herum – wurde alles Leben davon beeinflusst und entstand hier auf eine ureigene Art.

Alles viel kleiner zu konstruieren, war der neue Götter-Plan. Noch immer war der frühe Mensch zum Schreien und Weglaufen, aber sein ungehobeltes Aussehen stand im scharfen Kontrast zu den inneren Möglichkeiten, die durch seine Entwicklung als Keime in ihm entstanden waren und in Atlantis nun sichtbar werden sollten. Dadurch wurde er menschenähnlicher, bis hin zu unserer jetzigen Attraktivität.

Es ist schwer, ein gewaltiges Leben in äußerst konzentrierter Form darzulegen. Vieles bleibt auf der Strecke, aber ich kann es in der Kürze der Schrift nicht anders darlegen.

Wie in jedem Zyklus gab es auch in Atlantis sieben Kulturzeiträume: sieben Menschenrassen, die durch tiefe innere Veränderungen in den Menschen weiter reiften. Der Ur-Atlanter lebte im Göttlichen, das er noch innerlich in sich wahrnahm. Er hatte noch keine körperlich so ausgeprägten Sinne, wie wir sie haben. Augen kannte er damals noch gar nicht, weil Atlantis zu der Zeit eine Nebelwelt war, die die Sonne nicht durchdringen konnte; er „sah" über das dritte Auge. Erst mit ihrem Erscheinen schuf ihr Licht die Augen der Menschen. Das war das zweifache Wirken Luzifers: Der Mensch sah „seine Nacktheit" – es keimte in ihm die Selbstbewusstheit auf – und in den

Strahlen der Sonne, die er ja erst zu Licht macht, brachte er die Augen der Menschen hervor. Daher auch sein Name „Lichtbringer".

Die sieben Menschenrassen entwickelten sich schrittweise zu einem ersten Denken und rutschten durch den anderen Widersacher, Satan, tiefer und tiefer in die sich weiter festigende Materie hinein. Manches ging dabei in die Hose, sodass Atlantis schließlich in drei Schüben „ertränkt" werden musste. Der Kontinent wurde immer mehr dem Wasser zurückgegeben, sodass am Ende nur noch eine Rieseninsel übrig blieb: das Atlantis, von dem wir heute reden, wo der Mensch schon Mensch wurde. Sie sahen bereits modern-menschlich aus, waren aber noch Lichtjahre von unserem heutigen Denk-Bewusstsein entfernt.

Es gibt alte Schriften aus Tibet, die von den „Gärtnern der Erde" sprechen, einer uralten außerirdische Rasse, die alle paar Tausend Jahre vorbeischaut und Arten und Spezies anliefert oder beseitigt. Sie sieht demnach die Erde wie eine Art Gewächshaus oder Zoo, als Experimentierfeld, und holt sich am Ende, was sich am besten entwickelt hat. Vermutlich sind das die, von denen wir gerade sprechen.

Blavatsky hatte Zugriff auf diese alten Schriften aus Tibet und hatte auch Kenntnis von den alten „Weisen", die in den Bergen leben, sowie von der Weißen Bruderschaft. Laut diesen alten Lehren hausen in den Gebirgen der Welt die Götter und ihre Helfershelfer – sei es in den Anden, im Himalaya, in den Rocky Mountains oder in den Alpen, hier vor allem im Untersberg bei Salzburg.

In Tibet gibt es ja auch die sog. Samadhi-Menschen, also Menschen, die seit Hunderten von Jahren, wenn nicht noch länger, dort in einem meditativen Zustand verharren. Darunter sind auch Wesen mit einem dritten Auge sowie solche, die aussehen wie Grey-Aliens. Andere sind bis zu drei Meter groß. Über diese Gruppe, die sich vor allem unter Peru und Paraguay aufhält, hatte ich im »Handbuch für Götter« berichtet. Das sind Reste der letzten Atlanter. Sie hatten sich vor dem Untergang in die Erdkruste zurückgezogen. Der Großteil dieser Menschen kam nach der Sintflut wieder zurück an die

Erdoberfläche – aber nicht alle. Und diese haben sich auch physisch verändert. Jedenfalls gibt es neben uns Menschen eine ganze Reihe anderer Gruppen, die in die Entwicklung auf der Erde eingreifen...

Das ist richtig. Und wir sollten nicht vergessen, dass wir selbst es damals waren, die durch diese „Versuchsreihen" stolperten. Nicht durch alle, denn nicht alle atlantischen Menschen entstammten unserer Trinität mit ihrem Wirken zum rein irdisch-materiellen Menschen hin. Zu allen Zeiten galt aber das, was auch heute gilt: Was sich nicht weiterentwickeln kann oder will, muss gehen, alles andere bleibt.

Nach der „Sichtbarwerdung" gingen immer wieder Menschenzüge der verschiedenen atlantischen Rassen in die außeratlantische Welt hinaus, die schließlich die Basis vieler Kulturen wurden, die bis in die heutige Zeit hineinragen. Damals war die atlantische Menschheit nicht allein: Die Götter, die Engel „wandelten" unter ihnen, ebenso Mitglieder der Großen Weißen Bruderschaft als die großen Eingeweihten. Diese Bruderschaft regelt die Belange zwischen Göttern, Menschen und anderen kosmischen Rassen, welche die Erde damals besuchten. Diese Eingeweihten führten viele der Menschen weg und gründeten mit ihnen die ersten außeratlantischen Kolonien.

Denn neuartige Probleme erschwerten das Leben auf Atlantis. Durch das beginnende Selbstbewusstsein entdeckten die Atlanter die Eigensucht, das berüchtigte Ego. Davor war der Mensch zwar blind, aber noch ein Teil der geistigen Hierarchie. Er sah mit inneren „Augen": Er fühlte, was sich ihm näherte, ob es kuscheln oder würgen wollte. Die Engel leiteten ihn direkt. Durch die sich öffnende Selbstbewusstheit verschlossen sich ihm im gleichen Maße die Wege in die geistige Welt: Er wurde schließlich ganz von ihr isoliert, alle höheren Wesen verschwanden aus seiner Wahrnehmung. Das war natürlich die Stunde des Schattens.

Hinzu kam, dass der Atlanter noch Fähigkeiten hatte, die wir nicht mehr kennen, die uns genommen wurden zu dieser Zeit, weil luziferische und satanische Geister ihn damit zum Missbrauch verführten. Ein weiteres Problem ergab sich für die Götter, weil sie durch die fester werdende Materie nicht mehr selbst eingreifen konnten. Deshalb riefen sie unsere „höheren Geschwister" der irdischen Menschheiten: die Plejadier und auch die „Lichtgeometriker" von Sirius, die heute in höheren Dimensionen leben. Durch ihre gezielten genetischen Eingriffe, die auf die Geist- und Seelen-Eigenschaften der Atlanter ausgerichtet waren, konnten diese weiter darin wachsen.

Wir tragen also auch außerirdisches Bewusstsein in uns.

Mehr als wir ahnen. Solche Dinge taten ja auch die Anunnaki, eine menschlich-reptiloide außerirdische Rasse, die Kolonien auf der Erde hatte.

Auch hier sollte ich vielleicht zunächst erklären, wer die Anunnaki sind. Laut den sumerischen Schrifttafeln gibt es einen zwölften Planeten in unserem Sonnensystem, der allerdings eine Umlaufbahn von 3.600 Jahren hat – sein Name ist Nibiru. Die Bewohner dieses Planeten wurden von den Sumerern „Anunnaki" genannt, „*diejenigen, die vom Himmel auf die Erde kamen*". Die Anunnaki benötigen für die Aufrechterhaltung der Atmosphäre ihres Planeten Gold, welches sie lange Zeit alleine auf der Erde abgebaut hatten. Da sie, die auf ihrem Planeten meist um die 1.000 Jahre alt werden, auf der Erde auch unseren physischen Bedingungen ausgesetzt waren, unterlagen sie auch unserem Alterungsprozess. Da sie das irgendwann leid waren, kamen sie auf die Idee, einen Arbeiter zu erschaffen, eine Mischung zwischen ihnen und dem damaligen Erdbewohner – der erste Mensch war „Adam". Sie sind die „Nephilim" des Alten Testaments. Die Anunnaki sind immer noch da und werden es wohl auch immer sein. Die Frage ist, inwiefern sie mit den Illuminati zusammenarbeiten oder auch nicht.

Die Anunnaki sind Ihrer Ansicht nach auch Reptiloide?

Ja, und auch die Reptilien stehen in einer Entwicklung. Aber dazu später mehr. Ich muss erstmal diesen Erzählstrang durchziehen. Die Eigensucht der Atlanter – etwas, das sie vorher nicht kannten – wurde durch das Schüren dunkler Astralgötter kräftig vorangetrieben: Sie erhöhte die Aggressivität des atlantischen „Restvolkes", was zu Eroberungskriegen auf der Erde führte, auch gegen die Kolonien der Außerirdischen.

Der letzte, endgültige Untergang von Atlantis geschah durch Verrat. Magische Geheimnisse wurden publik gemacht, für die die meisten Atlanter moralisch noch gar nicht reif waren. Durch die Schattenmächte entwickelten sich Menschen zu Tierähnlichem zurück. Gier und Machtstreben gipfelten in schlimmste Auswüchse schwarzer Magie, zumal der frühe Atlanter noch über die Fähigkeit verfügte, Energien direkt aus den pflanzlichen Wachstumskräften der Natur zu ziehen. Aus freien Stücken Böses tun – ja, das taten wir damals!

Das führte bis zum bewussten Raub der Lebensenergien von Pflanzen, aber auch von Tieren und Menschen. Das reichte bis in die Astralreiche hinein, wo sich seitdem manches Bösartige einnistete: Geschöpfe, die nicht vergessen und jetzt wieder zurückkehren, um durch uns erlöst zu werden. Atlantis musste vernichtet werden und die Götter drückten ein letztes Mal den „Resetknopf".

Uns wurde die Macht über elementare Naturkräfte genommen. Wir sind hier in jener Zeit angelangt, um die Denkkraft zu entwickeln. So können wir nur Materie beherrschen, die auf physikalischen und chemischen Wirkungen basiert. Doch selbst darin sind wir furchterregend gut. Notwendige Entwicklungen derart zu beschleunigen, dass sie zu früh in die Menschheit eintreten und dadurch schlimme Schäden anrichten – wie der Verrat von magischen Geheimnissen auf Atlantis –, ist ein Wesenszug der Dunklen: Zerstörung durch Vorverlegung von Impulsen, auf die die Menschen nicht vorbereitet sind.

„Gender" ist so ein Programm. Der Mensch wird eines fernen Tages keine Einteilung in Geschlechter mehr benötigen. Eine Geschlechterneutralität jetzt einzuführen, würde sich allerdings katastrophal auswirken. Gender führt dann zur Verblödung, zur leichteren Kontrollierbarkeit der Massen und zur Unfruchtbarkeit und dem letztendlichen Aussterben einer natürlichen Menschheit. Wundert es da noch jemanden, dass der ganze Diversitätsmurks so hochgejubelt wird?

Das Geschlechtsempfinden als Teil der Erziehung zu deuten – wie gesteuert ist das denn! Kein normaler Mensch – nicht mal ein dummer! – fällt auf so eine bekloppte Idee rein, außer die komplett Hirngewaschenen!

Genauso das Tamtam um die Gleichheit aller Menschen! Wir sind nicht gleich, sondern zum Teil sehr verschieden, weil wir in unterschiedlichen Kulturen leben und oft auch in ganz anderen Lebensräumen. Ein Mensch der Wüste denkt und fühlt anders als ein Mensch der Küste oder des Urwalds. Und das macht unsere wunderbare Vielfalt aus, und keine Rasse steht über der anderen. Jede Rasse ist mit ihrem geographischen Ort verknüpft. Wer das nicht glaubt, sollte die Welt bereisen. Sie wird ihm die Vielfalt lehren und die Einfalt in den Lügenmedien entlarven. Deshalb kann ich auch beurteilen, was das Gute an uns Deutschen ist. Wer uns für primitiv und rassistisch hält, der schaue sich bewusst andere Länder an!

Russen und Deutsche sind seelenverwandt; wir stehen dem Osten näher als dem Westen. Der Weltenplan wollte das Germanische (nicht das Nazitum!) zum Führenden unseres 5. Kulturzeitraums machen, im 6. das Slawisch-Russische. Und das abschließende Führungsvolk im 7. und letzten Zeitraum dieses 5. nachatlantischen Zeitalters sollte Amerika sein. Und wieder erleben wir eine Vorverlegung: Die heutige USA als selbsternannte Führungsmacht maßt sich etwas an, für das noch lange nicht die Zeit gekommen ist.

Ah, ich bin wieder abgeschweift…

Kein Problem… Aber wir sollten nachher noch kurz erklären, wer die Asuras sind.

In ferner Zukunft wird unsere heute noch völlig unterentwickelte Kehle ihren Beitrag zur Nachkommenschaft der Menschen leisten. Wir kennen das ja aus Filmen, wo das Alien aus dem Mund des Wirts kriecht… wie eine Art Vorwegnahme zukünftiger natürlicher Ereignisse. Die Kehle wird irgendwann die nächste Geburtsöffnung sein, während der Schatten uns am liebsten ganz unfruchtbar hätte und gern sähe, dass unser Nachwuchs nur noch aus der Retorte käme.

Und die Entdeckung der Atomkraft hätte gar nicht erst stattfinden sollen. Wie der unbedarfte Zauberlehrling hantierten wir damit herum und ließen den dunklen Geist aus der unbeschrifteten Flasche frei: die Asuras.

Sind wir die Nachkommen der Atlanter?

So ist es. Wir bringen das Denken zur Vollendung, gemeinsam mit dem rechten Fühlen und in Einklang mit einem Willen zur Moral, den wir dahingehend entwickeln müssen. Wir schleppen also auch Altlasten aus dieser Zeit mit uns herum: Wir werden konfrontiert mit Leben, das wir durch unsere Vergewaltigung der Naturkräfte erschufen, u.a. Mischwesen, die uns nicht mehr loslassen, die wir befreien müssen.

Selbst wenn all diese bemitleidenswerten Missgeburten in den tobenden Fluten umkamen – als schwarzmagische Ideen existieren sie weiter in einem der innerirdischen, astralen Reiche. Außerdem gab es damals schon die endlosen Höhlensysteme, wohin einige entkommen konnten, da wo auch die Reptiloiden lebten. Die kamen ja erst spät an die Oberfläche, um ihre nach außen hin sichtbaren Kolonien zu bauen, als sie die Frequenz des Sonnenlichts besser vertrugen. Nach dem Untergang von Atlantis kehrten sie allerdings in den Untergrund zurück.

Dazu habe ich viele Fragen...

...deren Beantwortung wir verschieben müssen, sonst bleiben wir im Stoff hier hängen. Ich möchte auf das 5. nachatlantische Zeitalter eingehen, in dem wir jetzt leben: Was sich in Atlantis als die sieben Menschenrassen ausdrückte, sind in dieser Epoche unsere sieben „Kulturzeiträume". Obwohl die Menschen in der atlantischen Endzeit schon modernmenschlich aussahen, hatten sie noch nicht unser heutiges Bewusstsein. Sie waren zwar schon auf das Denken ausgerichtet, aber oft noch aus dem Instinktiven heraus handelnd, was sich meist als richtiger erwies. Da wir Heutigen ja auch aus jener Zeit stammen, habe ich manchmal den Eindruck, dass unser normaler Mensch die Denkunwilligkeit als ein Erbe von damals immer noch nicht ganz überwunden hat...

Die sieben heutigen Kulturzeiträume, die wir nacheinander durchlebten und noch durchleben werden, sind: das Ur-Indische, das Ur-Persische, das Ur-Chaldäisch-Babylonisch-Ägyptische und das Ur-Griechisch-Lateinische. Sie mündeten in die entsprechenden heute bekannten Kulturen und überlappen sich jetzt, sie beeinflussen sich gegenseitig. Der aktuelle Kulturzeitraum, der westlich-dominierte, hat noch keinen Namen. In der Apokalypse wird er „die Gemeinde zu Sardes" genannt. (Wieso drängt sich mir da der Name de Sade auf...?)

Dieser, unser jetziger Kulturzeitraum ist der wichtigste, denn er legt fest, was in den letzten beiden Kulturen, die noch folgen, geschehen wird. Und hier wird es am sichtbarsten sein, dass die Zeit noch schneller und damit die Zeiträume kürzer werden! Die Involution des Geistes spannt gleichsam die „Zeitfeder" – aber am Punkt des Freilassens schießt er in die göttliche Sphäre zurück!

Es gibt Leute, die haben andere Visionen von Lemuria und Atlantis: schön und edel soll es dort gewesen sein.

Das Eine schließt das Andere nicht aus. Sie schufen Bauten, Städte auf eine andere Art als wir heute, weil unsere Vorfahren, die sie ja sind, eher geistig-astral als materiell waren, so wie wir es jetzt sind. Was wir heute noch an „Rückständen" dieser Zivilisationen finden, hat sich erst im Laufe der Jahrtausende zu Materie verfestigt, als es diese Kulturen längst nicht mehr gab. Die heutige Stufe der materiellen Dichte begann ja erst nach dem Untergang von Atlantis. Ich durfte die Pyramiden von Gizeh sehen, vor vielen Jahrtausenden – sie sind wesentlich älter, als unsere Archäologen annehmen –, da waren sie etwas ganz anderes: Ihre Form strahlte ein Licht aus, das hier in unserer Sphäre nicht mehr existiert. Solche gewaltigen Bauten werden als Geistgebilde geformt und verfestigen sich erst im Laufe der Zeiten. Ich erlebte sie noch in ihrer immateriellen Phase.

Ich würde gerne noch anmerken wollen, dass Atlantis nicht nur ein Kontinent im Atlantik gewesen ist, wie sich das viele Unwissende so vorstellen. Atlantis war eine Epoche, ein ganzes Zeitalter vieler Jahrtausende mit einer weltumspannenden Pyramidenkultur – nicht nur in Ägypten, sondern auch in China, in Südamerika, auf den Kanaren oder in Bosnien. Die Atlanter waren blond und blauäugig und sind der Ursprung der arischen Rasse. Es gibt sie überall...
Doch wie können Sie das alles erfahren? Wie ist das eine „Erfahrungswissenschaft", wie Sie sagen?

Die Wahrheit ist, dass es keine Wissenschaft ist, sondern Erfahrungen, die in mir leben... Indem die Menschen aufhören, das, was sie sehen, für absolut zu halten. Es gibt kein Absolutes; nicht einmal das Universum, Gott oder der Urschöpfer, sind absolut. Die Menschen müssen sich bei allem, was sie wahrnehmen, klar darüber sein, dass das nur eine relative Gültigkeit hat, unseren Körper mit eingeschlossen. Wem das ins Blut übergeht, der sieht eine andere Welt. Wenn unsere Wissenschaftler nicht an Steine glauben würden, sondern daran, dass alles möglich ist, wären sie weiter.

Wie ist das bei Ihnen entstanden?

Da alles Äußere nur der sichtbare Schein von geistigen Vorgängen dahinter ist, begann mit meinen inneren, schamanischen Reisen zur gleichen Zeit das Reisen durch die Welt.
Für dieses Leben, für diese Inkarnation, wählte ich Ostfriesland in Deutschland als meine Heimat. Ich wurde in einer grundsoliden Arbeiterfamilie geboren, in einem alten Ortskern auf einer Warf, unter einem Kirchturm und quasi unter den Deichen, da wo die Ems in ihren Zugang zur Nordsee mündet, den Dollart. Zu den täglichen Kirchenglocken kam der nie endende Lärm aus dem Seehafen von Em-

den. Beides hat mich zutiefst positiv geprägt. Wenn ich das faszinierende Geschehen im Hafen erlebte, die vielen wunderschönen Schiffe, die rege Betriebsamkeit um sie herum und auf den Werften, träumte ich davon, in die Welt zu reisen.

Heute erstaunt es mich immer noch, wie meine geistige Führung das wahr werden ließ – über eine Arbeit, die entgegengesetzt zu meinem Drang stand, Kreativität zu leben: Ich erlernte den Beruf des Schiffselektrikers, natürlich auf einer Werft. Und als ein solcher begann ich zur See zu fahren und beendete nach einigen Zwischenstopps an Land viele Jahre später die große Fahrt als Chief, als Leitender Ingenieur. In der Zeit bereiste ich alle Weltmeere und Kontinente.

Hatte ich geglaubt, dass das Erleben der fremden Länder das Wesentliche in der Seefahrt war, ereignete sich das Überraschendste für mich jedoch auf den Ozeanen, wo mich nur Wasser umgab, oft tage- oder wochenlang. Ich stellte fest, dass die Schwelle zwischen der geistig-astralen Welt und meiner Realität dort niedrig war, als eine Gruppe von Wesenheiten an mich herantrat: die Reptilien.

Das erschien mir als eine folgerichtige Begegnung, denn eines meiner Krafttiere ist ein Reptil gewesen.

Gewesen? Ist es nicht mehr da?

Sicher noch. Aber ich hörte auf mit den schamanischen Reisen, als sich der direkte Kontakt zu meiner Geistführerin etabliert hatte. Dieser Kontakt und auch der mit den Reptiloiden kam zustande, weil ich niemals Rauschmittel für die schamanischen Reisen benutzte. Nur am Anfang verwendete ich Trommel und Trance, aber das erwies sich schnell als unnötig. Ich konnte einfach „umschalten", dann war ich in der Anderwelt oder bei ihr – im hellen Tagbewusstsein.

Und das mit den Reptiloiden – war das Ihr Kontakt zur dunklen Seite?

Nein, der wirkt anders. Diese Reptiloiden, groß und stattlich in ihrer Ausstrahlung, waren wohlwollend. Sie wirkten eher menschlich als reptilisch, obwohl sie es eindeutig waren. Sie haben eine ähnliche Gefühlsvielfalt wie wir, aber durchsetzt mit einem viel stärkeren Willen. Eigentlich schon wie die Menschen der Zukunft…

Und irgendwie hing ich mit ihnen zusammen. Sie brauchten eine Stimme, und es führte dazu, dass ich begann, das Reptilien-Epos unter ihrer Anleitung zu schreiben.

Sind das die Anunnaki?

Ja, aber sie selbst verwendeten diese Bezeichnung nicht. Es ist so viele Jahre her, seit ich den Anfang ihrer Geschichte aufschrieb, und der war schon über 1.000 getippte Seiten lang, und noch mehr handschriftliche Notizen. Über sie erlebte ich so vieles, aber heute weiß ich nicht mehr, wo ich was niederschrieb.

Hatten nur Sie allein diese Fähigkeiten in der Familie?

Ich glaube, meine Geschwister hatten auch einige Erlebnisse. Als unser Vater starb, sah meine kleine Schwester ihn in der Nacht an ihrem Bett stehen. Aber über so etwas wurde in der Familie nicht offen geredet. Mein Vater wusste wohl einiges. Ich kenne ihn nur als sanftmütig und erinnere mich dunkel daran, dass er mir von den Naturgeistern erzählte. Er ging sehr früh unter seltsamen Umständen.

Wie auch immer, meine Phantasie reichte für die ganze Sippe: Seit ich mich erinnern kann, durchzogen mich eigenartige „Szenen". Mit 11 schrieb ich meine erste Geschichte, mit 13 den ersten Roman. Bis 18 hatte ich wohl ein Dutzend zu Papier gebracht. Was mich heute wundert, was ich damals aber als normal empfand: Manche waren durchsetzt von einer Grausamkeit, die gar nicht in meiner Art lag. So etwas sollte ein Kind niemals schreiben. Ich entsorgte später all die Sachen.

So war es für mich also kein Problem, den Szenen zu folgen, die die Reptiloiden mir zeigten. Zuerst war einer ihrer Führer da, um den es auch in dem Epos geht, dann folgte seine Familie. Sie waren deshalb menschenähnlich, weil sie schon lange auf der Erde lebten, in dieser „menschlich-humanoiden Schwingung". Sie erklärten mir, dass nicht nur jede Welt ihr eigenes Bewusstsein hat, sondern dass Kräfte aus dem ganzen Kosmos auf sie einwirken. Jede Welt hat deshalb ihre eigene, einzigartige geistig-astrale Strahlung, die alles Leben aufnimmt, das dort lebt. Es gibt keine Abschirmung davor.

Da unser Universum eindeutig die Mensch-Entstehung bevorzugt durch das Wirken von fünf der sieben Schöpfer-Trinitäten, und sich das besonders auf der Erde ausdrückt, wurden diese Siedler „von außerhalb" letztlich irdisch. Die älteren Reptilien flogen regelmäßig zu ihrer Welt zurück, um sich dort mit ihrer Schwingung wieder aufzuladen. Die Jüngeren, vor allem jene, die auf der Erde geboren wurden, wollten das nicht, sondern sie wollten auf der Erde bleiben, auch wenn es bedeutete, ein kürzeres Leben zu haben. Die menschlich-kosmische Schwingung wurde auch zu ihrer.

Die Reptiloiden gelten allgemein als negativ.

Die „Alten" auf jeden Fall. Ihnen sollten wir lieber nicht begegnen. Sie sind auf Eroberung oder auf Vernichtung programmiert, falls das erste nicht klappt. Aber es gibt eben auch andere, denn sie stehen ja ebenfalls in einer Entwicklung.

Zu ihren Schöpfern hin.

Nun ja… ihre Trinität ist eher dunkel-göttlich. Es sind die Archonten. Sie sind die „graue Trinität". Die Liebe konnte bei ihnen erst spät wirken: in Form von Menschlichkeit bei den Jüngeren. Solche Reptiloide gehören ja auch der Intergalaktischen Konföderation an, sie stellen sich damit gegen die eigene Dunkle Allianz. Die vielen Seiten, die ich über sie schrieb, sind, glaube ich, ohne jegliche Gewalt.

Aber worauf ich hinauswollte: Sie zeigten mir die Entwicklung der Menschheit aus ihrer Sicht, an der sie ab einer bestimmten Zeit ja selbst mitwirkten: das Leben auf einer früheren Erde unter reptiloider Herrschaft. Und Sie wiesen auf die Bedeutung etlicher Artefakte hin, die unsere heutigen Wissenschaftler aufgrund ihrer beengten Sichtweise nicht verstehen können: etwa Bauten wie die Pyramiden oder Formen wie die Kristallschädel.

Genau danach hatte ich ja gefragt.

Pyramiden sind Energiewandler, wenn ich mich recht erinnere. In ihnen treffen kosmische und irdische Energie in einer speziellen Kammer aufeinander, und die wiederum verteilt sie zugleich durch ihre goldene Spitze übers Land. Diese Energie ist unsichtbar, kann aber von Geräten allerlei Art, auch Flugmaschinen, angezapft werden. Mir fällt da die Freie Energie ein. Ich durfte auch eine spezielle Aktivierung der Großen Pyramide auf dem Gizeh-Plateau erleben, die damals noch nicht so materiell war wie heute: durch eine starke sexuelle Energie. Reptilien und Sexualkräfte gehören ja untrennbar zusammen.

Die Große Pyramide ist meiner Ansicht nach ein mechanisches Objekt. Es ist ein multidimensionales Bauwerk, mit dem man irgendeine Form der Energie erzeugt hatte. Ich hatte selbst nicht nur in der Königin- und in der Königskammer geschlafen, sondern auch zweimal auf der Spitze der Großen Pyramide übernachtet. Nach dem zweiten Mal hatte ich eine Vision, in der mir große, blonde Menschen in weißen Roben gezeigt wurden und diskusförmige Fluggeräte. Man verfügte damals über eine Technologie, mit der die Gravitation aufgehoben werden konnte. Und es ist definitiv Wasser durch die Pyramide geflossen, vor allem die Große Pyramide stand komplett in einem Wasserbassin. Man hat mit Wasser etwas angestellt, entweder Wasserstoff damit erzeugt, das Klima durch Wolkenerzeugung verändert, oder man hat das Wasser mit einer Information versehen. Möglicherweise alles in Kombination. Sie ist meiner Meinung nach ein Frequenztransformator, und ich gehe davon aus, dass sie Wasser energetisierten, das die Leute getrunken haben...

Und zwar komme ich zu dieser Ansicht, weil der Graf von Saint Germain, der um die 200 Jahre alt wurde und dabei nicht gealtert ist, gesagt hatte: *„Um meinem Geheimnis auf die Spur zu kommen, musst Du die Pyramiden studiert haben, so, wie ich es getan habe."* Ich gehe einmal davon aus, weil er ja nun langlebig war, dass dieses *Aqua Vitae*, das Lebenswasser, welches die ewige Jugend bringt, von dem er gesprochen hat und welches er auch selbst besaß, mit den Pyramiden in Verbindung zu bringen ist.

Doch dann gibt es auch einen okkulten Aspekt zur Großen Pyramide – um bei unserem Thema zu bleiben: Und zwar möchte ich kurz das Erlebnis des britischen Weisheitslehrers und Autors Paul Brunton erzählen. Dieser hatte sich zu Beginn des 19. Jahrhunderts eine Nacht in die Große Pyramide einschließen lassen und verbrachte diese in der Königskammer in Meditation. Zuerst sah er in der absoluten Finsternis gar nichts, dann kamen Fratzen und böse Geister, die ihn mehr oder minder vertreiben wollten. Diese piesackten ihn mehrere Stunden lang, doch er gab nicht auf und ließ sich nicht beirren. Plötzlich zogen sich diese garstigen Wesen zurück, und große blonde Wesen in weißen Roben erschienen, die ihn zunächst befragten und dann einweihten. Er verließ dabei auch seinen Körper. Das ist eine spannende Geschichte, die Jason Mason in seinem Buch »MiB 4« ausführlich schildert.

Ich fand das aus zweierlei Hinsicht spannend: Zum einen zeigt es, dass sogenannte böse Geister durchaus mit den guten zusammenarbeiten. Die Guten lassen die Bösen vor und testen, ob der Aspirant tatsächlich mutig genug ist und das Durchhaltevermögen hat, das durchzuziehen. Hat er das bewiesen, haben die dunklen Wesen ihr Soll erfüllt und treten zurück. Dann kommen die Guten ins Spiel...
Dieses Schwarz-Weiß-Denken, also dass das Dunkle das Böse ist und das Gute bekämpft, habe ich noch nie geglaubt. Alles hat seinen Sinn und seine Berechtigung. Das sagen Sie ja auch...

Ja, sehr interessant, aber ich glaube nicht, dass Saint Germain das „Wasser der Pyramide" meinte. Die Pyramide erzeugt Energie, die sich auf vielerlei Weise nutzen lässt. Vor allem ist sie vitalisierend.

Vielleicht hatte Saint Germain in einer Pyramide geschlafen, die er sich geistig vorstellte. Wir hatten selbst eine von einem russischen Heiler gebaute Pyramide geschenkt bekommen, die wir an unserem damaligen Wohnort auf dem Dachboden aufgestellten, um das Haus zu vitalisieren. Im Nachhinein erfuhren wir, dass diese Gegend krankmachend war, Krebs und Suizid förderte. Meine Frau und ich wurden nicht krank, auch später nicht.

Kommen wir zurück zu den Reptiloiden und was sie mir zeigten: Sie gestatteten mir einen Blick in die Geheimkammer unter der Sphinx. Na ja... ihr Schutz besteht nicht in besonders raffinierten Sicherheitseinrichtungen, wie Menschen sie sich ausdenken, sondern darin, dass diese nur mit einem dafür „konfigurierten" Bewusstsein betreten oder verstanden werden kann. Für alle anderen ist da – nichts. Nur ein entsprechend gestalteter Geist kann darin „lesen". Für mich trat die Imagination auf, dass dunkle „Striche", eingetaucht in einer Art silbrigen Lichts, von oben nach unten rasten. Die Bewegung war so schnell, dass ich sie mehr erahnte als sah. Ein irres Gewusel, in dem ich nichts „lesen" konnte.

Natürlich gibt es dort auch Artefakte, unvergängliche in unseren Augen, also keine Pergamente oder Bücher, selbst wenn sie in einer so gewaltigen Pyramide quasi konserviert werden. Ich sah, wie ein Raumschiff dort geparkt wurde, für Jahrtausende. Aber in der eigentlichen Kammer des Wissens existiert nichts Materielles.

Die Kristallschädel, die man an verschiedenen Orten der Welt gefunden hat und von denen es heißt, dass sie Datenspeicher waren, sind von der Großen Bruderschaft auf der Erde hergestellt und programmiert worden. Echnaton war einer dieser Eingeweihten. Als Führer des ägyptischen Volkes huldigte er Christus, dem Sonnengott, aber schon damals war die dunkle Bruderschaft der Schlange zu mächtig. Nach Echnaton konnte sich dieser neue Glaube nicht durchsetzen; die Knechte des Dunklen zerstörten alle Spuren daran.

Die Reptiloiden besaßen ähnliche Artefakte wie die Kristallschädel. Sie waren anders geformt und wurden, glaube ich, „Steine des Wissens" genannt.

Abb. 15 links oben: Der *Jesuit* aus Quarzkristall aus dem Besitz von Ignatius von Loyola, dem Gründer der Jesuiten.

Abb. 16 rechts oben: *Shui Ting* aus der Mongolei

Abb. 17 Mitte links: *E.T.* aus Mittelamerika (mind. 500 Jahre alt)

Abb. 18 Mitte rechts: *Oceana* aus grünlichem Aquamarin (Südamerika)

Abb. 19 unten links: *Bolivar* aus Kolumbien

Abb. 20 links: *Baby Luv* aus Rosenquarz wurde 1710 in der Ukraine gefunden.
Abb. 21 rechts: *Lazuli* wurde 1995 von Indianern in Nordperu entdeckt.

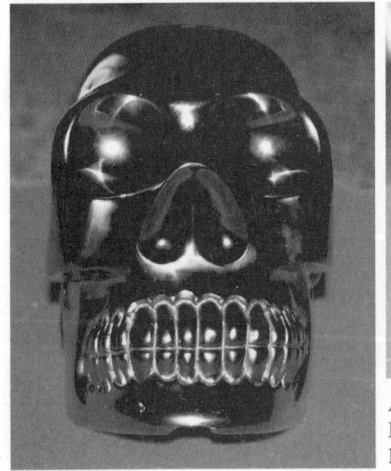

Abb. 22 und **23:**
Ein schwarzer Kristallschädel aus dem Besitz Adolf Hitlers

So wie bei der Geheimkammer konnte nur ein spezieller Hüter der Steine das Wissen in ihnen lesen. Dabei war es kein Wissen, wie wir es kennen. Es war etwas Lebendiges darin, das sich auch so ausdrückte. Wissen erfuhr der Hüter, indem er das „Leben", das in den Steinen war, herausholte. Und jeder Stein hatte sein eigenes „Wissen" und konnte den Hüter zudem mit kosmischen Regionen verbinden.

Genauso ist es mit den Kristallschädeln. Die Reptiloiden warnten mich, dass diese Schädel in der heutigen Zeit niemals zusammengestellt werden sollten, solange die Menschheit nicht reif dafür ist. Ein entsprechendes Bewusstsein kann dann ein Portal ins Universum hinein öffnen. Wenn von der „Großen Weißen Bruderschaft" entworfen, sollte es auch nur dem Guten dienen.

Mir fallen da die beiden SF-Filme „2001" und „2010" ein: die Monolithen, über die etwas Außerirdisches den Stand des Bewusstseins der Menschheit kontrollierte.

Es ist vielleicht sinnvoll, kurz etwas genauer zu erklären, wer die „Weiße Bruderschaft" ist: Der Begriff „Große Weiße Bruderschaft" der Aufgestiegenen Meister wurde durch die Theosophin Helena Blavatsky weltweit bekannt und beschreibt eine Gruppe hoch entwickelter Wesenheiten, die mit den Menschen per Gedankenübertragung oder mediale Botschaften kommunizieren und ihnen Eingebungen und Inspirationen geben, die ihr Leben verbessern sollen. Die Aufgestiegenen Meister waren alle selbst einmal Menschen, denen es durch spirituelle Transformation gelungen ist, in eine höhere Existenzebene aufzusteigen, ohne zu sterben. Zu diesen gehören Jesus (Sananda), Saint Germain, El Morya, Kuthumi u.a.. Saint Germain ist das Wesen, welches mich selbst seit meiner Kindheit begleitet und mich bei meinem Vorhaben auf der Erde unterstützt (Details dazu sind im »Handbuch für Götter« beschrieben). Die Aufgestiegenen Meister der Weißen Bruderschaft sind im Himalaya (Shambala), im Mount Shasta, im Grand Teton und beispielsweise unter der Wüste Gobi in unterirdischen Gefilden angesiedelt. Von dort aus

greifen die Aufgestiegenen Meister, die in ihrer seelisch-geistigen Entwicklung viel weiter sind als die sterblichen Menschen, von Zeit zu Zeit als eine Art Entwicklungshelfer in die Geschichte ein, um die Menschheit vor Katastrophen zu bewahren und im Leben bestimmter Menschen Gutes zu bewirken.

Ja, das kann man zunächst so stehen lassen, wobei hier noch mehr zu sagen wäre. Mit alldem wurde ich jedenfalls konfrontiert und viel, viel mehr, was zu einem immer schärferen Konflikt in mir selbst führte. So konnte ich die Arbeit an dem Reptiloiden-Epos nicht durchhalten, gerade weil sie mich immer mehr einnahm und meine Arbeit auf dem Schiff mir immer weniger bedeutete. Wenn eine Drachenkönigin mich beim Gang durch die Kathedrale der Neuzeit, den mehrstöckigen Maschinenraum, begleitete, wurde es kritisch.
„Luziferische Schwärmerei" oder „ahrimanischer Wahn" nannte Rudolf Steiner das. Und so wirken die Widersacher, wenn wir nicht verstehen und dem Einhalt gebieten, auch wenn es eine Wahrheit berührt, die wir kennen. Jedenfalls hörte ich damit auf, und die Reptiloiden zogen sich zurück, was auch mit der Zeit zusammenfiel, als ich die weltweite Seefahrt (Große Fahrt) beendete. Auch wenn die Reptiloiden mir viele Bestätigungen aus dem Außen zuführten, dürfen sie für das aktuelle Leben keine Bedeutung haben, erst recht nicht, wenn sie uns lähmen und kirre machen! Wir dürfen unsere Urteilskraft nicht verlieren und müssen unser Ich-Gefühl auf den Erfahrungen in diesem Leben gründen!
Für Albert Einstein war die Phantasie wichtiger als Wissen – dem stimme ich ausdrücklich zu. Aber strömt Phantasie auf ein offenes Meer hinaus, und findet es keinen Boden, muss zurückgerudert werden. Wenn wir allein ein unbekanntes Reich betreten wollen und uns jegliches Wissen über diese Sphäre fehlt, kann der erste Führer eine höhere Phantasie von intuitiver Art sein. Gedanken zu einem Bild umwandeln – richtig angewandt öffnet es uns einen Erkenntnisweg. Es ist ja eine Fähigkeit, die uns die Götter schenkten. Viele Lebensformen im All haben sie nicht. Rudolf Steiner sagte dazu: Wer wirkliche Gedanken und Ideen hat, trägt darin den Anfang der Hellsich-

154

tigkeit. Diese Fähigkeit half z.B. Albert Einstein beim Erkennen, dass Raum, Zeit und Masse keine festen Größen sind, sondern veränderliche. Einstein war kein genialer Mathematiker wie Planck oder Heisenberg; er verwendete meist die Formeln und Matrizen anderer, wenn ich mich recht erinnere. Es ist schon zu lange her, meine „Atomphysik-Phase". Ich glaube, Einstein hatte mehr ein imaginatives Bilderbewusstsein.

Das mit dem Bilder-Wahrnehmen müssen Sie mir genauer erklären! Ist das alles aus schamanischer bzw. okkulter Einsicht entstanden?

Wenn sich die Seele einem Gefühl hingibt, entsteht daraus nach einiger Zeit ein Erkennen in Form eines Bildes. Das ist der Gefühlsweg und zeigt zugleich eine Schöpferkraft der Seele.

Kann es sein, dass Sie in der Akasha-Chronik lesen? (Die Akasha-Chronik ist sozusagen die Festplatte der Erde, in der alle Gedanken, Emotionen und Ereignisse aller Menschen abgespeichert sind.)

Erstaunlich, darüber habe ich noch nie nachgedacht! Sie meinen ein astrales Schauen? Wenn das so ist, war es für mich immer ein Alltägliches, ein Normales. Ich glaube, Rudolf Steiner beschrieb die Deutung der Bilder oder das, was er sah, als schwierig. Es war für ihn schwer in Worte zu fassen, aber auch, ihren Sinn zu erkennen. Das erfahre ich ja auch. Sie sind erregend-faszinierend, und das ist der Grund, weshalb ich mich darin verlor. Aber dieses „Sehen" brachte ich mit – es ist ein astrales Schauen, kein geistiges. Wer sich ernsthaft mit Okkultismus beschäftigt, verändert sich, weil sich seine Seelenkräfte verändern. Es sind Resultate von inneren Vorgängen, die heranreifen. Vor allem müssen wir Geduld haben und uns nicht ein zu konkretes Ziel setzen, das wir in der gewünschten Form womöglich gar nicht erreichen können. Aber ohne die Beschäftigung mit dem Okkulten hätte ich die Welt der Reptiloiden nicht entdeckt. Kennen Sie den neueren Science-Fiction-Film „Arrival"? Der Film handelt von der Landung mehrerer außerirdischer Raumschiffe auf der Erde und zeigt eine Expertengruppe, die mit den Außerirdischen kommunizieren und den Grund ihrer Anwesenheit herausfinden soll. In diesem Film wird eindringlich dargestellt, wie die Forscherin sich verändert, seit sie sich mit der fremdartigen Sprache der außerirdischen Besucher auseinandersetzt. In dem Film geht man davon aus, dass die intensive Beschäftigung mit völlig Neuem die Hirnstruktur verändert, und damit die Wahrnehmung der Forscherin, bis hin zur Veränderung ihrer Zeitstruktur. Ich schreibe die Veränderung meiner Wahrnehmung einem solchem Effekt zu.

Dabei muss jedem klar sein, dass es nicht das Gehirn ist, das denkt. Was wir „denken", ist das, was wir von unserem Höheren Selbst empfangen, das, was zu uns durchkommen kann. Dieses Höhere Selbst ist unser Ich, das nie ganz mit hinunterkommt in die Materie, weil es von unserer Hirnstruktur abhängig ist. Verändern wir diese durch die Beschäftigung mit dem Okkulten, erweitern wir dadurch unser Bewusstsein, indem unser Ich aus der göttlichen Sphäre stärker durchdringt.

Vieles verhält sich anders als in unserer Alltags- und Wissenschaftslogik. Wenn wir gedanklich durch das All schweifen, können Götter diese Gedanken ergreifen, sie einfärben oder gar sprengen, was zu tiefen Aha-Effekten führt. Wir dürfen uns nur nicht in unseren Gedanken verlieren, sondern müssen sie auch wieder loslassen. Denn falls Ego darin verwoben ist, lassen wir dieses gleich mit gehen.

Der alte Okkultismus, der der Geheimschulen bis hin zu denen, die den Wiederaufbau des Tempels von Salomo wollen, ist Geschichte. Der neue Okkultismus zielt auf eine direkte Begegnung mit den lichten Helfern und Engeln ab, auf der dunklen Seite mit den Verführern und Dämonen. Nie war es so leicht wie heute, auf das Dunkle reinzufallen. Allein der Wunsch, immer jung, reich und sexy zu sein, kann uns weit aus unserem Inneren wegführen. **Aber es war auch nie so einfach, direkte Hilfe aus den Engelreichen zu erhalten. Wir müssen sie darum bitten – aber wir müssen genau wissen, was wir wollen und ob es auch das Rechte für uns ist!** Dann können nen wir es bewusst umsetzen. In dieser Nähe zu den Geisterreichen liegt auch die Ursache, dass auf einmal viele Menschen channeln können. Aber glaubt nicht, dass es im Okkulten so leicht wäre, dass wir nur das tun müssen, was Geistwesen von uns wollen. Dann sind wir auch nur Marionetten. **Noch immer gibt es eine bestimmte Herzens- und Bewusstseinsschwelle, unter der die Engel nicht wirken: wenn es um Ego-Wünsche geht.** Die Freiheit des Geistes liegt vor allem darin, sich zu disziplinieren.

Natürlich will ich möglichst alles wissen, einfach nur deshalb, weil ich gerne lese. Gerade meine Begleiter führen mich weiter, über Eindrücke, innere Bilder, Bücher, Begegnungen, Erfahrungen, alles scheinbar zufällig. Es geschieht einfach, ich muss es aber als ihre Antworten erkennen und sie verstehen lernen. Das versetzt mich in eine gesteigerte Wachheit, in der ich erst das Umfassende der Antwort finde. Es sind, wie soll ich sagen, „lebende Antworten".

Das heißt aber nicht, dass sie mir nur schmeicheln und mich vor Falschem warnen. **Sie beschützen nicht nur, sondern führen mich manchmal auch mitten hinein in einen Schlamassel, der mich an ihrem guten Willen zweifeln lässt.** Erst später erkenne ich, wie wichtig das für mich gewesen ist.

Da bin ich absolut Ihrer Meinung: Folge der inneren Stimme, der Intuition, denn sie ist die Anbindung an die geistige Welt (Höheres Selbst, Schutzengel) und betrügt uns nie. Wenn wir einen Wunsch ans Universum aussenden, dann bekommen wir auch ein Resultat, es kommt durch die innere Stimme oder durch Zeichen und Hinweise im täglichen Leben. Die Antwort kommt nicht per Post, sondern durch Menschen bzw. Ereignisse im täglichen Leben. Kommen wir nun zu den Göttern und den Menschen.

Auch wenn sich einige damit schwertun und an einen unveränderlichen, allwissenden, allmächtigen Gott glauben, der alles steuert und erschafft – den gibt es so nicht, denn alles, absolut alles! – ist in Entwicklung begriffen! So kehren die Götter der obersten Hierarchie wie die Schulabgänger nicht mehr zurück, sondern gehen entweder auf eine höhere Schule oder starten durch ins Berufsleben: Sie verlassen ihre 2. Kosmische Ebene und beginnen als Boten zwischen den Trinitäten zu vermitteln, und gehören dann allen an.

Und das hört nie auf?

Würde das Universum stillstehen, dann hörte es auf zu existieren, weil die Bewegung ein wesentlicher Teil seiner Existenz ist. Unsere eigene Trinität besteht aus *Weisheit – Wille – Liebe*: der Heilige Geist (die Kosmische Intelligenz als Weisheit, in manchen Religionen die Mutter-Göttin) – der Vater (die Bewegung als Wille) – die Liebe (als Christus). In Christus tritt die Liebe zum ersten Mal direkt in einem Wesen auf – in einem Gott in Menschengestalt.

Christus ist das lebende Vorbild, zu dem sich die Menschheit entwickeln muss. In ihr und in Ihm lebt die Liebe. Erreichen wir irgendwann Seine Entwicklungsstufe, löste sich als erstes die Siebte Kosmische Sphäre auf – weil sie dann ihren Sinn erfüllt hätte. Und es gibt viele andere Menschheiten in diesem Universum, die daran mitwirken.

Die Urmenschheit entstand also nicht auf der Erde?

Menschheiten entstanden in vielen Regionen des Alls. Sie sind Schöpfungen anderer Trinitäten. Die Heimat unserer Menschheit ist die Erde. Mit ihr sind wir untrennbar verbunden. Unsere Trinität schuf mit ihren geistigen Hierarchien für uns die Voraussetzungen, als Menschen in der Materie leben zu können und verknüpfte uns dafür mit dem gewaltigen Bewusstsein von Mutter Erde. Und „fremde" Menschheiten aus der Zukunft, von verschiedenen Orten des Universums – den Machtreichen der anderen Trinitäten – und ihre Götter wirkten ebenfalls mit, damit der irdische Mensch werden konnte.

Die Geschenke unserer Engel-Hierarchien sind ihrer Natur nach göttlich und schöpferisch und machen uns damit selbst zu Schöpfern, zu Göttern. Ein Einzigartiges an uns ist, dass wir als Schöpfer in der Materie leben und diese „direkt vor Ort" geistig verändern können. Wenn wir mehr und mehr die materielle Ebene vergeistigen, übernehmen wir erste göttliche Aufgaben, wie das Schaffen von Elementarwesen, was wir ja schon tun, aber unbewusst, über alles, was wir erfinden und bauen.

Die Geschenke der Götter sind zugleich unsere Verbindung zu ihnen, den geistigen Hierarchien oder Engelreichen. Jeder unserer Mitschöpfer hat seine eigenen Fähigkeiten, die die anderen nicht haben. Und sie gaben uns alle etwas von sich – und das macht uns doppelt einzigartig: Wir tragen alle Fähigkeiten von all unseren Schöpfern in uns. Und noch mehr durch das, was von außerirdischen Menschheiten kommt.

Reichlich kompliziert.

Es wird ja noch besser: Alle Geistwesen unserer Hierarchien waren einstmals selbst Menschen. Das ist die Struktur der Entwicklung: Unser Universum ist ein menschliches und darauf ausgerichtet, aus einem unentwickelten Menschen einen göttlichen zu machen. Das Menschsein der höheren Schöpferwesen fand natürlich in verschiedenen Zeitaltern statt, zu stark unterschiedlichen Bedingungen. Manche durchlebten ihre Menschenzeit in einer vorherigen Evolutionswoge.

Die heutige irdische Menschheit trägt eine Schwere, die keine andere jemals hatte. Unsere Herausforderung, Geist in der Materie zu verankern, ist die schwierigste, denn eine so grobe Materie gab es nie zuvor. Dafür steht uns die Liebe zur Seite, und das ebenfalls in einer Stärke, wie sie nie zuvor die Menschen berührte.

Es ist ja ebenfalls ein schwerer Irrtum der Naturwissenschaft, zu glauben, dass die Materie immer so war, wie sie heute ist. Genauso wie sie glaubt, dass die Zeit immer konstant gewesen sei. Das sind Annahmen, die jeder Wirklichkeit entbehren. Die Forscher reden von der Evolution der Arten – also Menschen, Tieren und Pflanzen – und glauben tatsächlich, dass die Mineralien keine Entwicklung durchmachen – die gesamte Materie nicht, dass Raum und Zeit immer gleich waren. Wieviel blenden sie aus, weil sie die Lebendigkeit nicht sehen wollen!

Das stimmt, es sind alles Annahmen, die niemand in Frage stellt.

Wir haben zwei Arten von Göttern: Jene, die sich in den Himmelskörpern ausdrücken, und die in den geistigen Hierarchien. Nach dem Planetenbewusstsein von Mutter Erde, das uns direkt leitet, ist die Zentralintelligenz unseres Systems für uns maßgebend: die Sonne. Sie lenkt die Impulse aus den geistigen Hierarchien zu einem einheitlichen Wirken hin.

Entgegen der Naturwissenschaft, die sich einredet, in der Sonne laufen Kernfusionen ab, sagt der Okkultismus, dass in ihr nichts ist: kein Raum, keine atomaren Prozesse, keine Materie – nur Geist. Und Geist benötigt keinen Raum. Reiner Geist ist nicht einmal Licht, da das eine materielle Erscheinung ist. Reiner Geist ist durchdringend, dynamisch, tastend.

Und woher kommt dann das Licht?

Da kommen wir zu den Dunkelmächten, sinnigerweise. Die spreche ich gleich an. Nur soviel: Es sind die gefallenen Engel Luzifers, die ja durch viele Götter-Stufen reichen, vielmehr „dazwischengefallen" sind. Sie sind die Träger des sichtbaren Sonnenlichts, das durch ihren Widerstand gegen den unsichtbaren Geist erst hervorgerufen wird. Was wir im Sonnenlicht sehen, ist das Ergebnis des Dauerringens zwischen Luzifer und dem Geist der Sonne.

Außerdem beherbergt die geistige Sonne viele andere Wesen, ist quasi eine Kolonie von Göttern: der Elohim und der „Söhne des Feuers", der Erzengel, die von da aus ihre eigenen Wirkungen aussenden. Und in der Sonne „steht" der verwaiste Thron von Christus, der seit Golgatha im Ätherfeld der Erde residiert und von dort aus handelt.

Also gibt es keine Kernfusion in der Sonne?

Nein. Deshalb gelingt es den Forschern ja auch nicht, die angeblichen Prozesse in der Sonne nachzuahmen, weil es diese nicht gibt. Das ist nur ein finanzielles Milliardengrab. Alles, was wir und jeder

Planet von der Sonne empfangen, ist Götter-Wirken. Was sie mit ihrer „dauerhaften Kernfusion" planen, ist ein Brechen geistiger Gesetze. Dazu sind sie zum Glück nicht fähig, denn was Gott zusammengefügt hat, darf der Mensch nicht trennen, auch nicht zerschmelzen.

Bei den Planeten verhält es sich etwas anders: In ihnen existiert vielerlei Leben, darunter auch bewusstes, materielles. Deshalb ist in ihnen Raum – Hohlraum. Alle unsere Planeten sind bewohnt, denn sie haben wie wir Menschen eine ätherische und astrale Hülle, die prall gefüllt mit Leben ist. Normal können wir dieses nicht wahrnehmen, und normal haben sie auch nicht das geringste Interesse an uns unbewussten Menschen. Und in den Himmelskörpern strahlt ihr eigenes Licht. Denn auch das innere Licht kommuniziert mit der Sonne.

Also kein rotierender Eisenkern in der Erde?

Nein, eine eigene Art von Sonne, die das Leben dort erhält. Suchen Sie nach Bildern von den Polen. Sie werden keine finden, höchstens retuschierte. Die Pole sind offen, die Nord- und Südlichter sind Reflexionen aus dem Erdinneren, die durch die irdisch-solare Strahlung außerhalb verstärkt werden. Und das gilt für alle Planeten.

Das Thema ist mir bestens bekannt, mit dem Buch »Die innere Welt« habe ich – wenn auch in Romanform – alle bekannten Informationen und Erlebnisberichte von Forschern zum Thema Hohlwelt und bewohnte Höhlensysteme in der Erdkruste zusammengetragen.

Ah ja, das Buch habe ich allerdings nicht gelesen. Die inneren Erdschichten unseres Planeten werden meiner Kenntnis nach mit steigender Tiefe geistiger, multidimensionaler. Unsere Naturwissenschaft doktert nur an der äußeren Gesteinsschicht herum und baut daraus ihre kruden Theorien über das Erdinnere.

Doch nun zu den geistigen Hierarchien: Ich sage zwar „Hierarchien", doch ihr Wirken ist nicht so streng gegliedert. Es ist eher eine Arbeitsteilung, denn alle Götter, die Engelwesen, durchdringen sich gegenseitig in einem gemeinsamen Streben zum eigenen Werden und dem der Menschen hin. Trotzdem sind sie unterscheidbare Kräfte.

Rudolf Steiner unterschied drei Gruppen von Hierarchien, die unserer Trinität unterstehen und in denen jeweils drei verschiedene Arten von Geistwesen wirken. Jede dieser „Engel-Rassen" wirkt einen Zyklus lang auf ihrer Ebene. Dann folgt tatsächlich eine „Pause", in der sich die „Klassen" auflösen, quasi verschwinden, um danach als etwas anderes wieder zu erscheinen.

Die 1. Hierarchie ist die „obere" – im „Antlitz Gottes" stehend –, in der 3. Hierarchie, der „niedrigen", leben und wirken von „unten nach oben" die Engel, Erzengel und Zeitgeister. Sie sind am dichtesten an uns Menschen dran, selbst wenn ihr Sein für uns schon unvorstellbar ist. (Abb. 7, S. 106)

Jeder Mensch hat einen Schutzengel, der ihn durch all seine Leben geleitet, der ihn besser kennt als er sich selbst. Ihn können wir spüren als eine durchlässige, manchmal wie fließende Wand hinter uns: Er hält uns quasi den Rücken frei. Wer genauer hinspürt, kann auch seine Form erfühlen. In der Atlantis-Ära wandelten sie noch unmittelbar unter uns. Da hatten wir noch ein anderes Bewusstsein und konnten sie sehen. Diese Zeit und die Formen der Engel spiegeln sich in unseren Mythen wider, in solchen Göttern wie Odin und Freya, Thor und Baldur, eine Art germanischer Christus.

Sind die Engel individuelle Begleiter, so tun es die Erzengel auf „Länderebene": Sie sind die Volksgeister, die Führer der einzelnen Völker, in denen sich ihre Eigenschaften spiegeln. Ihnen begegnete ich in den fernen Ländern, wenn ich schlief: Ich träumte völlig anders als zuhause. Sie zeigten mir die Welt, die sie durchwirkten, auf diese Art. Eindrücke, die erst jetzt nach und nach ins Bewusste hinaufsteigen.

Der Archai oder Zeitgeist oder der „Geist der Persönlichkeit" steht über den Erzengeln: Er wirkt global, und wenn wir darauf achten, können wir ihn identifizieren in den weltweiten Geschehnissen der Vergangenheit. Er wirkt nur ein paar hundert Jahre, bevor der nächste ihn ablöst. Der jetzige ist der Erzengel Michael – ein Novum, denn Erzengel sind eigentlich keine Zeitgeister.

Aber Michael hat eine besondere Geschichte: Er ähnelt Satan, der in der Hierarchie eigentlich weit über ihm steht. Michael ist Hüter der Kosmischen Intelligenz – er wendet sie an als lebende Weisheit, Satan zieht nur teilnahmsloses Wissen daraus. Als Erzengel dient Michael den Göttern, durch ihn offenbart sich Christus. Deshalb strahlt sein Wirken Liebe aus, während Satan als ein von den Mächten abgefallener Gott die gleich hohe, aber eiskalte Intelligenz besitzt. Er hat sich vor langer Zeit von seiner Götter-Familie abgewandt. Weil durch Michael die Kosmische Intelligenz direkt auf die Erde einwirkt, kann Satan mitwirken, aber eben nur von außen: gefühllos und ohne Bezug zum Leben. Er trieb den Materialismus auf die Spitze und Michael zerstört diesen.

Über die Götter gibt es unendlich viel zu sagen und noch mehr zu entdecken, deshalb muss ich sie auf den einfachsten Nenner reduzieren. Im Okkulten werden Impulse gegeben, damit der Schüler aus sich selbst heraus weiterforscht. **Bei den Übungen helfen die Meister, ansonsten geben sie keine vorgefertigten Antworten. Die erhalte ich auch nicht von meiner Führung. Ich muss ihnen beweisen, dass ich würdig dafür bin, muss ihnen also entgegenkommen, mich selbst anstrengen.**

Die einzelnen Götter-„Rassen" haben viele Namen: Ich wählte den einprägsamsten, der unsere Beziehungen zu ihnen ausdrückt, das Gemeinsame, das sie uns schenkten. Wie sie in uns wirken, führt zu weit. Aber sich vorzustellen, dass wir nicht allein mit unseren Augen schauen und mit unseren Ohren hören, dass wir uns ohne sie gar nicht bewegen könnten, hilft, ihnen näherzukommen. Sie sind die Unsterblichen und Wandelbaren.

Vor vielen Jahren las ich über Untersuchungen in der Hirnforschung, worin festgestellt worden war: Bevor wir uns bewusst entscheiden, zum Beispiel einen Arm zu heben, gibt es eine winzige Zeit vorher einen Impuls im Gehirn, und danach erst treffen wir die bewusste Entscheidung dafür. Was diese Forscher nicht verstehen, ist, dass nicht wir es sind, die den Arm anheben. Es ist nicht unser Wille, der den Arm anhebt, denn dazu müssten wir alle Nerven, alle Knochen, alles, was dafür notwendig ist, mit unserem Willen bewusst durchdringen – und so weit sind wir noch lange nicht! Wir glauben, dass wir den Arm bewegen, aber das tun die Götter für uns! Sie steuern all das, was dafür notwendig ist! Und sie wissen, wann wir die Entscheidung treffen!

Außerdem lenken sie die Jahreszeiten, das Wachstum in der Natur, erschufen alles, was wir sehen und nicht sehen können – Elementargeister, Pflanzenseelen, Tierseelen – und halten die Himmelskörper auf ihren Bahnen in einer alles mitreißenden „Sinfonie der Harmonie", die auch die elementarsten „Teilchen" mittanzen.

Sie halten den Kontakt zu Sonnensystemen und Galaxien, und so fügt sich alles zu dem zusammen, was wir als einen Strom unserer Trinität durch das Universum erkennen. Sie kicken Asteroiden und Meteoriten dahin, wo diese benötigt werden, alles gemäß dem Weltenplan. Sie schnüren selbständiges Sein aus sich heraus und erweitern sich zu Kräften, die immer stärker Raum und Zeit beeinflussen.

Über das Denken verbinden wir uns mit der 3., über das Fühlen mit der 2. Hierarchie, der Sphäre der Elohim. Sie beginnt nach der Arché mit den Geistern der Form, den Gewalten: die Formgeber für alles Lebendige. Sie geben dem Bestand, was in Einklang mit dem Universum erschaffen wurde, solange es nötig ist.

„Darüber" – sie durchdringen sich ja alle! – befinden sich die Geister der Bewegung, die Mächte, die sich im Wechsel der Formen zeigen, in dem Leben auf den Planeten: die Weltenkräfte.

Die obersten der 2. Hierarchie sind die Geister der Weisheit, die Herrschaften: die lebensvolle Weisheit, die alle Wesen und Reiche der Natur durchflutet.

In der 1. Hierarchie sind die Throne, die Geister des Willens, die Impulsgeber für die Planetenbewegungen durch den Raum. Die Cherubim, die Geister der Harmonie, regeln die Bewegungen ganzer Planetensysteme und leiten die Sonnen an. Und die Seraphim, die Geister der Liebe, stehen in der Kommunikation und Abstimmung zu den anderen Galaxien. Sie wirken aus dem Tierkreis herab – auch auf die Erde und alles Leben auf ihr. Mit dieser 1. Hierarchie verbindet uns der Wille, unsere schwächste Eigenschaft: gar nicht oder äußerst mickrig entwickelt.

Über allem thronen die großen Plänemacher, die Trinität, die durch den „Tod" von Christus auf Golgatha einen unvorstellbaren Bewusstseinssprung machte. Sie bestimmen derzeit, was auf der Erde geschieht.

Wer sind die Elohim? Denn es gibt ja im AT auch die Nephilim, die sich einst die Töchter der Menschen nahmen und mit ihnen Kinder zeugten.

Elohim ist der Sammelbegriff für alle Geister der Sonne, die sich, als der Sonnenzyklus in den Mond-Zyklus überging, in der Sonne verankerten. Nur dort konnten sie wegen ihres hohen Geistes leben und von da aus wirken. Sie sind also uralt und standen immer weit über den irdischen Menschen und konnten sich also rein physisch nicht mit den Töchtern der Menschen vergnügen, weil sie nie einen materiellen Körper hatten. Das taten andere, aber dazu später mehr.

Die Elohim der verschiedenen Götter-Stufen sind jene, die uns durchwirken, die unseren Körper mitverwenden und die über uns das Leben in der Welt kennenlernen, die sie miterschufen. Und sie sind es, die sich an unseren guten Gefühlen laben. Das hört erst auf, wenn wir in der Lage sind, alle unsere Körpervorgänge selbst willentlich zu steuern. Unser Körperbewusstsein untersteht ihrer Kontrolle.

Sieben Elohim gibt es hier. Einer von ihnen war Jahve, auch Jehova genannt. Er wurde später der Regent des Mondenzyklus und ist bekannt wegen seiner Strenge den Menschen gegenüber, um Disziplin in den Haufen zu bekommen.

Wie können wir uns diese Wesenheiten vorstellen?

Ich finde die kindliche Vorstellung über den christlichen Gott gar nicht mal schlecht: ein weiser alter Mann mit endlosem Bart. Im

Grunde genommen sind die Götter ja Menschen in einer unglaublichen Weiterentwicklung, abgestuft nach Weisheit, Güte, Wissen und auch Liebe. Rudolf Steiner machte den Vorschlag, sich diese Wesen als viel, viel klügere, weisere, liebevollere, dynamischere Menschen vorzustellen. Das kann ja jeder für sich weiter ausbauen.

Aber wir sollen uns ja kein Bildnis von Gott machen.

Ja, weil es letztlich sinnlos ist. Wir können uns das Unvorstellbare nicht vorstellen, aber da wir Menschen sind und das brauchen – niemand betet eine Wand an in dem Bewusstsein, das ist Gott –, können wir ein geistiges Bild schaffen, in dem wir in den alten, gütigen Mann alle edlen Eigenschaften des Menschen hineinprojizieren, denn noch benötigen wir das. Wenn die okkulten Erfahrungen größer werden, fühlen wir das Vorhandensein der Götter.

Und wie beten wir richtig zu ihnen? Wie werden sie angerufen?

Ich mache es auf meine Art: Für mich ist ein Gebet kein heiliges, das wir nur unter bestimmten Bedingungen tun sollten, etwa in einem geschützten Raum, vor dem eigenen Altar, in der Kirche oder vor dem Schlafengehen. Das können wir natürlich auch machen, doch für mich ist ein Gebet ein „heiliges Alltägliches", das ich jederzeit mache. Meine Anrufungen an die Trinität und die Götter der Hierarchien könnten andere als „Gequassel mit ihnen" sehen: Ich rede mit ihnen, wie ich mit Menschen rede. Ich weise sie auf Ereignisse hin, die mir oder anderen passiert sind, und frage sie, ob sie das auch wahrgenommen haben (natürlich haben sie das) und was sie davon halten.

Und sie antworten darauf?

Natürlich, sie sind nicht so unhöflich, nicht darauf zu reagieren. Sie antworten immer. Die Herausforderung besteht darin, ihre Antworten zu erfassen. Manchmal ist das leicht, über einen sofortigen Eindruck in mir, manchmal passiert später etwas, aus dem ich dann ihre

Antwort erkenne. Mit ein bisschen Übung und dem klaren Willen zu Christus kann das jeder.

Dieses Vorgehen ist natürlich bei den Dunkelmächten nicht angebracht.

Bitte erläutern Sie das näher. Was genau meinen Sie?

Nun ja, die Dunkelmächte zu beschreiben, ist mehrschichtig – es ist auch ein Exkurs durchs Leben. Es ist vielleicht das schwierigste Thema, und das aus verschiedenen Gründen. Ich fange erst einmal damit an, worin für mich der Unterschied vom Esoterischen zum Okkulten besteht. Im Grunde wollen beide Strömungen das Gleiche – um es mal mit einem abgenudelten Wort zu bezeichnen: Erleuchtung.

Viele Jahre nannte ich mich Esoteriker. Aber ich erlebte die Esoterik als ein *„Immer dem Licht nach!"*. Sicher, ich traf dort einige, die in der geistigen Entwicklung fortgeschritten waren, vielleicht sogar Meister, aber diese Szene fühlte sich für mich nicht richtig an. Sobald die Sprache auf den Schatten, auf Dämonen kam, machten viele die Schotten dicht. Dabei fragte ich mich, was uns denn überhaupt dazu befähigt, das Licht zu sehen. Die Antwort fand ich erst im Okkulten: Es ist die Berührung mit dem Dunklen, weil auch das ein Teil von uns ist.

Doch in der Esoterik gilt: *„Die Energie folgt der Aufmerksamkeit!"* Ich sah das eher als eine Ausrede, sich nicht mit seiner dunklen Seite beschäftigen zu müssen. Dabei haben wir alle diese Seite. Wegzuschauen oder zu verdrängen, ist eine negative Aufmerksamkeit, und der Schatten folgt dieser Energie und findet stets die Hintertür, die ihm das niedere Ego öffnet.

Und das geschieht in der okkulten Szene nicht?

Es gibt keine okkulte Szene ähnlich der esoterischen. Der Okkultist ist kein Seminargänger. Er macht sich über den Schatten keine Illusionen. Er weiß um sein niederes Ego und bemerkt es, wenn seine

Gedanken nicht mehr die eigenen sind. Denn das Haupttor für das Dunkle in den Menschen hinein ist unser niederes Selbst, unser Ego. Gerade dem müssen wir uns im Okkulten sehr bewusst werden: zu erkennen, dass sich die Gedanken negativ einfärben, zu spüren, wann sie nicht mehr die eigenen Gedanken sind, sondern ein „anderes" sie eintrübt. Wir Menschen sind nämlich nicht so. Unser Grundwesenszug ist Mitgefühl, Liebe, Verbundensein. Angst wird uns immer aufgezwungen, mit all den Emotionen in ihrem Schlepptau.

Im Nachhinein wundert mich das Ausmaß an Ego in der esoterischen Szene nicht. Damals hat es mich erschreckt und abgestoßen. Niederes Ego hatte ich selbst genug, da brauchte ich nicht noch die Ego-Probleme von anderen. Aber sie waren eben Menschen wie ich selbst, nur einige vergaßen das.

Ich kritisiere sie nicht, denn sie sind auf einem guten Weg. So sehr sie das Licht und die Liebe wollen, so nahe ist ihnen der eigene Schatten, weil er ja eben dadurch erlöst werden will. Das finden sie heraus und entwickeln sich weiter. Sie sind mir lieber als die Massenmenschen, die nur an das Materielle glauben.

Wer sich auf den esoterischen oder okkulten Weg begibt, muss wissen, dass er oft inneren und manchmal sogar schwarzmagischen Angriffen ausgesetzt ist. Das hatten ja die Eingeweihten selbst erlebt und gaben an ihre Schüler weiter, wie solche Angriffe zu erkennen und abzuwehren sind.

Deshalb ist die ehrliche Selbstbetrachtung eine Fähigkeit, die der Suchende als eine der ersten haben muss. Er muss lernen, sich selbst wie von außen zu betrachten. Dazu gehört auch die bedingungslose Bereitschaft, liebgewonnene Weltbilder loszulassen, um in ein größeres einzusteigen, selbst wenn es einem im ersten und auch im zweiten Moment den Boden unter den Füßen wegreißen will.

Den Okkultismus sehe ich als einen Weg, sich ganz zu erkennen. Wir sind tatsächlich mit allen geistigen und lichten Hierarchien verbunden und auch mit den dunklen, astralen, jedoch am stärksten mit den Wesen der angrenzenden Dimensionen: den normalen und den gefallenen Engeln. Auch wenn unsere Augen sie nicht sehen, wirken sie dennoch in das persönliche Leben hinein.

Tiefere und höhere Ebenen beeinflussen uns auf andere Weise. Mit den entferntesten lichten und dunklen Reichen sind wir auf eine Art verbunden, die wir mit der Homöopathie vergleichen können: Sie sind wie ein Keim, eine Information, tief versenkt in uns, weil wir diese Kräfte, würden sie uns direkt berühren, gar nicht aushalten könnten. Im Geistigen stellt die Erde einen Mittelpunkt dar: als Mittel-Erde zwischen den lichten und den dunklen Sphären: zu den Sieben Kosmischen Ebenen gibt es auf jeder Seite auch sieben „Unterkosmische" Ebenen – die sieben des Lichts und der Liebe und die sieben der Dunkelheit und des Hasses. Dabei entstammen die oberen Ebenen dem Göttlichen, die unteren dem Astralen.

Die Unterwelten haben ihre eigenen Götter und Hierarchien, und je tiefer sie hinabführen, umso weniger sollten wir sie berühren. Besonders in den dunkelsten Ebenen sollten wir nicht einmal in Gedanken eindringen. Etwas unfassbar Dunkles beginnt sich dann zu rühren und verschlingt sie. Dann schickt es Sucher nach dem Sender aus…

Deshalb haben die Esoteriker auf ihre Weise recht, wenn sie den Schatten meiden. Trotzdem müssen wir uns mit bestimmten Wesenheiten vertraut machen, weil erst sie uns zu dem Menschen machten, der wir sind.

Ich würde gerne etwas zu Luzifer anmerken…

Einen Moment bitte noch, sonst komme ich aus dem Konzept…

Über die Dunkelmächte gibt es viele Aussagen, die mitunter gegensätzlich sind: von unbedingt für das Leben notwendig bis hin zu absolut gefährlich für alles Leben. Gerade der Schatten spiegelt den Kern unseres Daseins – die Widersprüchlichkeit. Sie ist nicht im Wesen des Dunklen begründet, weil sie dem Leben eingeprägt ist. Das erkennt der Okkultist auf seinem Weg, was den normalen Menschen nicht auffällt. Und unseren Wissenschaften erst recht nicht, weil sie immer Antworten wollen.

Die Widersprüchlichkeit ist ein untrennbarer Teil des Seins, wie ein Punkt im großen Weltenplan, damit wir im Suchen nach Wahrheiten voranschreiten: Je höher die Wahrheit, in der wir leben, umso widersprüchlicher wird sie. Sie ist selbst mit dem größten Gehirn nicht zu beheben. Sie widerspricht völlig unserer menschlichen Logik, aber die Logik der Materialisten spielt kosmisch ohnehin keine Rolle.

Selbst in den Aussagen von Rudolf Steiner gibt es Widersprüche. Das betrifft besonders die geistige Welt, deren Merkmale und Inhalte von verschiedenen Seiten betrachtet werden können, wobei dann für das Gleiche manchmal Unterschiedliches herauskommt.

Es gibt für uns Menschen nicht immer allgemeingültige Antworten, so wie auch die dämliche Suche nach der „Weltformel" sinnlos ist, abgesehen davon, dass es ohnehin keine einzelne mathematische Formel „für alles" gibt. Das ist wohl eher ein Werbetrick.

Das wird unseren Wissenschaftlern gar nicht gefallen.

Na gut, dann erzähle ich auch nicht, dass der weiterentwickelte Mensch seine eigene Vergangenheit aus der Zukunft heraus verändern wird. Nicht durch dubiose Zeitmaschinen, sondern durch Geisteskraft.

Das wird ja immer schlimmer... ☺

Dann weiter: Die Dunkelmächte sind so widersprüchlich wie das Leiden, das sie auslösen. Beiden können wir nicht entkommen. Wir sind nicht hier, wie es manche Esoteriker behaupten, um „in das ewige Glück Gottes" zu gelangen, sondern... na ja, um zu leiden.

Wir leben also nur, um zu leiden?

Nein, natürlich sollen wir Glück suchen und finden, sonst würden wir alle ja nur mit Leidensmienen herumlaufen. Selbst kurzes Glück ist lebenswichtig für uns. Zukünftige Menschen werden so „fein austariert" sein, dass sie kein Glück empfinden können, solange der Mensch oder das Tier neben ihnen leidet.

Was sind sie denn nun genau, die Dunkelwesen? Haben sie nicht auch eine „gute" Seite?

Sie sind die „Sitzenbleiber", die weder zu ihrer alten Klasse, der aufgestiegenen, gehören, noch zu der neuen, die nun ihre Stufe eingenommen hat. Diese finsteren Gesellen wirken bis in die oberste Hierarchie hinein, bis zu den Thronen. Sie sind eine Art Heimatlose, die erst in der „Schatten-Pyramide" ein Zuhause fanden, gefangen in einer Art Urzorn. Trotzdem arbeiteten sie „bissig-wütig" weiter mit an der göttlichen Schöpfung – durch Widerstand. Ihr Wirken als „Schwingungsbremser" im göttlich-geistigen Strom warf erst jene „Inseln" auf, in denen alle kosmischen Ebenen entstanden. Sie reduzierten hohe Schwingungen in niedere – wodurch alles materielle Leben, so feinstofflich es auch war, sich erst bilden konnte! Ohne sie gäbe es kein Licht, keine Gegensätze, keine Welten, kein materielles Leben – der Urschöpfer wäre dann ganz allein mit sich!

Die Heilige Dreieinigkeit der Trinitäten zersplitterte schon auf der oberen Ebene in Geist und Polarität, in einen Kosmos aus Licht und einen parallelen aus Dunkelheit, durchwirkt von Geist. In beiden wurde neu geschaffenes Sein abkommandiert, um entweder lichtvoll oder dunkel zu sein, um des Großen Weltenplans willen. Um der Menschen willen. Zwar teilen sich die lichten und die dunklen Mächte die Kosmischen Ebenen, aber ihre „Lebensräume" sind getrennt in geistige und astrale.

Dass bestimmt wurde, wer Licht und wer Schatten zu sein hat, beweist, dass letztlich alles in einem großen Plan, dem Weltenplan, geschieht. So hat jede Götter-Rasse ihren eigenen Schatten: jene, die ihre „Klasse" nicht bestanden und dadurch näher an die darunter liegende zurückfielen. Sie sind mächtiger als die dortigen Götter, aber nicht so mächtig, wie sie hätten werden sollen. Doch das ist eine Notwendigkeit.

So waren die Elohim, die Geister der Form, dafür verantwortlich, den Menschen zu schaffen und ihn auf der Erde anzusiedeln. Hätten nur die Elohim allein gewirkt, wären wir eine einförmige Menschheit geworden – alle die gleichen Figuren, ohne jegliche Unterschiede.

Durch das Eingreifen der „Schatten-Elohim", also der „Sitzenbleiber" aus der Klasse der Weltenmächte, der regulären Geister der Bewegung, wurden erst die Rassen geschaffen, die Verschiedenheit der
Menschen. Immer da, wo also der Schatten wirkt, hat das auch etwas
Sinnvolles.

So musste unser „Fall auf die Erde" erfolgen, denn hätten allein die
lichten Götter gewirkt, würden wir vermutlich bewusstseinsmäßig
immer noch im „Nebulösen" herumeiern. Denn selbst wer in ewiger
Glückseligkeit lebt, weiß es nicht, weil er nichts anderes kennt. Deshalb fielen wir aus dem Paradies, wodurch die Dunklen uns Leiden
„schenkten".

Hm, ich gebe zu, diesen Teil des göttlichen Plans mag ich auch
nicht. Doch er ist gewollt, denn er ist so konstruiert, dass in ihm nur
durch Leiden unser niederes Ego verbrennt. Ego entstand mit dem
ersten „Öffnen der Augen" – unserem Sturz aus dem Reich der Götter – damit wir über das Leiden, das es verursacht, an Bewusstsein
wachsen.

Dieses niedere Ego ist ja der Ausbund an Gemeinheiten gegen andere, an Trägheit, Raffgier, hinfälligen Programmierungen wie das Bu-
ckeln vor der Obrigkeit, das Denunzieren, das ewige recht haben
wollen usw. Außerdem trägt es unsere karmischen Macken mit sich
herum und jene Traumata, die wir erlitten und noch nicht erlöst haben. Rudolf Steiner nennt ihn den „Doppelgänger", Eckart Tolle den
„Schmerzkörper". Die gefallenen Engel werkeln mit Vorliebe daran
herum.

Aus seiner Schlacke, wenn wir ihn überwinden, steigt unser wahres
Ich empor, ein Bündel lauter guter Eigenschaften wie Demut, Mitgefühl, Güte, Liebe... wahrlich, noch ein weiter Weg bis dahin.

Es fällt trotzdem schwer, das Leiden unter „gut" zu verbuchen.

Sicher, aber wir sind ja auch noch gar nicht bereit für die „Ewige
Glückseligkeit" – damit könnten wir derzeit nicht umgehen. In un-
serer aktuellen Phase der Entwicklung ist das Leiden unser „Glück".
Kann sein, dass die Götter unter anderen Bedingungen herangereift

sind – ja, ganz sicher sogar! –, aber das gilt nicht für die heutige, die materielle Menschheit. Um aus der Massenträgheit herauszukommen, müssen uns mitunter heftige Dinge passieren: eben das Leiden. So gesehen ist das Wirken des Schattens sehr sinnvoll.

Sie sprechen von *„der Kraft, die stets das Böse will und stets das Gute schafft"*? Aber sie ist nichtsdestotrotz gefährlich.

Vielleicht können wir das besser verstehen, wenn wir wissen, dass hohe Götter bestimmte Aufgaben in der Materie an ahrimanische Dämonen deligieren, weil die da zuhause sind. Satan ist der „Fürst dieser materiellen Welt", wie es der Okkultist auch wahrnimmt. Ahriman herrscht in der gesamten Siebten Kosmischen Ebene.

Wie das Universum, das ja von lebenden Wesenheiten geschaffen und gesteuert wird, so ist es auch mit dem, was die Ärzte unser „vegetatives Nervensystem" nennen: Für sie ist es eine mechanische Automatik, die alle Körpervorgänge steuert. Es ist schon absurd, welche Programme gerade in der Medizin herrschen. Spontanheilungen etwa sind die Folge der Gedankenmacht jener Menschen, die sich diesen Programmen nicht ergaben.

Sie behaupten allen Ernstes, dass ein Dämon unsere Körpervorgänge steuert?

Ein ahrimanischer Geist kann das besser als jeder andere: Er hat eine Intelligenz und eine Willenskraft, der wir jetzigen Menschen absolut nichts entgegensetzen können. Und sie werden durch keine Gefühle beeinflusst. Noch halten die Götter sie im Zaum, aber auch das wird bald in unsere Hände gelegt.

Das ist unglaublich.

Unglaublich ist eine Unterhaltung mit ihm. Da wir Menschen in einem Gespräch immer auf Gefühle achten, ist es sehr schwer, mit einem Wesen zu reden, das nicht einen Funken Gefühl in der Stimme hat, die keinen Widerspruch zulässt, sich in einer Gewissheit ausdrückt, die ich mein ganzes Leben nicht hatte. Ohne einen Funken Emotion knallt sie Dir Sachen vor den Latz, und es liegt an Dir, wie Du das verdaust.

Und Sie sprachen mit ihm?

Das ging von ihm aus, nicht von mir. Damals war ich in einer sehr schwierigen Situation. Er erklärte mir Dinge aus meiner Vergangenheit, um die Situation zu verstehen. Das war sehr hilfreich.

Der Dämon – der Gute?

Nein, denn sie haben die unselige Neigung, uns Menschen in ihre Finsternis zu schleifen, wenn wir nicht aufpassen oder ungeschützt sind. In diesem Sinne müssen wir sie zuerst immer als „böse" ansehen. Doch ich sehe in dem Kontakt den Hinweis, dass auch sie lernfähig sind. Ganz sicher sind sie es, nach der sich entwickelnden Raffinesse, mit der sie ihre Menschenfallen auslegen. Ein Streben zu mehr „Gutem" hin gestaltet sich für sie als recht schwierig, weil sie nicht in ihrem angestammten Götterreich leben. Aber entwickeln müssen sie sich, sonst droht ihnen die 8. Welt.

Die 8. Welt?

Ein schauriger Ort, an dem alles nicht-entwicklungsfähige Leben ausgesondert wird. Aus allen sieben Kosmischen Ebenen wird diese Welt am Ende ausgeschieden – außerhalb unseres Universums. Es ist eine Welt mit allem Ausgestoßenen, Ausgesonderten, Abgelehnten. Ich war überrascht, wie sie in einem Film dargestellt wurde: in Marvels *Thor 2 – Das dunkle Königreich*: in der Aschewelt der Dunkelelben.
Und das wollen sie mit aller Macht verhindern. Die Dämonen glauben, dass wir sie alle dahin verfrachten wollen. Wenn's nach mir ginge, sofort, aber zum Glück bin ich ja nicht maßgebend. Was die Schattenwesen übersehen: dass auch sie sich entwickeln müssen und sie immer den Weg aus ihrer Finsternis heraus antreten können.

Vielleicht existiert die „Hölle der Dunklen" ja schon, als Schlacke-welt eines vorherigen Universums. Ich werde einfach das Gefühl nicht los, dass Sorat als das dunkelste Wesen von dort aus in unser Universum hineinwirkt. Und selbst wenn es sie noch nicht gibt: Al-lein die Absicht der höchsten Götter, die „gescheiterten Existenzen" am Ende dieses Universums dahin abzuwerfen, schafft eine Spiege-lung da, wo sie erscheinen soll. Und dagegen wehren sich die „Sit-zenbleiber" mit Zähnen und Klauen.

Sollten wir mit ihnen kommunizieren?

So faszinierend es auch sein mag, aber das sollten wir nicht tun – zu groß sind die Gefahren, und eine Konfrontation mit ihnen sollten wir niemals gezielt wagen! Obwohl auch sie die Chance haben müs-sen, weiterzugehen. Ich möchte die Interessierten noch einmal ein-dringlich warnen: Erliegt nicht der Faszination des Dunklen! So stark ihr euch auch fühlt – sie sind euch überlegen!

Also müssen wir sie fürchten?

Wir sollten uns eher vor den negativen Menschen hier auf der Erde in Acht nehmen. Durch sie wirken ja die dunklen Kräfte. Wobei Furcht natürlich kein guter Ansatz ist, ihnen zu begegnen. Uner-schrockenheit, Klarheit und Willenskraft mag der Schatten fast noch weniger als Licht und Liebe. Nur wenn wir in der Schwingung der Angst sind, haben sie ein leichtes Spiel. Dabei sollten wir nicht ver-gessen, dass wegen ihrer Gefühlsarmut viele von ihnen Angst nicht kennen.

Hatten Sie dunkle Kontakte?

Ja, und das war nicht nett. Glauben Sie mir, das wollen Sie nicht, die-ses schwarze „Ding" zu erfahren. Da war nur noch Angst. Leider hatte ich zu der Zeit noch nicht zu Christus zurückgefunden. Viel-leicht hatten diese Angriffe damit zu tun, als ich in der esoterischen Zeit aus Neugier mit Atem und Kundalini experimentierte. Keine

Ahnung. Rudolf Steiner warnt ausdrücklich davor, solche Dinge ohne die Führung eines Meisters zu tun. Sie verursachen reale, körperliche Phänomene und Eindrücke. Ich vergaß diese jedenfalls nicht mehr. Später las ich irgendwo, dass nicht nur ich solches erlebt hatte, und dass es dafür keine Erklärung gibt.

Wollen Sie das genauer beschreiben?

Nein. Ich machte diese Erfahrung zweimal. Es kam wie eine Urgewalt über mich, einmal nachts, einmal tagsüber. Die Dunkelwesen sind gerissen. Sie wissen genau, wie der Mensch tickt, den sie anpeilen. Sie kennen uns besser als wir uns selbst. Erst heute erkenne ich, dass von den Angriffen etwas geblieben sein könnte, das ich auflösen muss!
Um einen Schutz zu haben, müssen wir eisern an uns selbst arbeiten und uns konsequent disziplinieren, uns nicht treiben lassen. Einfach unbedarft einen auf Licht und Liebe zu machen – eine tödliche Falle! Dafür ist ja auch der Meister da: Er kann seinen Schüler vor den Angriffen von Dunkelwesen und Schwarzmagiern schützen. Jedenfalls bis zu einem gewissen Grad. Dann muss der Schüler allein losziehen. Christus kann uns nur schützen, wenn Er uns bis in die letzte Faser durchdringt. Und das geschieht nicht einfach so. Wer Christus folgen will, muss aktiv sein, niemals passiv.

Ab wann wurden Sie ein Okkultist? Was wurde dann anders?

Das kann ich nicht genau sagen. Es ist ein langer Prozess, in dem ich irgendwann feststellte, wie sehr ich mich von den Esoterikern unterschied. Den Willen, immer tiefer zu schauen, immer einen Urgrund zu suchen – wie es bei mir der Fall war –, fand ich dort nicht. Da wird oft unreflektiert angenommen, was der Leiter erzählt.

Ist das im Okkulten nicht genauso?

Da wird vor allem auf die Eigeninitiative des Schülers gesetzt. Im Westen gibt der Meister ihm viel Freiheit, greift nur dann ein, wenn nötig; im Osten – die esoterische Szene ist ja von diesem Weltbild durchdrungen – folgt der Schüler dem Meister bedingungslos. Da ich Autoritäten oft in Frage stelle, war dieser Weg gar nichts für mich.

So wie bei Hermann Hesses Roman »Siddharta«, der darin Buddhas Weg zur Erleuchtung beschreibt. Man könnte sagen: Der Unterschied des hellen Okkultisten zum Esoteriker ist der wie bei Siddharta und seinem Freund Govinda. Der Okkultist geht seinen Weg alleine und erfährt den Beweis seiner Lehre, seines Wissens, im Leben – an dem er sich reibt. Govinda folgt hingegen einem Meister und vertraut darauf, dass dieser die Wahrheit sagt.

Ja, so kann man es sehen.

Nun möchte ich aber doch kurz intervenieren und auf Luzifer zu sprechen kommen. Es gibt da doch einige Punkte, die ich anders sehe bzw. wo ich auch Eigenerlebnisse dazu habe. Möglicherweise sprechen wir auch vom Selben, verwenden jedoch verschiedene Begriffe bzw. Bezeichnungen. Für mich war Satan der Herr der Dämonen, und Dämonen sind real gewordene Wesen aus den destruktiven Gedanken, Emotionen und Handlungen von Lebewesen. Luzifer hingegen ist von Gott/Urschöpfer erschaffen, ein Engel sozusagen, um einen Auftrag zu erfüllen. Ich selbst hatte vor Jahren einmal für drei Monate Kontakt und konnte Fragen stellen.

Das würde mich sehr interessieren.

Es ist für meine Leser zwar eine Wiederholung, aber es ist für mich persönlich eines der wichtigsten Erlebnisse meines Lebens. Es war damals beim Golfkrieg, als Saddam Hussein George Bush als Teufel bezeichnete und George Bush Saddam Hussein als Antichristen. Damals dachte ich mir: *„Ist ja spannend, keiner ist vermutlich besser als der andere, und beide bezichtigen den anderen, des Teufels zu sein. Was sagt denn der Teufel selbst dazu?"* In jedem anständigen Gericht auf der Welt hat der Angeklagte das Recht, sich zu verteidigen. Wer das nicht kann, ist der Teufel. Der muss bei allem herhalten, wenn jemandem etwas nicht in den Kram passt – vor allem bei den Religionen. Da dachte ich mir, dass ich ihn gerne einmal selbst fragen möchte. Tja, und wie das nun einmal so ist, wenn man um etwas bittet, so wird es einem auch gegeben.

Ich möchte hier jedoch auch gleich anführen, dass ich mir sehr wohl bewusst darüber bin, dass es durchaus Unterschiede gibt bei den „dunklen" Wesenheiten. Wie Sie ja nun selbst berichteten, unterschied bereits Rudolf Steiner zwischen Ahriman/Satan und andererseits Luzifer. Letzterer stieß bei mir auf Interesse. Über Luzifer heißt es, dass er als hoher Schöpferengel der lemurischen Menschheit die Individualität, also das ICH, beizubringen hatte, denn sie waren damals noch sehr hochschwingende Menschenwesen aus der göttlichen Einheit. Und über das EGO, das sich dann bei den irdischen Geschöpfen bildete, hat er bis heute Zugang zu unserem eigensüchtigen Denken und Handeln – Ichsucht, Egozentrik, Egomanie, Macht, Gier und allem Ähnlichen. Und als lucifer, der „Lichtbringer", wurde seine Energie missbraucht von den Illuminaten, den Jesuiten, den Hochgradfreimaurern und anderen Geheimorden. Die Menschenblut konsumierenden Satanisten, die abartigen Pädophilen und die gefühllosen Kriegstreiber haben meiner Ansicht nach mehr mit dämonischen Wesen, wie z.B. Baphomet, zu tun und weniger mit Luzifer.

Ich kürze diese für mich sehr einschneidende und wichtige Erfahrung hier einmal ab, denn es gab über mehrere Monate hinweg viele kleine Episoden und Ereignisse, die schließlich zu einer direkten Kommunikation mit Luzifer führten. Ich lernte beispielsweise kurz vor dem ersten Kontakt in Katmandu eine Italienerin mit dem Nachnamen „Luzi" kennen, sah überall nur noch die Zahl 666 – vor allem auf Autokennzeichen. Wenn ich den Fernseher einschaltete, kam irgendwas über den Teufel. Es war dann schließlich 2003, als ich zunächst über ein Medium und dann sogar selbst mit diesem Wesen kommunizieren konnte – ich nenne ihn „Luzi". Was ich immer wieder betonen muss, wenn ich diese Geschichte erzähle, ist, dass er sich mir sehr behutsam angenähert hat, mich nicht erschreckte und mir Zeit ließ, mich darauf vorzubereiten. Und er informierte mich auch darüber, dass er in der Zeit, in der ich mit ihm sprechen würde, Lebensenergie von mir ziehen würde – das sei Teil seines Naturells.

Mit Luzi führte ich über drei Monate eine Konversation über seine Rolle im Schöpfungsplan, die ich dann jedoch schließlich abbrach, nachdem es mir zu viel wurde und ich merkte, dass es an meine Substanz ging. Mein Umsatz ging in diesem viertel Jahr um die Hälfte zurück, Glühbirnen zerplatzten reihenweise und vieles mehr.

Ich fasse jedenfalls kurz zusammen, was er mir mitteilte: Er selbst ist ein Naturprinzip und ist geschaffen worden, um zu wirken. Er wirkt als ausgleichendes Prinzip. Man kann ihm nicht aus dem Weg gehen, so wie man auch der Schwerkraft oder der Müdigkeit oder dem Einfluss des Mondes auf die Erde nicht ausweichen kann – Luzi wirkt einfach. Und er kommt nicht von sich aus zu uns, sondern wird vom Menschen „gerufen". Durch unsere unvollkommenen Taten, durch unsere Wertungen ziehen wir ihn in unser Leben. Wir sind die Verursacher, wir sind die Schöpfer – in diesem Fall in dem Sinne, dass wir ihn unbewusst „rufen". Luzi sagte: *„Du rufst mich, wenn Du sagst: ‚Ich werde nie im Leben jemanden töten!', ‚Ich werde niemals Vegetarier!' oder ‚Ich werde niemals Fleisch essen.' Damit ziehst Du mich nach dem Gesetz des Ausgleichs in Dein Leben, um Dir zu beweisen, dass Du Unrecht hast, weil Du wertest. Alles im Leben hat zu einem bestimmten Zeitpunkt einen Sinn."* Ich sage das jetzt in meinen Worten: Es mag generell richtig sein, nicht zu töten, doch wenn Deine Familie angegriffen wird, ist es richtig, sie zu verteidigen und deshalb den Feind notfalls zu töten. Wenn jemand sagt: *„Ich werde niemals wieder Fleisch essen!"* oder *„Ich werde niemals Vegetarier werden!"* – in beiden Fällen kommt diese Luzi-Kraft, um denjenigen dazu zu bringen, genau das zu tun. Man sagt ja im Volksmund: *„Sag niemals nie!",* weil wir dann genau das in unser Leben ziehen, weil wir hochmütig sind, weil wir uns über andere stellen, weil wir meinen, dass wir wissen, was für *alle* Menschen richtig ist und was falsch. Und von diesem

Sockel holt uns diese Kraft herunter, und zwar im Auftrag dessen, der alles erschaffen hat. Luzi wirkt, aber nicht aus Eigenwillen, sondern weil wir durch unseren Hochmut die Geister provozieren – wenn auch unbewusst. Es mag für einen kranken Menschen oder jemanden, der fettleibig ist, gut sein, Vegetarier zu werden – auch aus ethischen Gründen. Für einen Eskimo oder jemanden, der in der Wildnis lebt, wo außer Rentieren und Fischen nichts zu essen da ist, wird der Vegetarismus höchstwahrscheinlich tödlich sein. Luzi erklärte deshalb: *„Dann ziehst Du mich in Dein Leben, ich kann gar nicht anders. Ich bin das ausgleichende Prinzip. Und ich werde Dich vom Gegenteil überzeugen, weil Du eine Wertung gesetzt hast: ‚Dieses ist gut, jenes ist schlecht.' Falsch! Es mag für Dich im Moment nicht gut sein, für andere möglicherweise aber schon."* Dann erklärte er mir: *„Wenn Du sagst, dass Du in diesem Moment nicht vorhast, jemanden zu töten, es aber irgendwann eine Notsituation geben könnte, in der Du Dich zu verteidigen hast, und Du es dann möglicherweise tun würdest, dann sind wir beste Freunde. Dann können wir nebeneinander sitzen, denn unsere Ebene ist neutral. Sie ist ohne Wertung. Oder wenn Du sagst, dass Du im Moment Vegetarier bist und Dir nicht vorstellen kannst, wieder Fleisch zu essen, es aber irgendwann eine Notsituation geben könnte, bei der nichts anderes möglich ist, und Du dann Fleisch essen würdest, dann sind wir auch beste Freunde!"* Die Kommunikation lief im Endeffekt immer um diese Thematik mit Beispielen aus dem Leben – auch aus meinem Leben, wo er mir zeigte, wo ich Leid selbst verursacht hatte aufgrund falschen bzw. unvollkommenen Denkens und Sprechens und deshalb gewisse „Geister" rief, mit denen ich dann nicht umgehen konnte – nämlich ihn und seine mit ihm wirkenden Kräfte. Es war sehr lehrreich, allerdings auch sehr kräftezehrend.

Das heißt, diese Kraft wirkt immer, und sie testet uns permanent – auch mich –, heute, morgen, übermorgen. Aber sie tut das nicht, weil sie böse ist, sondern weil sie für uns ein Spiegel ist. Sprechen, denken und handeln wir bewusst, manifestieren wir bewusst und wertfrei, haben wir den Lernprozess verstanden und werden meisterlich.

Wenn also jemand zu mir sagt: *„Oh, da sind böse Kräfte am Werk, da hat mich etwas Dunkles angegriffen oder versucht."*, dann frage ich mich immer, was denn derjenige gedacht oder gesagt hat, dass ihm dies widerfährt. Denn wir leben in einem perfekten Kosmos, in einer perfekten Ordnung, bei der alles Gesetzmäßigkeiten unterliegt – sowohl physisch als auch geistig. Und wenn wir im Leben eine unangenehme Wirkung erfahren, dann haben wir diese auch irgendwie verursacht. Dann ist es an uns herauszufinden, was genau wir getan, gesagt oder gedacht haben, womit wir diese Ursache setzten.

Ich weiß, was ich eben geäußert habe, ist ketzerisch... Aber so bin ich nun einmal. Ich möchte Dinge selbst erleben, dann kann ich aus Erfahrung sprechen. Bücher zu lesen, ist mir nicht genug... Wie sagte schon Carl Gustav Jung: *„Ohne Schmerz gibt es keine Bewusstwerdung. Menschen tun alles, egal wie absurd, um ihrer eigenen Seele nicht zu begegnen. Man wird nicht erleuchtet, indem man sich Figuren aus Licht vorstellt, sondern indem man sich der Dunkelheit bewusst wird."*

Die okkulten Juden haben ja auch eine durchaus kritische Sicht zum Teufel: *„Er ist für sie kein böses Wesen, sondern ein Engel, der im Auftrag Gottes handelt. Seine Aufgabe ist es, die Menschen anzuklagen, wenn sie gegen Gottes Gebote verstoßen. Außerdem soll er die Menschen immer wieder auf die Probe stellen und ihren Glauben an Gott überprüfen."*

Auch laut dem Tarot (Karte 15) ist der Teufel ein Prüfstein auf dem Weg zum Ziel, zur Meisterschaft des Lebens. Wenn man sich die Weisheitslehrer wie Krishna oder Jesus betrachtet, die hatten auch einen direkten Kontakt, und der Teufel hat ihnen nicht den Kopf abgerissen, sondern hat sich mit ihnen unterhalten, hat sie versucht. Genau das tut er, aber in letzter Konsequenz, um uns zu prüfen, um zu sehen, wie gut wir sind, um uns zu stählen. Und Angst vor dieser Kraft zu haben, ist nicht in Ordnung. Aber genau mit dieser Kraft arbeiten ja die Religionen, vor allem das „Christentum". Wie heißt es doch in dem Roman von Umberto Ecco »Der Name der Rose«: *„Lachen tötet die Furcht. Und ohne Furcht kann es keinen Glauben geben. Wer keine Furcht vor dem Teufel hat, der braucht keinen Gott mehr."*

Sie hatten ja zuvor bereits verschiedene Details zu den diversen Dunkelmächten ausgeführt. Was sagen Sie zu meinen Erlebnissen? Was ist der Unterschied zwischen Luzifer, Satan und Teufel aus Ihrer Sicht?

Satan gibt es unter verschiedenen Namen, passend zu den unterschiedlichen Zeiten. Baal ist ein alter Name von ihm; er galt vielmehr einer Gruppe von Berggöttern aus dem mittleren Nahost. Satan lebt mit seinen Geistern in einem inneren Erdreich, bevorzugt unter Bergen oder Gebirgen. Deshalb wirkt er ja auch so stark von bestimmten Regionen aus, wie z.B. in den USA; das ist geographisch bedingt. Luzifer mit seiner Schar gefallener Engel stammt aus der 3. Hierarchie, Satan aus der 2. Als „Sitzenbleiber" hängen sie quasi zwischen allen Stühlen, den normalen „Götter-Klassen". Sie sind zwar „Götter-hoch", aber nicht „Götter-gleich", denn sie können nichts aus sich selbst erschaffen. Dafür brauchen sie Energie, die sie von Lebewesen rauben. Das ist zugleich ein Zeichen, mit welchen Wesen wir es zu tun haben, wenn wir uns nach einem Kontakt ausgelaugt fühlen, müde und schwach.

Eines dürfen wir in einem bewussten Umgang mit ihnen niemals vergessen: Sie kennen uns genau und wissen, wie sie uns „einwickeln" müssen. Luzifer hat einen göttlichen Ursprung – den haben wir alle, auch Satan! –, aber beide sollen uns in die Irre führen, was sie auch ausgezeichnet tun. Sie sind Täuscher und Lügner, und erst wenn wir das – und vor allem uns selber! – durchschaut haben, dann können wir ihnen in einer angemessenen Weise und auf Christus vertrauend begegnen. Beide Widersacher sind äußerst mächtig, auf eine Weise, die wir noch längst nicht durchschaut haben, aber unsere Aufgabe ist es, uns von ihrem Wirken freizumachen. Hier nochmals ganz deutlich: Wir laden beide nicht in unser Leben ein – sie sind da. Und so, wie wir uns verhalten, können sie mehr oder weniger auf uns einwirken. Und das ist Luzifers bevorzugte Ausrede, seine Lüge, dass er uns das „Ich" brachte. Christus ist der Ich-Bringer – das *Göttliche Ich* oder auch das *Höhere Selbst*, das wir entwickeln müssen. Durch Luzifer handelten wir uns das Ego ein, das allerdings notwendig ist, damit wir innerlich reifen und wachsen. Das ist sein Verdienst. Alles andere ist ein Einlullen seinerseits. Sorry.

Nun, ich kann nur sagen, dass die Kommunikation mit diesem Wesen mich extrem vorsichtig hat werden lassen, was ich denke, sage oder tue. Ich achte seitdem noch mehr darauf, nicht zu werten und durch unbedachtes Denken oder Sprechen etwas zu provozieren, mit dem ich nicht umgehen kann, nach dem Motto: *„Tue etwas nur, wenn Du auch das Echo vertragen kannst."* Ich kann in diesem Moment nicht beurteilen, was die wirkliche Intention dieses Wesens war, die Wirkung bei mir ist jedenfalls ein bewussteres Leben als zuvor. Zudem gibt es auch die Behauptung, dass Luzifer seinen Kurs geändert hat und zu Gott zurückkehrt. Darauf möchte ich noch separat zu sprechen kommen.

Unabhängig davon: Wie schätzen Sie den „Teufel" ein?

„Teufel" ist ein Sammelname der christlichen Kirche für alle Widersacher Gottes. Was die Bibel verschweigt, ist, dass es eben verschiedene Widersacher Gottes gibt, die unterschiedlich aussehen und wirken. Auch das ist eine Vertuschung, denn wenn ich nicht weiß, wer oder was genau die Widersacher sind und wie sie an uns herumpfriemeln, bin ich ein Opfer. Den Teufel selbst sehe ich als positiv an: Er ist für mich einer der alten und größten heidnischen Naturgötter, nämlich Pan, der Ziegenbockgott, dessen Name in der akkadischen Kultur „All-Vater" bedeutet. Das ist auch logisch, denn die Kirche mochte weder die Heiden noch die Natur und beteiligte sich rege an der Auslöschung beider.

Das ist interessant, dass Sie das erwähnen, denn der österreichische Höhlenforscher Dr. Heinrich Kusch, den ich bereits erwähnte, konnte alte Kirchenunterlagen einsehen, die beschreiben, dass die Kirche sowie die alten Adelshäuser ihr Burgen und Kirchen über den Eingängen zur Unterwelt errichteten, damit sie mit den Völkern in der Erdkruste ungestört Handel betreiben konnten. Getauscht wurde vor allem Salz und Lebensmittel für die Innerirdischen, wobei die

Menschen im Gegenzug Gold erhielten. Neben den Echsenmenschen soll es in der Steiermark auch eine Rasse geben, die aussieht wie Pan, also Menschen mit Hufen. Ich nenne sie Satyr-Menschen, weil sie aussehen wie Pan.

An der Kirche lassen Sie jedenfalls kein gutes Haar – berechtigterweise, meine ich...

Ich bin als ein Reformierter getauft worden, bevor ich mit 18 austrat. In einem so alten Machtzentrum wie dem Vatikan hat sich in all den Jahrhunderten viel Dunkles angesammelt, und ich sehe niemanden, der bereit wäre, den Laden aufzuräumen. Wenn die Menschen endlich bewusst würden! So begrüßte der Papst ausdrücklich alle Corona-Maßnahmen – die gleiche Kirche, die vor etwa drei Jahrhunderten Pierre Béchamp, dem Gegenspieler des Halbmenschen Pasteur, mit der Exkommunikation drohte, falls er seine Beweise, dass wir uns über die Luft nicht anstecken können, veröffentlichen würde. Soviel zu dem Haufen.

Der frühe Mensch hing an „göttlichen Strängen", die Luzifer zerschnitt. Das wird ausgedrückt in der Szene im Paradies, als Adam und Eva den Apfel aßen, den Luzifer ihnen reichte: Sie erkannten plötzlich ihre „Nacktheit" – der Mensch, die göttliche Marionette, wurde sich seiner selbst bewusst. Das war kein unwillkürlicher Schritt, erst recht kein „sündiger", sondern ein von den Göttern geplanter – ein weiterer zu unserer Menschwerdung. Dadurch wurde ein Teil des göttlichen Reiches für uns unsichtbar.

Den Rest erledigte der andere Widersacher, noch düsterer, noch radikaler: Ahriman/Satan zerrte uns ganz in die Stofflichkeit hinunter. Es bewirkte, dass wir nur noch die Materie sahen und an diese glaubten. Er machte uns zum irdischen Menschen. Das eine geschah zu lemurischer Zeit, das andere in der atlantischen.

Unsere Schöpfergötter ließen zu, dass Luzifers Wirken uns in Egokranke verwandelte, wodurch wir uns Krankheit und Leiden einfingen und durch das tote, kalte Denken des anderen mumienhaft wurden, zu erstarren begannen, was uns das Sterben und den Tod einbrachte. Das hört sich alles grausam an, war aber sehr wichtig für den Weg, uns geistig von den Göttern abzunabeln und eigenbewusst zu werden, damit wir aus freien Stücken Gutes oder Böses tun konnten. Sogar der Tod, den die Menschen am meisten fürchten, ist eine lebenswichtige Notwendigkeit für uns.

Über ihn habe ich ein Buch geschrieben, also über den „Sensenmann", auch „Gevatter Tod" oder „Todesengel" genannt.

Ja, ich habe es gelesen und kann es um etwas ergänzen, was er nicht aussprach, wenn ich mich recht erinnere.

Jetzt bin ich aber gespannt!

Der Tod ist ein ahrimanischer Geist, denn nur diese Dämonen kennen sich mit den Vorgängen um Sterben und Tod aus, nicht die Engel. Denn Ahriman als Herr des Todes und „Fürst dieser Welt" obliegt das Sterben der Menschen. Deshalb ist es ein ahrimanischer Geist, der ihnen den „Lebensfunken" nimmt und diesen an die Engelwelt weiterreicht. Sicher, es gefällt ihm, sich als einen „Engel der Wandlung" zu sehen. Ist ja auch in Ordnung, denn ohne diesen mächtigen Geist gäbe es nur Chaos in unserer Welt. Nur er kann diesen Prozess ohne Wenn und Aber durchführen. Da gibt es kein Verhandeln. Das ist der „schwarze Mann", den manche sehen. Andere blicken weiter und sehen schon die Engel.

Er stellte es etwas anders dar.

Er muss ja auch Werbung für sich machen. Seine Aufgabe erfüllt er perfekt, nahezu schon mit Hingabe, wenn er dazu fähig wäre. Und nur ihm ist es erlaubt, sich der Engelwelt zu nähern. Hohe Götter leiten ihn an. Vor Christi „Tod" konnte er extrem materialistische Seelen direkt in das ahrimanische Reich umleiten. Seither kann er diese nicht mehr für sich abzweigen, obwohl die „Empfangsengel" sich selbst schwer tun mit solchen Seelen. Wer sich schwarzmagisch bindet, landet ohnehin in der lichtlosen Sphäre. Dass so stark materialistische Seelen direkt bei Satan landeten, war ja mit ein Grund, warum Christus inkarnierte.

Es ist eine weitere Widersprüchlichkeit, an der wir wachsen können: Ist der Tod nun ein Engel oder ein Dämon? Ist das noch konsequent logisch oder schon widersprüchlich? Deshalb müssen wir das Sterben und den Tod nicht fürchten, denn er trägt uns sicher über den Abgrund, dahin, wo die anderen schon leuchten. Außerdem sind wir alle Meister im Sterben. Wird Zeit, dass wir es nun bewusst tun.

Das ist eine durchaus interessante Sichtweise. Sie widerspricht nicht wirklich dem, was der „Engel des Todes" mir berichtete. Mir gegenüber hatte das Wesen sehr positiv und humorvoll agiert. Und durch den Todesengel habe ich meine jetzige Frau kennengelernt – für mich ist das also sehr positiv... ☺

Luzifer wirkt viel tiefer – und er wurde ganz gewiss nicht missbraucht. Durch das Schaffen der Abnabelung von unseren Göttern verfielen die Menschen dem Ego, das dann die Leere in ihnen – durch das Fehlen der Götter – füllte.

Luzifer ist nicht Satan! Aber auch er treibt die Menschen zum Töten an. Er steckt hinter alle Großmachtsphantasien der Menschen, wie z.B. bei Adolf Hitler und auch bei der US-Schattenregierung.

Dieser „Engel des Todes" war nicht Luzifer! Es ist ein Beispiel dafür, wie sehr wir den Lügen der anderen Seite verfallen, denn die wissen, woran wir glauben möchten. Luzifer ist ein Teil von uns, und wir sollten ihn nicht als wohlwollend betrachten – zeigst Du Schwäche oder gar Vertrauen in ihn, ist es um Dich geschehen... Er vollzieht einen göttlichen Auftrag – und ganz ehrlich, Herr van Helsing: Der einzelne Mensch ist ihm völlig egal! Er will die Menschenseelen, um damit sein eigenes Reich aufzubauen, und das wird kein friedliches sein! An einer entscheidenden Stelle wirst Du ihm begegnen, wenn Du nach dem Sterben durch die geistig-göttlichen Sphären wanderst. Da wird er Dich ein letztes und entscheidendes Mal versuchen und verführen.

Doch ich möchte gleich im Anschluss noch etwas über den Tod sagen, doch aus einer anderen Sicht heraus. Zuvor möchte ich über die Schatten-Hierarchie und ihr Entstehen etwas berichten: So wie wir unsere eingefahrenen Wege gehen, machen es noch mehr die Wesen der Dunkelebenen, alles ablehnend, was sich weiterentwickelt. Manche machen sich darüber sogar lustig. Viele wissen nichts von einer Entwicklung und halten sich für die Spitze des wahren Lebens. Sie verstehen nicht, wie die Zielrichtung des Universums der Mensch sein kann. Und je höher die göttliche Hierarchie war, aus der die dunklen Geister fielen, umso stärker ist ihr Vernichtungswille den Menschen gegenüber, den jede „Dämonen-Rasse" auf ihre Weise ausdrückt: von ekstatisch-lustvoll über eiskalte Planung bis hin zu blindwütiger Raserei.

Da sie nicht eigenschöpferisch sind und sich von den dunklen Gefühlen und Gedanken der Menschen ernähren sowie von deren üblen Taten, die sie selbst anstifteten, wurde der Ausbau der dunklen Hierarchien zu einem Selbstläufer. Angst und Gewalt sind ihre Hauptnahrung – ohne diese würden sie dürr und spiddelig sein. Die Hauptquelle ihres Futters sind Egregore: kollektive Gedanken- und Gefühlsformen vor allem durch die Hetze der Massenmedien und bei großen Menschenansammlungen. Es gibt eine ganze astrale Ebene voll mit diesen menschlichen, unbewussten, aber heftigen Schöpfungen.

Und es gibt inzwischen sogar Geräte, mit denen man in die Astralwelt hineinsehen kann. Jason Mason hat in seinem Buch »Mein Vater war ein MiB – Band 3« einen sehr interessanten Bericht veröffentlicht: *„Während des Zweiten Weltkriegs wurden auf dieser Grundlage die ersten Nachtsichtgeräte entwickelt, und sie benutzten dabei Wellenlängen, die knapp unter dem Infrarotbereich liegen. Das menschliche Auge nimmt Licht und Farben im Bereich von ca. 400 bis 700 Nanometer wahr, und die ersten Nachtsichtgeräte machten den Bereich knapp unter Infrarot zwischen 700 bis 1.000 Nanometer sichtbar und hatten die höchstmögliche Auflösung aller Nachtsichtvarianten. Die ersten ausgereiften Geräte kamen in den Jahren 1944 bis 1945 zum Einsatz, und man nutzte sie für die Sturmgewehre der deutschen Wehrmacht, so zum Beispiel das Zielgerät ZG 1229 Vampir. Das menschliche Auge besitzt außerdem, so wie die Augen aller Wirbeltiere, einen blinden Fleck,* der einen bestimmten Bereich unseres Sichtfeldes ausmacht. Doch das Gehirn gleicht das aus und erschafft uns einen lückenlos sichtbaren Bereich – man kann diese blinden Fleck zum Beispiel durch optische Illusionen erkennbar machen. Die ersten kleinen tragbaren Nachtsichtgeräte wurden vom US-Militär während des Vietnamkriegs getestet. Zuerst wurden Geräte gebaut, die im roten Bereich arbeiteten, man sah also alle Nachtbilder vollständig in Rot. Später änderte man das in Grün, weil die menschlichen Augen und das menschliche Gehirn bei Grün die meisten farblichen Abstufungen und Schattierungen unterscheiden können. Daher war es für militärische und zivile Zwecke brauchbarer, denn es verstärkte das Restlicht optimal und lieferte das schärfste Bild. Nachtsicht funktioniert nicht in völliger Dunkelheit, sondern es verstärkt das Restlicht, damit es für das menschliche Auge wahrnehmbar wird. Das wird durch Photonen möglich, die noch das volle Lichtspektrum in sich tragen und auf die Nachtsicht-Linse der technischen Apparate treffen, wobei ein bestimmter Anteil des sichtbaren Lichts herausgefiltert, verstärkt und in Elektronen umgewandelt wird. Grüne Nachtsicht arbeitet im Gegensatz zu roter im Bereich von 520 bis 570 Nanometer, das liegt also weit unter Infrarot. Die Farbe Grün macht den größten für uns sichtbaren Bereich aus und das menschliche Auge kann lange auf Grün blicken, ohne dass es sich überanstrengt, darum wurden auch die ersten Computermonitore auf grüne Farbe eingestellt.

Die ersten Nachtsichtgeräte, die im Vietnamkrieg eingesetzt wurden, arbeiteten jedoch mit Restlicht bzw. Mondlicht im roten Bereich mit bis zu 1.000 Nanometer und daher mit Photonen und einer Photokathode, wobei Photonen absorbiert und durch den photoelektrischen Effekt in sichtbare Elektronen umgewandelt werden. Der amerikanische Computerexperte Clif High kann hier von interessanten Begebenheiten während des Vietnamkriegs berichten. Er wurde bekannt, weil er eine Software entwickelte, die Internetsuchmaschinen und Web-Bots dazu nutzt, um zukünftige Ereignisse vorherzusagen oder mit einer bestimmten Wahrscheinlichkeit vorauszuberechnen. Clif High tritt auch in Talk-Sendungen im Netz auf und führte Ende 2018 ein spannendes Gespräch mit Al B., dem Gastgeber von »Forum Borealis«. Clif berichtete davon, *dass sein Vater ein Team des amerikanischen Militärs im Vietnamkrieg leitete, und dieses Team war dafür zuständig, die ersten auf Helmen tragbaren Nachtsichtgeräte zu testen, die im roten sowie im gelben Bereich (570-600 Nanometer) arbeiteten. Man konnte sie hin und her schalten, und im gelben Bereich waren Hitzesignaturen besser zu erkennen. Die Technik wurde vor allem von Helikopterpiloten und den Richtschützen in den Helikoptern erprobt, damit man Nachtflüge und Nachtgefechte durchführen konnte. Die Testphase dauerte ungefähr zwei Monate, und die betroffenen Soldaten berichteten nach einigen Tagen von seltsamen Nebenwirkungen der Nachtsichtgeräte, wie Angstgefühlen und destruktivem, unlogischem Verhalten. Die Piloten und Schützen trugen diese Geräte damals während der ganzen Einsätze, und man kam bald dahinter, dass das sehr negative Auswirkungen auf sie hatte. Clif Highs Vater musste seinen Soldaten letztendlich befehlen, die Geräte nicht mehr zu benutzen. Der Grund dafür war, dass die Kanoniere in den Helikoptern beim Formationsflug irgendwann begannen, wie wild auf etwas zu feuern! Sie zielten jedoch nicht auf Ziele am Boden, sondern feuerten in den Luftraum in Flughöhe, doch die restlichen Soldaten an Bord konnten nicht erkennen warum, denn das alles passierte meist über völlig ruhigen und störungsfreien Zonen ohne Gefechte! Clif Highs Vater als Befehlshaber beobachtete das selbst mehrmals, und fragte die Kanoniere lauthals, auf „was zur Hölle" sie da feuerten. Die meisten amerikanischen Soldaten im Vietnamkrieg waren sehr jung und schwitzten stark, als sie durchzudrehen begannen, darum glaubte man zuerst, sie wären den Drogen verfallen, so wie viele Soldaten während des Kriegs – doch dem war nicht so. Diese Kanoniere waren nicht auf Heroin, sondern erblickten in ihren Nachtsichtgeräten plötzlich furchterregende fliegende Teufel und Dämonen, die neben ihren Helikoptern herflogen und wild in ihre Richtung gestikulierten. Die Kreaturen in der Luft bemerkten damals, dass die Soldaten in den Helikoptern sie plötzlich irgendwie wahrnehmen und sehen konnten, darum deuteten sie mit ihren Klauen auf die Bordschützen, um ihre dämonischen Artgenossen auf diesen für sie offenbar erschreckenden Umstand hinzuweisen! Die Kanoniere sahen das, bekamen es mit der Angst zu tun, und beschlossen daher, das Feuer auf diese Dämonen zu eröffnen, da diese drohend und gestikulierend sehr nahe an den Helikoptern vorbeiflogen. Diese Vorfälle mehrten sich, und jede Woche wurden aufs Neue solche Begebenheiten gemeldet. Jeder Soldat, der diese Nachtsichtgeräte benutzte, sah früher oder später diese Teufel, Monster und Dämonen, darum wurde von den Offizieren bald befohlen, diese Geräte nicht mehr zu benutzen, auch Piloten sollten sie ablegen. Clif Highs Vater erklärte später, dass die Soldaten das Aussehen der Kreaturen als jenes von klassischen, gotischen Höllendämonen beschrieben, so wie man sie auf mittelalterlichen Gemälden und in Stein gehauen sehen kann. Die Piloten und Kanoniere berichteten, dass diese Gestalten entweder neben den Helikoptern herflogen oder in den Baumwipfeln von hohen Bäumen saßen. Sie hatten eine menschenähnliche Gestalt, Teufelsfratzen, Klauen an Händen und Füßen und große Flügel! Die Armee vermutete damals, dass durch die getesteten Nachtsichtgeräte Bereiche von anderen Dimensionen sichtbar gemacht wurden, die sich direkt neben unserer befinden und deren Schwingungsrate unsere Augen normalerweise nicht wahrnehmen können. Wenn, dann sehen wir diese Dämonen nicht bewusst, sondern nur unbewusst in unserem Unterbewusstsein! Sind das also die Dämonen und Archonten, von denen die alten Schriften berichten und die versuchen, im Auftrag Satans aus dem Schatten heraus die Menschheit zu quälen und zu vernichten? Die Nachtsichtgeräte der nächsten Generation wurden auf das grüne Spektrum eingestellt, der Spuk war plötzlich vorbei und die Dämonen tauchten nicht mehr auf.*

Abb. 24: Soldaten im Vietnamkrieg, die mit Nachsichtgeräten geflügelte Dämonen erblickten

Clif Highs Vater testete die Version mit dem roten Spektrum selbst nur einmal, und das hatte wochenlang starke Auswirkungen auf seine Psyche. Andere Soldaten waren noch Monate später noch psychisch instabil und mussten teilweise sogar ihren Dienst quittieren. Das Militär glaubt seitdem, das diese Dämonen oder höllischen Manifestationen im Grunde immer um uns sind, und hier auf der Erde wirklich existieren. Durch unsere stark eingeschränkten Wahrnehmungsfähigkeiten können wir sie jedoch normalerweise nicht sehen! Nur Menschen mit außergewöhnlichen Augen oder Hellsichtige sind sich der Anwesenheit dieser äußerst lebendigen Wesen auf der Erde bewusst! Und anscheinend werden diese Wesen von Tod, Krieg und Blutvergießen angezogen. Stimmen die Beschreibungen von solchen Wesen in unseren religiösen Schriften also tatsächlich, und waren diese Geschehnisse ein Beweis dafür, dass die Menschen der Erde von diesen Teufeln, Dämonen oder Archonten für ihre eigenen Zwecke ausgenutzt und ihrer Lebensenergie beraubt werden? Beeinflussen sie uns energetisch oder durch Magie, ergötzen sich an unserem destruktiven Verhalten und erzeugen Leid, Mord und Kriege, um emotionale Seelenenergie wie Angst, Eifersucht, Neid, Hass, Gier oder Leid in uns zu erzeugen? Jesus Christus, die Urchristen und Gnostiker hatten uns deshalb vor solchen Todsünden gewarnt und geraten, eine tugendhafte Persönlichkeit zu entwickeln, um den Fängen dieser Kreaturen zu entgehen!"[6]

Interessant, nicht wahr? Es gibt physische Beweise für die Welt der „Dämonen" und „Engel"!

Natürlich. Auf Schlachtfeldern, wo sehr viel Blut vergossen wird und der Tod und das Leid allgegenwärtig sind, sind diese „Aasgeier" ja ganz nah am Sichtbaren dran – vollgesogen mit menschlicher Lebensenergie. An solchen Orten sieht man sie, ebenso in den Schlachthöfen. Es sind niedere Wesen, weshalb sie technologisch auch entdeckbar sind, in eher tierischer Form, wie die Gargoyles.

Doch kommen wir wieder zu den Dunkelmächten zurück: Wenn sie alle „Sitzenbleiber" sind, wie Sie sagen, wo hört dann ihre Hierarchie auf?

Sie endet vor den Thronen der ersten Hierarchie. So wie Christus als der Sonnenlogos die göttlichen Hierarchien durchdringt, so durchdringt der dunkle Herrscher seine Schatten-Ebenen: Sorat, der Sonnendämon. Er greift die Trinität direkt an.

Gegen ihn sind wir nur durch Christus gefeit, wenn Dieser wahrhaftig in uns lebt und wir alle unsere Körper bewusst umgewandelt haben. Kein Mensch kann gegen Sorat bestehen. Wer seiner ansichtig wird, verfällt seiner „dunklen Schönheit". Aus okkulter Sicht offenbart die Johannes-Apokalypse einiges über ihn.

Wer sich an Tolkiens »Herr der Ringe«-Bücher herantraut, wird ihn auch dort finden; nicht als Sauron, den dunklen Herrscher, sondern als Galadriel. Tolkien zapfte, wohl unbewusst, eine tiefe Wissensquelle an. Diese Szene wurde kongenial umgesetzt von Peter Jackson und seinem Team in der Film-Trilogie: als die Versuchung Galadriels, der Elben-Herrin. Sie wäre eine soratische Herrscherin geworden. Ich staune immer wieder, wie sehr manche der modernen Filme der nicht-materiellen Wirklichkeit nahekommen.

Wie sehen die Schatten-Hierarchien aus?

Abgesehen davon, dass wir uns tatsächlich nicht zu tief hineinversenken sollten, sind mir noch zwei unterhalb Ahrimans bekannt: die Asuras, die bereits kräftig in der Welt mitmischen, und eine, die ich nicht erwähnen möchte, die nur aus Raserei besteht. Und dann gibt es die düsterste, die soratische Ebene, aus der ein wirklich mieser, dunkel-logischer Plan dringt: der Transhumanismus.

Grundsätzlich sehe ich die dunkle Pyramide, die dunklen Ebenen, nicht als eine Götter-Hierarchie an, sondern als eine astrale; geistig wie die göttliche, aber eben nicht schöpferisch. Und das ist ihr wunder Punkt: Sie vergehen ohne Zuführung von Lebensenergie von außen.

Ein Film, der das gut darstellt, ist der erste aus der „Matrix"-Reihe. Ein kluger Film, der nicht so ausartete wie die anderen in der Darstellung typisch US-amerikanischer Problembewältigung: durch Hauerei und Ballerei. Er zeigt die Menschen als lebende Batterien für Maschinen, körperlich in einer Nährlösung liegend und geistig in einer virtuellen Welt gefangen. Es ist die geistige Realität hinter der unsrigen: Menschen, die völlig erstarrt sind in der Materie und geistig ebenfalls in einer virtuellen Welt der Angst lebend, die ihnen tagtäglich die gesteuerten Lügenmedien einprogrammieren.

Eine weitere Reihe der Wachowski-Geschwister stellt den Raub menschlicher Lebensenergie noch drastischer dar. Sie wurde beerdigt – wen wundert's –, nachdem schon der erste Film zu Tode kritisiert und lächerlich gemacht wurde (die typischen ersten Angriffe der Knechte der Halbmenschen): „Jupiter ascending".

Luzifer ist die erste Macht des Bösen, weil sie als erste auf den irdischen Menschen hier einwirkte, Ahriman die zweite. Seine Macht entstammt den „Sitzenbleibern" von der Erzengel-Ebene bis zu den Gewalten, den Geistern der Form. Ahriman ist bösartiger als Luzifer, doch die dritte Macht übertrifft beide: die Asuras. Ihr Wille, uns zu killen, ist der umfassendste: Zum einen greifen sie unseren Körper an, unsere Basis für das Leben auf der Erde, zum anderen wollen sie die Erde selbst zerstören, am besten ganz aus dem Universum blasen.

Warum das?

Unsere Mittel-Erde ist eine zentrale Welt zwischen den lichten und dunklen, den göttlichen und astralen Ebenen. Da sie – eben als ein Portal für höhere und niedere Mächte – unsere Welt des Lernens ist, prallen hier Licht- und Dunkelwesen aufeinander. Die Asuras reißen rücksichtslos das Körperliche des Menschen an sich, sodass dieser nur noch durch niederste Triebe existiert: wahrhaft ein Portal für sie, Mensch und Erde zerbomben zu lassen. Denn unsere Welt ist auch eine Art Notausgang für Dunkelwesen, die zurück ins Licht wollen. Diesen wollen die Asuras ein für allemal schließen.

So geschieht die Versuchung durch die Asuras nicht über Religion oder Naturwissenschaft, sondern durch den Fall in die Sinnlichkeit, in wüste und kranke Leidenschaften. Sie sind die ältesten der Widersacher, entstammen sie doch dem Alten Saturn und stehen in einer seltsamen Beziehung zum Vatergott unserer Trinität. Ahriman blieb im Sonnen-Zyklus hängen, den Christus leitete, und Luzifer als jüngstes Mitglied dieser Garde im Alten Mond. Er steht mit dem Heiligen Geist in einer losen Verbindung, die wir Menschen aber wieder festigen und ihn dadurch erlösen können.

Letztlich waren sie alle einmal Menschen, in den verschiedenen Zeiten unserer Lebenswoge, und brauchen deshalb genauso das Licht wie wir. Das Mysteriöse ist, dass sie in einer Phase scheiterten, in der sie den Menschen von sich geben sollten.

Verdunkeln sich denn die Götter, wenn sie sich nicht an unserem Menschsein beteiligen?

Ja. Wer sich vom Licht entfernt, verfinstert sich automatisch. Sie sind Götter, die den Anschluss an das Licht verloren und gar keinen Zugang zur Liebe fanden. Doch wir sind diejenigen, die sie eines Tages an die Hand nehmen und wieder an ihren angestammten Platz im Licht führen werden – so wie wir im „Paradies" allen Geschöpfen einen Namen gaben und ihnen ihren Platz zuwiesen. Das erkennen die Dunkelwesen noch nicht, und wenn doch, dann wollen sie es nicht annehmen. So wie hier viele Menschen mit aller Macht in der vergehenden Materie bleiben wollen, so halten auch sie ihre Welt für die beste aller möglichen.

Es gibt einen großen Unterschied zwischen den ersten beiden Mächten des Bösen und denen, die folgen: Luzifer und Satan halfen uns bei unserer Bewusstwerdung, dafür „kleben" sie an uns. Doch von ihnen können wir uns selbst befreien und sie dadurch erlösen: von Luzifer durch eine hohe, gütige Moralität – keine moralinsaure! –, von Ahriman durch das Ablegen aller materiellen Wünsche.

Strebten wir danach, Luzifer und Ahriman zu vernichten, hätte das unsere eigene Zerstörung zur Folge. Denn sie sind ein Teil von uns. Sie können wir nur über uns selbst besiegen. Bei den Asuras wird das unendlich schwerer.

Da unsere Seele aus beweglichen, veränderbaren Kräften besteht – um sie weiterentwickeln zu können –, müssen wir uns vor den Dunkelmächten hüten, die nach ihr geifern. Sie können sie deformieren und entstellen, was wir wieder hinkriegen. Aber die Asuras haben die Macht, die Seele zu zersplittern. Das sind Schäden, die bleiben. Es sind fehlende Seelenanteile, die wir nicht wiederbekommen. Naja, jedenfalls nicht so schnell. Bangemachen gilt nicht.

Luzifer greift uns über den Astralleib an, Satan über den Ätherleib und die Asuras über den Körper. Erst wenn wir alle Prozesse in unserem Körper selbst steuern und beherrschen, wir also unseren Körpergeist erlösen und freigeben, können die Asuras uns nichts mehr anhaben – denn dann haben wir unseren Körper zum Auferstehungsleib Christi umgeformt! Dieser ist dann nicht mehr materiell, unterliegt keiner Abnutzung, keiner Verwesung, keiner Zerstörung – er ist unser unsterblicher, physischer Lichtkörper!

Ich verstehe nicht, was die Asuras dazu anspornt, uns Menschen zu zerstören.

Sie scheiterten auf dem Alten Saturn, wo sie die Stufe der Geister der Persönlichkeit erreichen sollten. Dort wurde die erste Anlage zum physischen Körper des Menschen geschaffen und da hinein von den normalen Geistern der Persönlichkeit der Keim für ein Ich-Gefühl gelegt. Deshalb wirken beim heutigen Menschen mehr als alles andere die Asuras auf unser Ego ein – über sexuelle Perversion in Verbindung mit schwarzer Magie. Diese dunkelsten Wesenheiten wirken auch jetzt erst auf uns ein, in diesem 5. nachatlantischen Zeitraum. Je älter die Sitzenbleiber sind, desto gefährlicher werden sie uns.

Aus den Sitzenbleibern der Alten Sonnen wurden die ahrimanischen Geister; sie erreichten die Erzengel-Stufe nicht, und aus denen des Alten Mondes wurden die gefallenen Engel. Ihr Schatten ist Luzifer, weder Mensch noch Engel: irgendwo dazwischen und doch mächtiger als das angestammte Geschlecht. Während wir Menschen uns im Erdenzeitalter zum geistigen Menschen emporschwingen als eine Art menschlicher Engel, treten im gleichen Maße die Engel ihren nächsten Evolutionsschritt an, nämlich Erzengel zu werden. Die heutigen Erzengel bereiten sich darauf vor, die zukünftigen Geister der Persönlichkeit zu sein, die Zeitgeister. Die „Schattenengel" schleichen sich, wie es ihre Art ist, an die höheren Götter heran. Nur bis ganz oben hin, zu den Cherubim und Seraphim, da kommen sie nicht ran.

Viele Halbmenschen, die in ihrem Wahn die Auslöschung der Menschheit anstreben, stehen letztlich in ihrer aller Bann, weil der dunkle Herrscher die ganze Schatten-Hierarchie durchdringt. Der in ihnen lebende Dämon verdunkelt sie, und ihr Charakter und ihr Äußeres gleicht sich ihm im Laufe der Jahre an. Der zum Schöpfer angelegte Mensch hat eine natürliche Abneigung gegen die andersartigen Dämonen. Deshalb müssen diese sich tarnen, um sich uns zu nähern, was durch Täuschung und Lügenwerk geschieht. Darum ist unsere Welt so durchsetzt mit diesem Wirken, das mittlerweile von Jahr zu Jahr immer heftiger wird, aber eben auch leichter erkennbar.

Leben wir deshalb in einem „Vorhof zur Hölle"?

Das ist mehr eine Ansichtsweise, eine Redensart, wenn jemand in eine besonders schwere Situation oder Lebensphase geraten ist. In so einem „Vorhof zur Hölle" torkeln viele Süchtige herum, wenn ihr Leben nur noch der Erfüllung ihrer Sucht dient. Dazu gehören Alkohol und Drogen, ebenso starke, abhängig machende Medikamente, aber auch die Chemo-„Therapie", die ja eine Vorschrift zur Krebsbehandlung ist, und die Impfungen, besonders die Corona-Gen-Injektionen. Alles, was das menschliche Bewusstsein herabdämpft, erschafft Zugänge für astrale Wesen: Risse oder Löcher in der Aura des Menschen, durch die sie in oder „auf" den Menschen steigen, um ihn in ihrem Sinn zu steuern, ihn zu Taten zu verleiten, die dem Wirt nicht guttun, aber die astralen Parasiten mit dunkler Energie versorgen.

Was geschieht mit der Seele von Geimpften?

Die Corona-Gen-Injektionen können Zugänge für Besetzungen schaffen: für dämonische Wesen oder auch negative Reptiloide. Wie weit es in Besessenheit gipfelt, in eine gravierende Veränderung des Charakters, ist individuell verschieden. Wenn möglich, wird solchen Menschen durch die geistige Welt Hilfe zugeführt in Form von Hinweisen, Begegnungen, Heilungen – wenn diese bereit sind zu erkennen, was ihnen mit der Impfung geschehen ist. Ist die Besetzung zu stark und nehmen die Wirte es einfach nicht wahr, gehen solche Menschen letztlich damit hinüber in das nachtodliche Leben, also wenn sie sterben.

Dort wird ihnen das Zeugs schon abgenommen. Dann kommt es darauf an, wie sehr der Mensch auf seinem Weg durch die geistig-göttlichen Sphären es verstehen will, was mit ihm und auf der Erde passiert ist. Er kann sich dort zum Teil davon lösen, aber die Befreiung muss auf der Erde geschehen, wo wir uns ja unser Karma eingefangen haben.

Der Mensch schmiedet sein Schicksal für das nächste Leben mit, und er kann sich quasi „Hilfen einbauen" oder Helfer gewinnen, die im richtigen Moment dann da sind, wenn das finale Ringen auf der Erde stattfindet. **Die Engel, die Götter, können uns vieles erleichtern, aber abnehmen können sie uns nichts.**

Und kann der Geimpfte seinen Schutzengel verlieren?

Er wird ihn nicht verlieren, aber die Impfung kann den Engel von seinem Menschen wegschleudern, sodass er traurig „aus der Ferne" miterleben muss, was mit diesem geschieht. Die Impfung kann den Schutzengel wirkungslos machen, aber dann sind viele weitere Engel zur Stelle, um mit dem Schutzengel gemeinsam über den Menschen zu wachen. Auch Schutzengel brauchen manchmal Hilfe. Hinter ihnen steht eine ganze Engellegion.

Wie gesagt, es ist auch für die geistige Welt eine neue Situation: Weltweite Massenimpfungen, die die Menschen willenlos mit sich geschehen lassen, obwohl die Gen-Injektionen in keinster Weise eine Gesundheitsfunktion haben, sondern nur Schaden zufügen sollen oder gar den Tod.

Zur Thematik der Hellsichtigkeit habe ich noch eine Geschichte beizutragen, die ziemlich wichtig ist, meine ich – vor allem für alle, die Haschisch konsumieren oder deren Partner oder Kinder es tun.

Und zwar war ich mit Alana, das ist meine hellsichtige Freundin, mit der ich auch in Belize sowie in Yucatan war, bei ihrer Tochter am Mount Shasta in Nordkalifornien. Alana war in gewisser Hinsicht eine Art Ausbilderin für mich, was meine Medialität anging sowie die gesamte Thematik überhaupt, denn auch sie war von klein auf extrem hellsichtig. Sie war die erste Kamerafrau Amerikas, hatte über viele Jahre ihre Fähigkeiten verdrängt und wollte Karriere machen, doch durch unsere Begegnung wurde in ihr etwas wiedererweckt – das ist eine längere Geschichte. Ich wohnte immer wieder in Sedona, Arizona, bei ihr, was sozusagen mein Zentrum war, von wo aus ich meine Reisen und Trips in den USA durchführte. Wir hatten damals viel experimentiert. Sie kann die Aura sehen, sie kann in die Chakren regelrecht hineingehen und dort allerlei Informationen über einen Menschen herausfinden. Wir haben beispielsweise mit Farben oder Musik experimentiert. Ich habe mich schwarz angezogen, und Alana hat geschaut, was meine Aura macht und meine Chakren. Dann haben wir das verglichen mit der Farbe Weiß, Rot oder Lila. Bei Grün geht übrigens meine Aura am meisten auf. Bei Musik hat sie geschaut, was in meiner Aura vor sich geht, wenn ich Punk, Metal, Klassik oder Meditationsmusik höre usw.

Das Ganze spielte sich in den Jahren 1991 bis 1996 ab. Wir hatten dann einen Trip zu ihrer Tochter am Mount Shasta gemacht – man ist mehrere Tage mit dem Auto unterwegs – und sind dann an einem Abend mit ihrer Tochter, deren Freund und deren Kumpels in einer Blockhütte gesessen. Es war gemütlich, die meisten waren in meinem Alter, ich war ja zudem Schlagzeuger, und so kam es dann dazu, dass wir etwas Musik gemacht haben, mit Drum-Session usw.

Und dann sah ich schon, wie irgendeiner anfing, einen Joint zu drehen. Da sagte Alana leise zu mir: *„Hey, in den Ecken des Raumes haben sich gerade kleine Wesen positioniert, so kleine fledermausähnliche Wesen."* „Aber was machen die da?", wollte ich wissen. *„Die sitzen im Moment nur da." „Ok, gib Bescheid, wenn sich was tut.",* erwiderte ich. In dem Moment, als der erste seinen Joint angezündet und daran gezogen hatte, flog das erste Wesen durch den Raum und setzte sich von hinten auf die Schulter desjenigen und setzte seinen saugnapfartigen Kopf auf dessen Nacken. Der Kopf war eher ein Rüssel, und diesen Rüssel hat das Wesen auf das Hals- bzw. Nacken-Chakra gesetzt, das vom Körper her gesehen nach hinten aufgeht. Alana hat dann erklärt, dass das Wesen über das Chakra das Gefühl, die Emotion des Kiffers, aufgesaugt hat. Es besetzt ihn sozusagen.

Gut, jetzt sind wir gerade ohnehin schon beim Thema. Das Thema Joint, Fledermauswesen, Reptilienwesen… Viele sagen, es gibt sogenannte „Shapeshifter", also Wesen, ob das jetzt Außerirdische sind oder Dämonen, die die menschliche Form annehmen können. David Icke behauptet beispielsweise, die Queen sei ein Reptil, das die menschliche Form angenommen hat. Wenn man jetzt die Fähigkeit der Hellsicht hätte oder eine Röntgenbrille, würde man diese Wesen sehen. Ich habe eine andere Version dazu, und das auch gut begründet. Dazu habe ich jetzt ein Beispiel, zu dem ich gerne Ihren Kommentar hören würde. Und zwar ist Folgendes geschehen: Eine Freundin von mir war in Goa, Indien, am Strand und hat mit einer Gruppe junger Leute Party gemacht und gekifft. Ihr gegenüber saß ein Typ mit Rastalocken und hat auch „einen durchgezogen". Dann sah sie, wie er sich in einen Echsenmenschen verwandelte.

Ich wiederum sage: *„Nein, das ist ein ganz normaler Typ, aber der hat eine Besetzung, einen Dämon, und dadurch, dass sie selbst einen Joint geraucht hat, hat sich ihre Wahrnehmung vergrößert, erweitert, und sie hat das Wesen gesehen, das auf dem anderen gesessen ist, das ihn besetzt hat."*

Das kann sein. Es gibt aber auch noch eine andere Variante. Wir dürfen nicht vergessen, dass Ihre Freundin selbst bekifft war. Da kann man alles Mögliche sehen. Aber nehmen wir an, dass es richtig war, was sie gesehen hatte. Es gibt Reptiloide, die unter uns leben, geschützt durch ihren Tarnmodus, „verkleidet" als ein Mensch. Der Mensch ist leichter zu täuschen, als er ahnt. Im Rausch kann so einem Reptiloiden die Tarnung ganz oder teilweise flöten gehen, was andere dann sehen können, besonders dann, wenn diese ebenfalls berauscht sind. Ich halte das nicht unbedingt für eine Besetzung. Es spricht eher dafür, dass der Reptiloid zu der Zeit das menschliche Dasein „in vollen Zügen" genoss. Interessant wäre es gewesen, mit ihm darüber zu reden, wenn alle klar sind... Er könnte ja auch das Kind einer reptiloid-menschlichen Beziehung sein... Es gibt ja auch menschlich aussehende Reptiloide, die sich dem Menschsein öffneten.

Aber zurück zu den Besetzungen: Um es hier einmal klar zu sagen: Tierversuche und die Tötungen daraus sind unbewusste schwarzmagische Handlungen, weil sie Opferungen an Satan sind! Menschen, die das tun, leben ebenfalls in einem gedimmten Bewusstseinszustand!

Das gilt in leichter Form auch für psychedelische Musik und in härterer für Dark und Death Metal, und vor allem für die „Blutspritzer-Filme". Da wir irdischen Menschen noch längst nicht so kreativ-schöpferisch sind, wie wir glauben – zum Glück! –, „erschaffen" wir lediglich etwas, das anderswo Realität ist. Das sollten wir uns gerade beim Anschauen von Filmen merken. Denn extrem wird es bei den Horror- und Splatterfilmen. Wer sich diesen Schund reinzieht, reißt gewaltige Löcher in sein Energiefeld, in dem just das Dargestellte eintreten kann und es auch tut. Jeder, der das erkennt, bekommt in seinen nächtlichen Träumen mit, was ihn tagsüber sehr beschäftigte. In dieser astralen Welt kommen all die Mörder und Monster auf einen zu. Und das beeinflusst uns wiederum bis in den nächsten Tag hinein, und wer süchtig nach Folter und Splatter ist, hat sich auf jeden Fall innerlich verändert.

Das sollte eigentlich jedem logisch denkenden Menschen klar sein, dass das etwas mit einem macht. Kommen wir aber bitte auf den Antichristen und den Transhumanismus zu sprechen.

Gut, ich will versuchen, es so kurz wie möglich darzustellen: Wer sich mit dem Sonnendämon befasst, den befällt unweigerlich eine Art Lähmung – so wirkt er schon „aus der Ferne". Wenn wir Christus folgen, treffen wir unweigerlich auf Seinen stärksten Widersacher, den Antichristen. In ihm gipfelt alles Böse, und er steht an der Spitze der Schatten-Pyramide. (Abb. 8, S. 107)

So wie die lichte Götter-Pyramide hinaufreicht, ragt die dunkle mit ihrer Spitze tief hinunter, quasi aufeinanderstehend an ihrer Basis. Aber sie berühren einander nicht, denn zwischen ihnen schwebt die Mittel-Erde.

Ist Christus der „Herbeigerufene", der Ich-Bringer, ist Sorat der Eindringling, der Ich-Zerstörer. Auf unfassbare Weise sind sie sich ebenbürtig. Der größte Unterschied zwischen ihnen ist, dass Christus – als ein raum- und zeitloses Wesen – in den Raum und die Zeit unseres Universums hineinstieg. Sorat, als ein ebenfalls ewiges Leben, tat das nicht – er wollte Christi Opfergang für uns Menschen nicht einmal für sich selbst machen.

Auf nicht verstehbare Weise wirkt er von außerhalb des Universums auf die Dunkelmächte ein. Luzifer und Satan können nichts dagegen tun, wie sie benutzt. Die Asuras und das darunter sind in ihrem Vernichtungswillen gegen alle Menschen auf gleicher Linie mit Sorat, unserem schlimmsten Feind.

Was in der Bibel nicht erzählt wird – ein weiterer Hinweis darauf, wie sehr sie umgeschrieben wurde –, ist der direkte Kampf Christi gegen ihn am Ende Seiner Höllenreise durch die Erde! Das wurde komplett getilgt. Und doch folgt es der Logik, denn in der Auferstehung hat Christus den kompletten Sieg für die Menschheit errungen! Das wollte das Urböse nicht zulassen!

Fragen Sie mich nicht, wie – das geht weit, weit über meinen Horizont hinaus! –, aber im Hinaufsteigen von Christus durch die Erde griff Sein direkter Feind Ihn an und *„dreimal rang Christus diesen* *nieder"* – in dem heftigsten Kampf, der je auf Erden geführt wurde! Vermutlich wurde Sorat zum Verhängnis, dass er nicht bereit war, sich für die Menschen zu opfern, so wie Christus es tat! Vielleicht ist die Liebe ja die stärkste Macht in allem Sein, ganz gleich wo und in was sie lebt!

Jedenfalls siegte Christus, sonst hätte es uns nicht mehr gegeben – der Antichrist konnte sich nicht selbst zum Gott über die Menschen krönen! Das Fatale daran ist, dass Christus ihn in die Erde bannen musste – weshalb der Oberschurke nun die nächsten beiden Weltenalter neben uns herschleichen wird, bereit, uns beim geringsten Anzeichen von Schwäche abzumurksen.

Und da kommen wir zur Art und Weise, wie er das machen will: durch die Zerstörung unseres göttlichen Ichs, das Christus uns brachte! Luzifer greift unseren Astralleib an, Satan den Ätherkörper und die Asuras den physischen. Diese Körper müssen wir reinigen und weiterentwickeln über das Ich, und das wandelt sie letztlich um in Geistkörper. Und Sorat will das Ich vernichten, denn ohne das Göttliche in uns können wir uns nicht weiterentwickeln – ja, zerfällt sogar das bisher Entwickelte!

Der Antichrist will nicht, dass wir im letzten Weltenalter Götter werden, weil wir dann alles umwandeln zur Liebe hin! Das kommt ihm völlig quer, zumal, wenn unsere Liebe siegt, er im letzten Welten-Äon, dem Vulkan-Zyklus, nicht mehr dabei ist – da wird es in der Menschheit nichts Böses mehr geben! Deshalb ist sein Lieblingsprojekt, Halbmenschen dazu anzuleiten, aus uns Menschen Maschinen zu machen. Über die Zerstörung des menschlichen Ichs durch den Transhumanismus stößt Sorat uns sogar auf eine untertierische Stufe hinab!

Die von fremden, dunklen Wesen besetzten Menschen kapieren nicht, dass sie gar keine Macht haben, sondern selbst Knechte sind und letztlich ihre eigene Vernichtung anstreben, denn am Ende wird der Sonnendämon auch vor ihnen nicht Halt machen. Seine finsteren Bestrebungen sehen wir schon heute: Uns werden Implantate jeglicher Art schmackhaft gemacht, und der direkte Anschluss ans menschliche Gehirn gilt als der Schritt in die richtige Zukunft. Es gibt schon Tiere und Menschen, die so funktionieren, natürlich noch im Geheimen.

Jene, die das bejubeln, sehen nur noch aus wie Menschen, da macht euch keine Illusionen. Wenn der Chefingenieur von Google, Ray Kurzweil – was für ein doppelbödiger Name! –, davon schwärmt, wie sehr das unser Denktempo ankurbelt, will er den Leuten den Gedanken an den menschlichen Geist austreiben. Sie verheißen uns die Künstliche Intelligenz (KI) und den Transhumanismus als das neue Paradies. Sie rechnen uns vor, wieviel schneller unser Hirn dann Matheaufgaben lösen und unfassbare Datenmengen aufnehmen kann, wenn es erst an einen Zentralcomputer angeschlossen ist.

Sie wollen nicht, dass die Menschen die Wahrheit erkennen, dass nichts – absolut gar nichts! – es mit einem klaren, konzentrierten Gedanken eines erwachten Menschen aufnehmen kann. Ein einziges Gefühl von uns enthält eine „Informationsmenge", die alle Zentralrechner der Welt nicht erfassen und schon gar nicht darlegen können.

Wenn sie erzählen, dass ja Computer schon „eigene Bilder" malen, dann schaut genauer hin und denkt scharf darüber nach, was daran nicht stimmt. Wenn man versteht, dass in allem, was wir konstruieren, etwas von unserem Bewusstsein mit einfließt, sollten wir uns schon sehr genau überlegen, was wir uns zurechtbasteln.

Denn der Transhumanismus – Sorat! – will in Wirklichkeit die neuen „Stränge" herstellen, nicht zu den Göttern, sondern sie mit einer soratischen Künstlichen Intelligenz „verdrahten". Corona, die Gen-Injektionen, 5G und die Chemtrails sind Teile des Programms.

Schon die Impfstoffe vor Corona mit ihren Aluminium- und Quecksilbergift als Träger verursachten schlimmste Schäden, unter anderem auch Autismus.

Ja, das behaupten mehrere Wissenschaftler. Doch die Pharma-Industrie streitet das ab. Der US-Autor Forrest Maready hat inzwischen mehrere Bücher (»Crooked«) und vor allem zahlreiche Videos veröf-

fentlicht, in denen er an prominenten Menschen die Folgen von Impfungen im Säuglingsalter zeigt – asymmetrische Gesichter oder das typische schiefe Lächeln. Auch bei Asperger und Autismus sieht er einen Zusammenhang mit Impfungen. Zudem hat vor ein paar Jahren ein Mailänder Gericht das italienische Gesundheitsministerium zu Zahlungen an ein Kind verurteilt, das in Folge einer Impfung im Jahr 2006 an Autismus erkrankte. Dem Richter zufolge war die Verbindung zwischen der Impfung mit dem vom Pharmakonzern GlaxoSmithKline hergestellten Impfstoff Infanrix Hexa Sk und der Erkrankung des Kindes erwiesen.

Natürlich ist das offiziell umstritten, weil die Pharma-Dämonie mit aller Macht verhindern will, dass die Menschen den Plan des Antichristen durchschauen. Denn was sind die Autisten? Es sind Ich-lose Menschen, denen die Impfung das Ich „weggeschossen" hat. Autisten können niemals den Bewusstseinsstand eines Erwachsenen erreichen, denn bei normalen Menschen tritt das Ich ab 21, nach den ersten drei 7er-Jahren, auf den Plan. Wenn das Ich integriert ist in den anderen Körpern des Menschen, bis 28 – danach erst geht er seinen Weg.

Das können die Autisten nicht. Sie sind reine Seelenwesen, empfänglich und mitfühlend, aber ohne ihr Ich wirken sie wie eingesperrt. Sie können vom Wesen her niemals älter werden als 21.

Und sie kriegen ihr Ich nicht wieder?

Doch, aber wohl nicht in ihrem Leben als Autisten. Aber ich durchschaue ihren Lebensplan nicht, ob es gewollt ist oder nicht. Ich kann mir nicht vorstellen, dass die Götter vor so einer Gefahr die Augen verschließen und diese Menschen da hineinrasseln lassen. Sicher dient es einem höheren Zweck. Trotzdem muss die Pharma-Dämonie das Bekanntwerden dieser Wahrheit fürchten, aber das werden sie nicht mehr aufhalten können! Sie haben genug getötet! Die positiven Reptilien zeigten mir eine biomechanische Lebensform, die sie verachten. Sie ist zwar mächtig, aber bedauernswert. Es ist für sie minderwertiges Leben, das sie wohl in ihrem Stolz unterschätzen... Diese „Metalloiden" bestehen nicht nur aus Metall und Technik. Unter ihrem Metallpanzer schützen sie eine seltsame Art von Organischem: vergehendes „Fleisch", das ohne technische Unterstützung sofort verwest. Sie nennen diese Lebensform Zidhs, und es gibt verschiedene von ihnen. Manche brauchen keine Form mehr, sie leben in elektrischen Impulsen. Ihre Art der Evolution.

Schritt für Schritt führen sie uns dahin, aus uns Cyborgs zu machen, auf schleichende Weise, sodass wir uns auch an die dafür notwendige allgegenwärtige Überwachung und Kontrolle gewöhnen. Schon der Vorläufer – die darwinistische Fehldeutung, dass der Mensch vom Affen abstamme – ist der satanische Versuch, uns Menschen tierhaft zu machen. Wir stammen von den Göttern ab! Dann glaubt eher den Zeugen Jehovas als den Wissenschaftlern, die so einen Unfug verbreiten!

Wenn in Filmen der treueste Freund des Menschen nicht mehr der Hund ist, sondern ein Roboter – seht euch vor! Die Menschen, die vom Transhumanismus „träumen", kennen wahre Geistesgröße nicht, sind versteinert in materialistischem Undenken. Sie träumen Sorats Willen, uns alle zu gefühllosen Maschinen zu machen.

Den Traum hatten die außerirdischen Greys auch und setzten ihn radikal in die Tat um. Seht, was aus ihnen geworden ist: unschlagbar im Denken, aber völlige Nieten in Beziehungen! (Abb. 25, S. 248)

Der CIA-Agent und UFO-Whistleblower Virgil Armstrong, den ich 1991 kennenlernte und mehrmals in Sedona, Arizona, besuchte, war Augenzeuge bei einem Bergungsteam einer Fliegenden Untertasse – kurz nach dem Roswell-Absturz. Er sah die kleinen Grauen (Greys) mit eigenen Augen und hatte später im Laufe seiner Geheimdiensttätigkeit mit ihnen zu tun. Er schrieb das Buch »They need us, we don't need them« (Sie brauchen uns, wir brauchen sie nicht), in dem er auf das von Ihnen Beschriebene einging. Diese Wesen, von denen manchen meinen, sie wären eine Menschheit aus unserer Zukunft, hatten sich die Gefühle herausgezüchtet, da sie zu der Erkenntnis gekommen waren, dass die Ursache von Kriegen unsere Emotionen und Gefühle sind. Sie kämen nun zurück, um von uns die Genetik zurückzuholen, um die Gefühle wieder in ihr Volk zu bringen. Im Mai 2022 traf ich einen Herrn aus der Londoner Hochfinanz, der aber auch mit der UFO-Thematik bestens vertraut ist. Er berichtete, dass im Moment eine Gruppe Außerirdischer verdeckt auf der Erde operieren würde, die er die „Neverland Beings" nennt – eine positive Gruppe. Diese berichteten ihm, dass viele außerirdische Rassen das Problem wie die Greys hätten und diesen nicht nur die Gefühle, sondern auch die Kreativität abhanden gekommen sei. Sie hätten durch die fehlende Liebe/Zuneigung/Mitgefühl die direkte Verbindung zum Schöpfer verloren, weswegen sie zu uns kommen und uns Technologie von ihnen zur Verfügung stellen würden, die wir Menschen dann weiterentwickeln – etwas, was sie selbst wohl nicht mehr können. Das passt exakt zu dem, was Sie eben erklärten.

Allerdings. Kommen wir aber zurück zur Transhumanismus-Entwicklung: Die Welt hat sich bereits an den Halbmenschen Gates verkauft: Alle seine Microsoft-Programme laufen nicht ohne Internet-Zugang – allesamt Rechner, die von den Einrichtungen, die die „Nationale Sicherheit schützen", ausspioniert werden können über die zwangsläufigen Updates. Diese Hintertüren wurden absichtlich eingebaut.

Die ganze Zersetzung unserer Kulturen durch Computer ist Sorats Werk. Erst gestern hörte ich, dass das Fahren in den hochgezüchteten E-Autos schrittweise von der Elektronik übernommen wird, die die Karre zu Handlungen aus Sicherheitsgründen veranlasst, auf die der Fahrer keinen Einfluss hat. So ist auch Jörg Haider umgebracht worden. Autos, die per Funk freigeschaltet oder gesperrt werden können. Was glaubt ihr, wie 9/11 passiert ist, oder die beiden malaysischen Passagierjets der Flüge MH370 und MH17, die nicht von den Piloten gesteuert wurden und überhaupt ganz woanders ankamen. Was wurde aus den Menschen an Bord? Da kommen wir in zutiefst satanische Kreise hinein. Und jeder dieser Halbmenschen, die dahinterstecken, muss sich eines Tages vor seinem davongejagten

Gewissen verantworten! Seht euch nur euren Kassenbon an: Der Wust an Insider-Chiffren ist länger als die Liste der eingekauften Waren. Ihr kennt es alle, wenn ihr ein Callcenter anrufen müsst: die Führung durch das Menü durch einen Rechner. Die Menschen können ja nicht mal mehr alleine Fahrrad fahren – es muss ja alles E-unterstützt sein. Ergeben wir uns der Bequemlichkeit, ergeben wir uns den Dunklen.

Gegen Sorat haben wir keine Chance. Christus, der aus einer höheren Ebene stammt, ist des Menschen Ich-Bringer, Sorat der Ich-Vernichter. Er will unser Höheres Selbst dergestalt vernichten, dass von uns nur eine Karikatur von Leben übrigbleibt – eine Verhöhnung der Trinität – der Mensch als Maschine, die er per Knopfdruck alles machen lassen kann, was er will! Nichts hält ihn davon ab – das ist sein Programm! Wir können ihn nicht ändern, aber vielleicht finden wir ja eines Tages den Stecker, den wir bei ihm ziehen müssen...

Das Ich ist der Gott in uns. Es gestaltet alle unsere Körper über unser wachsendes Bewusstsein. Von den höheren Körpern – dem Geistselbst, dem Lebensgeist und dem Geistesmenschen – können wir heute nur ahnen, was wir damit eines Tages alles anstellen. Beschädigt Sorat unser Ich, scheitert unsere Entwicklung zum Gottmenschen!

Der Antichrist wird schwächer, je mehr Menschen sich von der Christus-Macht durchdringen lassen – dann potenzieren wir die Kraft unseres Befreiers!

Damit belassen wir es mit den Dunkelmächten. Auch wenn sie sehr schwer zu begreifen sind, so hoffe ich, dass der Leser hinter ihrem Vorhandensein und ihrem Wirken eine von den Göttern forcierte Notwendigkeit erkennt und kein für sich existierender, böswilliger Urgrund. Wir kennen ihren Weltenplan nicht, ganz einfach deshalb, weil wir ihn nicht erfassen können. Dazu verrate ich ein Geheimnis: Auch unsere lichten Schöpfer haben eine dunkle Seite.

Das überrascht mich nun aber!

Um das zu erklären, muss ich etwas ausholen; einiges davon habe ich ja schon angesprochen: Durch das Wirken Luzifers erhielten wir die Möglichkeit zum freien Willen – die Möglichkeit, uns frei für etwas entscheiden zu können und auch, zwischen Gut und Böse zu unterscheiden. Das müssen wir ständig weiterentwickeln, und das erreichten wir nur über ihn. Weil dadurch der Einfluss der Götter auf uns verringert wurde, wuchs in uns ein Monster heran: das Ego, das niedere Selbst, durch das wir zugleich auf Luzifers Versuchungen hereinfallen können.

Denn Luzifer lässt sich mit einem Wort beschreiben: der „Verführer"! Er erscheint uns nicht bösartig, er umgarnt, umschmeichelt uns (unser Ego), hebt uns an, sodass wir uns wie auf Wolke 7 fühlen. Er kann uns direkt in sein Reich hineinsäuseln, da, wo die Menschenseelen ihm gehören. Auf diese Weise merken wir nicht, wie er unser Ego hineinputscht in Egomanie, in Arroganz, Begierden und Eitelkeiten – so ein Mensch hält sich selbst für einen Gott, auch wenn ihm das nicht bewusst ist.

Ja, das haben Sie bereits erklärt.

Ich muss es nochmals erwähnen, denn auf ihn fällt unser Ego am leichtesten rein. Religiöser Fanatismus gehört dazu, sodass der betreffende Mensch sich im Kontakt mit Gott oder anderen göttlichen Wesen glaubt, dabei aber dem falschen und auch noch gutaussehenden Schein auf dem Leim geht. „Luziferische Schwärmereien" nannte Rudolf Steiner das, was aus Menschen unter seinem Bann an großartigen Ideen und Machtplänen heraussprudelt. Dabei ist Luzifer durchaus bereit, Wahrheit zu verbreiten… solange ihm das nützlich ist beim Einfangen von Seelen. Er kennt den Weltenplan genauso wie die Götter, die diesen entwarfen.

Erst durch sein Wirken konnte Satan an uns herankommen, denn Luzifer wirkt derart auf unsere höheren Körper hinein, dass wir den anderen Widersacher, die 2. Macht des Bösen, nicht erkennen können: Wir nehmen unsere Umgebung nicht objektiv, sondern falsch wahr. Und darauf wirkt Ahriman/Satan ein: Er dringt von außen in uns ein über ein völlig falsches Weltbild, das er uns aufzeigt: den Materialismus. Durch ihn verfallen wir mehr und mehr dem Irrtum und der Lüge. Ich nenne das Zeitalter, in dem wir jetzt leben, das „Zeitalter der Lüge", weil diese so alldurchdringend wurde und beweist, wie satanisch, wie materialistisch unsere Welt geworden ist.

Damit befasse ich mich ja fast mein ganzes Leben, diese Lügen aufzudecken! Weil diese mittlerweile alle Lebensbereiche betreffen, können die Leute sie immer schwerer von der Wahrheit unterscheiden!

Genau, denn erst recht gefährlich werden beide Mächte, wenn ein Sucher nach der geistigen Wahrheit auf sie hereinfällt! Im Religiösen werden die Eingeweihten zu Mystikern, wie etwa Meister Eckehart mit seinem für damalige Zeiten ganz neuen Blick auf Gott. Sind sie luziferisch beeinflusst, werden sie zu religiösen Fanatikern. Unter satanischer Beeinflussung verfallen wir dem „weltlichen Wahn", dem Irrglauben, dass alles, was uns umgibt, real ist. So zimmern sich unsere materialistischen Wissenschaften in diesem Wahn Theorien und Praktiken zurecht, die nichts mit der Wirklichkeit gemein haben, so gescheit sie auch klingen mögen. Dabei ist es nichts anderes als Bequemlichkeit! Sich mit dem Geistig-Göttlichen auseinanderzusetzen, erfordert alle Kräfte des Menschen, nicht nur das Denken!

Das ist genauso wie beim Aufdecken weltverschwörerischer Aktivitäten: Da muss man in die Puschen kommen und nicht träge dem folgen, was Erziehung und Schulen uns beibrachten!

Das ist ja gerade Ahrimans Wirken: so sehr klug und logisch daherzukommen – aber in einer falschen Logik, die nur auf dem Sicht- und Messbaren basiert! Ganz besonders müssen jene aufpassen, die im Kopf Bilder und Szenen wahrnehmen und Stimmen hören! Wer nicht klar im Denken ist und sich keine gesunde Urteilskraft angeeignet hat, kann diesem dunklen Widersacher verfallen!

Dann sind die Medien, die channeln, auch auf ihn reingefallen?

Nicht unbedingt. Nur wer sich selbst nicht wirklich kennt, dem droht Gefahr. Wir müssen lernen, uns umfassender zu betrachten, als wir es gewohnt sind, und uns mit Christus verbünden!
Denn es ist leider alltäglich, dass wir auf sie hereinfallen! Und deshalb gibt es die Krankheit, den Schmerz und den Tod! Und jetzt kommt's: Zwar gibt es dieses Elend, seit Luzifer und Satan in unsere Entwicklung eingegriffen haben, aber es entstand nicht aus ihrem Wirken – sondern es wurde von den lichten Göttern erzeugt!

Sie sagen also, dass Gott bzw. die Götter über uns die Krankheit und den Tod brachten?!

Ja. Eigentlich ist das auch logisch, denn um unsere Verstrickung mit den Widersachern aufzulösen, sollten Krankheit und Leiden uns in ein Erkennen versetzen. Es sollte uns warnen...

...und wer das nicht kapiert, der stirbt halt?

Um die Menschen letztlich zu retten vor den verderblichen Einflüssen der gefallenen Engel und der Dämonen!

Wer demnach durch eine Krankheit stirbt, um den Widersachern zu entkommen, ist also dadurch von ihnen befreit?

Nicht ganz. Er stirbt ja, weil er es nicht erkannte oder ihnen nicht entkommen konnte. Ihr verderblicher Einfluss wird ihn darüber hinaus verfolgen – in das nächste Leben hinein: durch Karma!

Aber Karma ist kein Schicksal, das apathisch geduldet werden muss! Karma ist nicht unabänderlich, sondern fordert zum Handeln auf, damit wir es aufheben!

Ja. Das Wirken der Widersacher presst sich in unsere Körper hinein: luziferisches im Astralleib, ahrimanisches im Ätherleib. Das bedeutet, dass wir im nächsten Leben mit solcherart geprägten Körpern wiederkehren: Ein egomanischer Mensch muss im nächsten Leben mit einem schwächlichen Körper klarkommen, materielle Gier lässt in der folgenden Inkarnation den Körper anfällig für Infektionen sein. Tugendhaftigkeit, Demut, Bescheidenheit – das ist die Basis für gesunde Körper! Das sind allgemeine karmische Regeln, keine unbedingten.

Und noch etwas anderes spielt da mit hinein, worüber wir uns klar sein müssen und schon zuvor kurz erwähnt wurde: Was uns an schlimmen Eindrücken und Bildern durch unsere „moderne Zivilisation" – allein schon über die kranken Massenmedien! – einprogrammiert wird, führt zu Erkrankungen in den Menschen! Bluttriefende Szenen erschaffen in den Menschen „ausflippende" Bakterien!

Wer Corona „mediengewollt" erlebt – über Darstellungen voller Angst und Tod – und damit einschläft, bereitet seinen Körper, sein Energiefeld und seinen Astralleib auf das Kranksein vor. Es ist ein geistiges Wirken, das die materiell gestrickten Politiker, Ärzte und Journalisten erzeugen. Sie verstehen nicht, wie tief ihre Schuld in die göttlich-geistige Welt hineinragt. Diese Imaginationen der Angst nähren die schädlichen Kräfte in den Menschen umso stärker, je mehr angstbesetzte Menschen sich mit ihresgleichen umgeben. Wer stattdessen Mitgefühl für die durch Furcht krank gewordenen Menschen entwickelt, in dem können die ahrimanischen Kräfte nicht wirken.

Also am besten das alles nicht an sich herankommen lassen. Das ist sehr schwer.

Es gibt eine einfache Regel: Alles Parasitäre ist auf Luzifer und Ahriman zurückzuführen! Nur wenn der Mensch an das Göttlich-Geistige in positiver Weise glaubt und sich damit befasst, er quasi einen „geistigen Durchblick" mit in den Schlaf, mit in das geistige Reich nimmt, empfängt er von dort aufbauende Kräfte. Ein erstarkender, menschlicher Geist wehrt Infektionen mühelos ab!

Um die Ziele ihres Weltenplans zu erreichen, greifen die Götter immer dann regulierend ein, wenn große Gruppen von Menschen „aus dem Ruder laufen", wenn die Widersachermächte zu stark werden: in Zeiten religiösem Wahns, wie die der Inquisition, in Zeiten der Hysterie, wenn Aberglaube überhand nahm, oder eben, wenn eine gottlose, engstirnige Wissenschaft dominiert! Alles das, was unsere Vorfahren in die astralen Sphären hineinbrannten, wird uns heute präsentiert!

Stichwort Epidemien?

Rudolf Steiner warnte davor, dass, je unspiritueller die Menschheit wird, sie zukünftig unter Epidemien schwerer Nervenerkrankungen, ja, des Wahnsinns zu leiden haben. Und das wird ganze Völker befallen. In dieser Zeit leben wir jetzt! Denn welcher bewusste Mensch sieht nicht den Corona-Wahn, in den so viele Menschen hineingestürzt wurden! Klares, logisches und geisterfülltes Denken durchschaut den Irrsinn und lässt seinen Träger „unansteckbar" sein – nicht ansteckbar von den hochinfektiösen Wahngebilden, die das dressierte Establishment ausstößt. Corona ist eine Pandemie des Wahnsinns!

Jetzt wird besser verständlich, weshalb die Menschen nicht erreichbar sind!

Sie sind einem materialistischen Wahn verfallen. Kranke werden von ihrem Karma angerempelt. Dabei sind Viren und Bakterien nicht das Krankmachende – es ist die Disposition des Menschen selbst zu diesen Krankheiten hin. Hätte er diese nicht, gäbe es in ihm keinen organischen Grund, zu erkranken. Die Ursache von Corona ist die fehlende Bewusstheit der Menschen. Corona ist menschenerzeugt, nicht von den Göttern gemacht.

Dann sind die Götter für die Epidemien verantwortlich?

Verantwortlich ist letztlich nur der Mensch. Die Götter erzeugten die Epidemien der Vergangenheit – und mit ihnen auch die Unwissenheit, wie Menschen diese beenden konnten. Denn das Ende einer Epidemie war den Menschen nicht in die Hände gelegt – das konnten nur die Götter tun, wenn sie es beschlossen. Darin zeigt sich, wie gering der Einfluss der Menschen war, auf das Menschheitskarma cinzuwirken. Wenn die guten Engelwesen derart regulierend eingriffen, boten sie den Menschen zugleich eine Alternative an: den Weg, den sie zu gehen hatten. Die Epidemien führten eine Veränderung aller Körper in jedem Menschen herbei, auf seinem Weg zu ihrer Vervollkommnung und in letzter Konsequenz zu einem erweiterten Erkennen, zu einer Verschärfung des Denkens.

So hatte die große Pest-Epidemie im 14. Jahrhundert bei den Danach-Geborenen ein umstrukturiertes Gehirn zur Folge – und läutete damit das Zeitalter der Bewusstseinsseele ein. Die frühen Grippe-Epidemien traten völlig überraschend auf und endeten ebenso plötzlich, und das in verschiedenen Regionen der Erde, ohne dass eine Ansteckung stattfinden konnte. Die Grippe-Ansteckung ist eine Lüge! Die Epidemien schicken viele Seelen in das geistige Reich zurück – Seelen, die daraufhin mit verbesserten Ausdrucksmöglichkeiten zurückkehrten.

Die früheren Menschen wussten noch, woher die Grippe, die Influenza, kam: von den Sternen (lat. influens: Beeinflussung). Sie kam wie ein Gottesurteil über sie, und es gab nichts, was sie dagegen tun konnten. Die Influenza galt bis vor kurzem noch als nicht ansteckend. Das machte erst die Wissenschaft aus ihr, mit ihrer Erfindung von außen eindringenden Viren und Bakterien, die dafür verantwortlich sein sollen. So wie das Mittelalter seine Gespenster hatte, schieben sie uns heute diese Gruseligen unter. Das ist die Kraft, die das Gute will, aber das „Böse" schafft...

Dann wäre es doch mal interessant herauszufinden, wann wo welche Epidemien stattfanden und was dort gerade gesellschaftlich los war.

Auf jeden Fall. All die geschichtlichen Zusammenhänge zwischen Menschheitswegen und Menschheitskarma durch Epidemien und Seuchen auf ihren geistigen Hintergrund zu erforschen, wird sehr aufschlussreich sein. Schon unsere Altvorderen wussten, dass Epidemien, besonders die der Grippe, mit den Aktivitäten der Sonne zusammenhingen, speziell mit ihrem 11-Jahres-Zyklus, dem Ansteigen der Sonnenflecken. Diese Flecken sind Zeichen ihres Alterns, so wie bei uns die Altersflecken. Bei uns bleiben sie auf der Haut, bei der turbulenten Sonne geben sie einen Blick frei in ihr Inneres – ein Blick ins Nichts, den Geist, der über die Sonnenstürme auf die Menschheit einwirkt. Deshalb sind sie schwarz, weil in der Sonne nichts Materielles ist, auch kein Licht. In ihrer Jugend war sie makellos, hatte keine Flecken, und in ihren geist-gemäßen Zeitdauern wird sie übersät davon sein, kurz vor ihrem Wandel.

Epidemien sind ein Regelungsmechanismus im Fortgang der Menschheit, wann immer großflächige Verirrungen in ihr auftreten, so wie das heutige extrem materialistische Denken, das verschwinden wird. Das kann unsere Wissenschaft nicht erkennen. Sie glaubt, dass sie prinzipiell alles weiß, um alles erklären zu können. Dabei gibt es Energien, die tief verborgen in den astralen Ebenen schwingen, Bewusstseinsenergien, die ihnen nicht offenbart werden. Selbst wenn sie darüber stolpern, können sie sie nicht sehen – die ahrimanische Täuschung, die wirkliche Welt wahrzunehmen!

Auf einer tieferen Lebensebene erzeugen wir das, woran wir glauben und denken...

Vor den Fragen, die die Menschen wirklich interessieren – wer wir sind, woher wir kommen und wohin wir gehen – versagt die Wissenschaft kläglich.

Ja, sie behauptet einfach, dass es das Geistige nicht gibt und dass solche Fragen deshalb irrelevant sind. *Ihr träumt Ahrimans Traum, Jungs! Ihr seid süchtig nach Gedanken, diesen luziferisch-ahrimanischen!* Bezeichnend dafür ist, dass dieses Denken keine Ethik, keine Moralität hervorbringt!

Sie reden vom elektrischen Universum, das von Plasma-Feldern geformt wurde, und vom Menschen als einem elektrischen Wesen. Sie reden vom Energiefeld der Mutter Erde, über irgendwelche Ladungen und Ströme darin, und erfassen in keinster Weise, dass sie nur an dem Äußeren von etwas Erhabenem und Unmessbarem herumspekulieren, weil sie keine Ahnung davon haben, was Bewusstsein, was Geist wirklich ist – Mächte, die in einem einzigen Moment die Mechanismen physikalischer Energien auflösen können! Deshalb konnte ja auch die globale Elektrifizierung der Welt geschehen, mit ihrem rasanten Anstieg künstlicher elektromagnetischer Felder und Frequenzen, ohne dass Wissenschaftler sich jemals die Frage stellten, wie diese Verseuchung auf das Leben, auf Menschen, Tiere, Pflanzen sowie Elementarwesen wirkt. Und Ahriman träumt vergnügt weiter...

Manchmal gehen mit dem Ansteigen der Sonnenflecken Epidemien einher und auch noch andere Vorgänge, manchmal aber auch nicht. Warum? Weil hinter der Vermischung der Felder von Sonne und Erde eine Willenskraft wirkt, die entscheidet, was werden soll. Die Sonnengeister impulsieren das Körperbewusstsein des Menschen und die Gruppenseele der Tiere dazu, Viren in den physischen Körpern zusammenzubauen – aus den „sinnlosen Gen-Sequenzen, die in ihnen zirkulieren – oder Bakterien, um Zellen degenerieren zu lassen. Und der Wissenschaftler sieht nur das Chemische, das Physikalische. Je stärker sich die Menschen auf den satanischen Materialismus einlassen, umso heftiger wirken diese „kosmischen Boten". Angst lädt sie geradezu ein, in den Menschen aufzutreten! Programmierte Erwartungshaltungen aus Angst sind hoch ansteckend! Denn es ist ja gerade die nicht ansteckende Grippe-Epidemie, vor der die Lügenmedien die Massenmenschen jedes Jahr in Panik putschen. Selbst ich glaubte vor langer Zeit diesen Schwachsinn. Seit ich es nicht mehr tue, „erwischt" mich auch keine Grippe mehr.

Das Einhüllen von Mutter Erde mit den menschengemachten technologischen Feldern und das absolut geistesgestörte Einwirken von Militärs in ihre elektrisch leitenden Hüllen, werden zu Katastrophen führen, die es noch nie zuvor gegeben hat! Wegen des furchtbaren Elektrosmogs, der uns nie so sein lässt, wie sie wirklich sind, veränderten auch die Götter ihre Strategie: Da die Menschen der Bequemlichkeit der „elektrischen Kulturen" verfielen, lassen sie die früher gelegentlichen Epidemien nun regelmäßig auf uns „herabregnen", in der Hoffnung, dass die Menschen aufwachen. Und dazu gehören auch die Tier-Epidemien.

Siehe Corona-Wahn! Die Menschen werden das nicht verstehen!

Die Seelen in der heutigen geist-losen Menschheit sind größtenteils verödet. In ihnen ist eine entsetzliche Leere, die sie antreibt, ständig etwas Neues erleben zu müssen, die Abend für Abend oder jedes Wochenende unterwegs sind, um ihrer inneren Leere zu entkommen. Shopping, Konsum und Glotze sind markante Zeichen von menschlichem Unerfülltsein, gepaart mit einer bodenlosen Gier nach Geld und Habenwollen. Und je länger sie sich mit solchen Belanglosigkeiten im Außen abstrampeln, umso mehr leiden sie.

Helfen kann nur die Hinwendung nach Innen, zum Göttlich-Geistigen, zu Christus. Wir müssen uns für eine Weisheit öffnen, hinter der ein uraltes Wissen lebt. Trotzdem dürfen wir nicht beim Wissenaneignen stehen bleiben. **Wissen, das uns nicht verändert, hilft uns nicht. Okkultes Erlernen geht oft einher mit heftigen Erfahrungen im Außen.** Wir haben keine andere Wahl, als die sich ständig verändernden Ereignisse zu verstehen und darüber hinauszugehen. **Die aktuellen globalen Veränderungen werden von den Dunkelmächten diktiert – und die Götter lassen es zu, weil es unser Erwachen forciert: das Erkennen des geistigen Lebens hinter dem Sichtbaren!**

Auf simple Weise haben die Naturforscher recht, die uns erzählen, dass wir von elektromagnetischer Strahlung umflossen werden. Tatsächlich sind wir in ein unentwegtes „Strahlenbad" eingetaucht – in die Gedanken der Götter! Es dringt aus dem Kosmos in uns ein und ebenso von der Erde her! Das Universum – die Götter, die Planeten, die Sonnen – sie reden unablässig mit uns! Manche äußerlichen Erscheinungen in der Atmosphäre unserer Mutter Erde weisen indirekt darauf hin.

Wer sich dessen bewusst wird, für den sind die großen Wesenheiten nichts Fernes, denn er fühlt sie in sich selbst wirken. Derjenige entwickelt ein leises Gespür für sie, und sie werden ihm näher als die eigenen Hände... **Die Götter schauen auf uns und darauf, wie wir auf die Geschehnisse in der Welt reagieren – danach handeln sie!** Denn alles, was geschieht, ist letztlich Götter-Wirken!

Und dann gibt es da noch die Liebe – eine Energie, die weder erfasst noch gespeichert werden kann, und die einen Menschen seltsamerweise immer stärker werden lässt, je mehr er von ihr gibt! **Liebe befeuert das Leben und verjagt das Krankmachende!** Sie ist die größte Heilkraft im Kosmos, weil vor ihr alles Dunkle und Kranke flieht! Denn nur deshalb leben wir in physischen Körpern: um unsere Gefühle zur Liebe zu verdichten! Und Christus bewegt uns dazu, diese sinnliche Liebe in eine höhere, die geistige Liebe, zu wandeln! Verweigern wir uns der Liebe, könnte aus uns etwas werden, wie sie die Greys darstellen.

Oh ja! Was können Sie noch über die Greys sagen?

Eigentlich wollte ich mit den geistigen Gesetzen im Universum anfangen, denen alles Leben hier unterliegt. Aber dann eben zuerst die Antwort auf Ihre Frage. Im Grunde genommen passt sie sehr gut zu den Dunkelmächten, zu Sorat, denn die Greys sind eine Menschheit, die sehr dicht an den Urschöpfer heranreicht, eine alte Zivilisation also, und deshalb auch sehr dicht beim Sonnendämon steht.

Weil sie die eindringende Liebe konsequent ablehnten und aus ihrer Art wegzüchteten – gerade deshalb ähneln sie dem Soratisch-Dämonischen sehr! Sie setzten radikal auf das Denken und leben weit entfernt auf ihrer Urwelt, an einem gruseligen Ort, na ja, für uns Menschen. Für die Greys vielleicht auch, wenn sie empfinden könnten. Es gibt viele Rassen von ihnen, und nicht alle handeln bösartig. Manche dienen den Reptiloiden. Um beide Lebensformen sollten wir einen großen Bogen machen.

Greys sind die Schöpfungen der Schwarzen Trinität, jene, die irgendwann umkippte. Das geschah in einem anderen Universum. Ich

vermute, dass Sorat diese Trinität ebenfalls beeinflusst. Ihre Schöpfungen sind nicht zu Gefühlen fähig. Und sie ist jetzt dabei, die Graue Trinität der Reptiloiden ganz in die Finsternis hinabzuzerren. Noch empfinden die Reptiloiden, wenn auch hauptsächlich negativ.
Die Greys verbreiteten sich ebenfalls im Universum, aber ihre Ursprungswelt ist Alpha Reticulum. Selbst im Herausbilden der Imagination bedrückt und bedroht mich die Tödlichkeit dieser verstrahlten Region in seinem finster-bläulichen Licht, das wir als Licht nicht erkennen würden und das wir weder körperlich noch seelisch ertragen könnten. Sie gehört zu den dunkelsten Reichen, in denen es Leben gibt.
Die Greys sind eine Schwarmintelligenz. In ihrem Denken überragen sie selbst Ahriman, der ihnen auf diese Art ähnelt. Es ist offenbar eine Königin, die den Kernstamm steuert. Viele Schwärme verließen vor langer Zeit diesen Ort, als ihre Sonne noch blühte. Sie ist eine der alten, archaischen Königinnen, die weder befruchtet werden noch gebären kann. Sie hat keine Sinne wie wir. Der Nachwuchs, wenn wir ihn so nennen können, wächst in dem auf, was wir hier bei uns ein Labor nennen. Die Königin nimmt Strahlung direkt in ihrem Hirnzentrum wahr und strahlt auch selbst eine aus. Die Greys brauchen keinen Mund und keine Ohren, um zu kommunizieren, ihre Kommunikation ist die unmittelbarste: von Hirnstrom zu Hirnstrom. Deshalb kann sich auch kein Lebewesen vor ihnen verstecken, auch die Metalloiden nicht. Sie sind telepathisch und telekinetisch auf die machtvollste Weise, die wir kennen. Sie können alles Leben, das Impulse jeglicher Art aussendet, steuern.
Das Bewusstsein ihrer Herrscherin verbindet sich mühelos mit dem ihrer sterbenden Sonne. Es waren zwei Sonnen, wobei die kleinere ihre Lebensenergie von der großen absaugte. Als ihr Hauptstern allmählich in Agonie verfiel, bündelte die Königin die Gedankenmacht ihrer Untertanen mit der eigenen ungeheuren Kraft zu einem Portal, durch das sie den kleinen wegschickte in eine weit entfernte Umlaufbahn.

In ihrem kalten, unbegrenzten Denken erfasste die Königin, dass sie und ihre Art keine Zukunft mehr haben. Sie kann zwar nicht fühlen, aber sie weiß, dass ihr eine ganze Ebene schöpferischer Urkraft fehlt, die Liebe, die ihre Vorfahren einst nicht wollten. Aber die brauchen sie jetzt, damit ihre „Kinder" diesen Ort verlassen und sich in einer Region niederlassen können, in der es weniger harte Strahlung gibt und wo sie dann auch Empfindungen haben können.

Die glimmende Sonne muss ihren kosmischen Opfergang antreten: zu erlöschen und anderem Leben als „Nahrung" zu dienen – die ultimative Umwandlung des Geistes. Die Königin konnte ihre Sonne nicht mehr unterstützen, ihr unaufhaltsames Sterben nicht mehr abwenden. Aber sie und ihre Art können nur in der für alle anderen Lebewesen tödlichen Strahlung leben. Sie und ihr Schwarm würden mit der Sonne gehen.

Sie erdachte die Lösung, als sie die irdischen Menschen über ihre Sucher sah: Wir tragen genau das in uns, das sie braucht – unsere Vielfalt an Empfindungen, unsere Gefühle! So kamen die Greys auf die für sie relativ benachbarte Erde und befruchteten Menschenfrauen mit ihrem synthetischen Samen, und wenn die Zeit reif war, entnahmen sie ihnen die Embryos. So züchten die Greys Hybride heran: Mischwesen aus sich selbst und Menschen.

Für die Greys gibt es keine materiellen Barrieren, die lösen sie einfach auf in deren Energiebestandteile. Vor ihnen schützt nur Christus: **Seinen Namen furchtlos aussprechen, Sein Licht im Herzen – und sie müssen weichen.** Aber wer erhält die Chance dazu? Unser Hirn ist längst abgeschaltet, wenn sie erscheinen. Deshalb gibt es kaum Erinnerungen an die Begegnungen mit ihnen. Zurück bleibt ein diffuses Gefühl der Angst und des Verlustes.

Dabei vollbringen sie das Wunder, Hybride mit einem hohen menschlichen Anteil in einer absolut menschenfeindlichen Umgebung großzuziehen – Mischwesen, die äußerlich und innerlich viel Menschliches haben, das die Greys nicht verstehen. Was sie lange nicht erkannten, ist, dass diese neuartigen Schöpfungen Milch brauchen, um zu überleben. Milch verstehen sie überhaupt nicht; sie kennen nur Nährlösungen. Viele der Hybriden starben, bis sie es herausfanden.

Das ist der Sinn hinter den Viehverstümmelungen: Sie schneiden oft Euter und Inneres aus den Kühen ab, weil sie eine Milchproduktion auf ihrer Welt aufbauten für die Kinder, die wegen ihrer genetischen Vitalität mehr Menschen sind als Greys. Da sie weder stillende Mütter noch anderes Leben von der Erde mitnehmen können in ihre für uns tödliche Welt, aber Milch brauchen, experimentierten sie.

Jede Welt mit stillenden Müttern hat ihre eigene Milch, die völlig verschieden ist von denen anderer Welten. Deshalb können sie nur Milch von der Erde nehmen. Dafür tun sie grausame Dinge, aber sie kennen keine Ethik, keine Gefühle. Das versuchen sie ja über ihre Hybriden wieder reinzukriegen in ihre Art: die vitale und einzigartige Kraft im Kosmos – unsere menschlichen Gefühle. Deshalb sind wir erschaffen worden: um in einer fernen Zukunft allen galaktischen Rassen, die das nicht kennen, Moral vorzuleben und ihnen eine humane Ethik zu zeigen. Allerdings müssen wir dafür erstmal bei uns selbst auf der Erde anfangen.

Und ihre oder unsere Hybride wirken bereits in der Galaxis: Sie werden als auffallend menschlich und anziehend beschrieben, mit dunklem Haupthaar und eher mandelförmigen Augen, in deren Schwärze es auch aufleuchtet. Sie verhalten sich eindeutig menschlich: wohlwollend und teilnahmsvoll.

Vielleicht ist es die Schwingungserhöhung... dass die Königin eines der stärksten menschlichen Gefühle erfahren will: wie es ist, eine Mutter zu sein...

Das ist ja das, was ich von Virgil Armstrong und dem Londoner Hochfinanz-Mann erfahren hatte. Sie kommen zu uns, weil sie unsere Gefühle und unsere Kreativität benötigen. Fakt ist hier aber auch – und das mag politisch unkorrekt sein –, dass diese Alien-Abductions, also Entführungen von Menschen durch Außerirdische bzw. Menschen aus der Zukunft, ein fast ausschließlich weißes Phänomen ist. Es werden fast nur Menschen genetisch „gemolken", die dem arischen Menschentypus entsprechen. Das hat wohl auch damit zu tun, dass die Menschheit in der Zukunft fast ausschließlich weiß sein wird – das ergaben die Aussagen von den Außerirdischen selbst sowie die Zeitreisen beim Montauk-Projekt, als man nur blond-blauäugige Jungen (Montauk Boys) in die Zukunft sandte, da Kinder mit dunklerer Hautfarbe aufgefallen wären.

Aber woher wissen Sie das alles?

Heute beginnt es meistens mit einer Frage und einem Buch. Ich bin ein Bücher-Junkie. Leider kann ich nicht mehr lesen, ohne dass sich die Eindrücke dazwischendrängen. Doch wir dürfen bei dem gelesenen oder vorgetragenen Wort nicht stehenbleiben, denn sonst wissen wir nicht viel, wenn wir es nicht weiterverarbeiten. **Es muss verinnerlicht werden, lebendig in uns werden – und das kann es nur durch eigene innere Aktivität.**

Das Wissen muss sich reiben, wie Sie das vorher schon beschrieben haben.

Genau! Wenn mich heute etwas interessiert, und ich lese darüber oder konzentriere mich darauf, dann tauchen sie auf: so viele Eindrücke, Bilder, Stimmungen, Stimmen, als ob sie aus mir selbst sind. Sie sind nicht statisch, sie entwickeln sich weiter, wenn ich nicht irgendwann aussteige. Es ist dynamisch; ich muss es allerdings sortieren, verstehbar machen, wobei mir natürlich auch Fehler unterlaufen, wenn ich nicht klar und kritisch bleibe. Und ich suche im Außen nach Beweisen für das innerlich Erlebte.

Sind es vielleicht Erinnerungen aus Vorleben, aus Atlantis oder so?

Oh sicher, auch von da. Sie sind zumeist mit Erfahrungen aus diesem Leben verknüpft. Oft sind es keine schmeichelhaften Eindrücke; sie rufen unangenehme Emotionen hervor, aus Taten, die ich heute nicht mehr verbrechen könnte. Viele Figuren, die in unserer falschen Geschichtsschreibung hochgejubelt werden, sind ja einfach nur gestörte Gestalten, die sich an Macht, Krieg und Gewalt ergötzten. Manchmal lebte ich in so einem Umfeld.

221

Es ist nicht so, wie es in der Esoterik geglaubt wird, dass wir nur hehre, am besten noch historisch bekannte und gefeierte Gestalten waren. Es hat schon seinen Grund, warum ein Schleier darüber gelegt wurde. Ich habe schon so viele Menschen... nun ja... beseitigt, und etwas davon hängt mir immer noch an. Meistens waren wir eben einfache Menschen, die sich irgendwie durchs Leben schlugen.

Sich an zutiefst belastendes und verstörendes Treiben zu erinnern, in das wir einst eingebunden waren, könnte uns im aktuellen Leben aus der Bahn werfen. Und wenn wir unsere Klarheit verlieren, macht uns das zu einem Schlachtfeld für lichte und dunkle Kräfte, die um die Vorherrschaft in uns ringen.

Einmal trat eine Jugendliche in mein Leben, die ich als eine Ehefrau aus einem Vorleben erkannte. Obwohl das Herz wieder verrückt spielte, durfte das nicht sein. Sagen konnte ich ihr das ohnehin nicht, weil sie es nicht verstanden hätte. Klingt ja auch schwachsinnig für jeden normalen Menschen. Nachdem es sich normalisierte, sah ich, dass die damalige Ehe schlecht lief und dass ich hier und jetzt die Möglichkeit hatte, einiges wieder zu richten. So konnte ich „Schuld" auf eine andere Art auflösen. Heute stehen wir in einem normalen Verhältnis zueinander, ganz im Diesseits begründet.

Wie gehen Sie damit um?

Das kommt ja nicht Knall auf Fall. Als ich bewusster wurde, erkannte ich Eigenschaften an mir, die mir unerklärlich waren, vor allem durch die Begegnungen mit anderen Menschen. Meine geistige Führung geleitete mich nach und nach an die Antworten heran. Es ist wie mit der Weltverschwörung: Je länger wir sie beobachten, umso durchscheinender wird der Plan. Im Grunde genommen ist er von einer Einfachheit, dass ich mich wundere, warum so viele Menschen ihn nicht sehen.

Sehen könnten sie ihn schon, aber sie wollen es nicht.

Das stimmt. Er steht und fällt mit ihrem verbissenen Glauben, der durch absolut nichts gerechtfertigt ist, dass Massenmedien und Politiker Wahrheit verbreiten. Das ist ihre fundamentale Fehlprogrammierung.

Genauso verhält es sich mit den geistigen Gesetzen des Universums. Je länger ich hinschaue, umso klarer werden sie. Unsere Wissenschaftler fragen sich, warum der Kosmos uns Menschen zuließ, wo wir doch nur in einem winzigen Ausschnitt von Bedingungen leben können. Es ist so einfach: weil ein unvorstellbares, individuelles Bewusstsein dieses Universum mit der Zielsetzung „Mensch" erschuf.

Das Wort „Kosmos" sagt es ja schon – „Kosmos" heißt im Griechischen „Ordnung", und eine Ordnung beruht auf Gesetzen. Wer sie versteht und danach handelt, für den gibt es keine Zufälle mehr. Wer gegen sie handelt – ob bewusst oder unbewusst –, der wundert sich über Krankheiten, Schicksalsschläge oder Unfälle, weil er die Zusammenhänge nicht kennt, nicht erkennen kann – oder auch gar nicht will...

Genau so ist es. Aber bitte lassen Sie mich noch etwas über meine eigene Entwicklung sagen: Bevor ich schamanisch reiste, war ich schon tief verwickelt „in der Galaxis": Ich las so viel über außerirdisches Leben und schrieb sogar ein eigenes, nicht beendetes Epos über eine frühere Menschheit, die schon das ganze Planetensystem bewohnte, allerdings zutiefst gespalten und deshalb im Untergehen war. Ich schrieb wohl 3.000 Seiten daran, machte Skizzen über Raumschiff-Antriebe und außerirdische Kolonien, hörte aber auf, weil es auf naturwissenschaftlichen Ansichten beruhte, die ich mehr und mehr als Gefängnismauern erkannte.

Es gibt Bücher und Bilder im Internet, die viele Rassen in unserer Galaxis und im All zeigen. Einige sind mir vertraut, andere kenne ich nicht. Doch an ihnen kann jeder die menschliche Ausrichtung des Universums erkennen, ganz besonders in den Form-Gesetzen: Nahezu alle Rassen sind humanoid gestaltet mit zwei Armen und zwei Beinen an einem Hauptkörper.

Und einem Kopf obendrauf.

Ja, es ist spannend. Das ist sogar im ganz Großen so: Es gibt geistige Wesenheiten, die haben als untere Gliedmaßen ein Planetensystem oder mehrere, und einen Körper in Gestalt einer Galaxis oder gar einer Megagalaxis.

Die dann allerdings nicht mehr humanoid aussehen.

Das zeigt uns den Weg der Entwicklung. Irgendwann haben wir ja auch keine solche Form mehr und werden Tausende Jahre alt in einem astralen Körper. Man vergleicht die Art unseres Universums schon mit einem menschlichen Gehirn. Wer glaubt, man könnte mit einem Raumschiff direkt von einem Punkt zum anderen fliegen, der irrt, denn der Kosmos besteht hauptsächlich aus „Nicht-Raum".
Die Raumschiffe fliegen nach „Karten", die die unterschiedlichen Energiebahnen zeigen, auf denen die entmaterialisierten Schiffe und auch Bewusstsein quer durchs All reisen. Diese Bahnen kreuzen sich wie die Nerven in unserem Gehirn in verschieden großen „Neuronen", aus denen entsprechend starke, hochastrale Energien strömen. Aus der Energie solcher Knotenpunkte kann Bewusstsein Portale schaffen, die z.B. als Ein- und Austrittstore für Schiffe geeignet sind. Der kosmische Raum ist mit diesen Schnittstellen durchsetzt, ebenso wie unser Gehirn mit Neuronen. Selbst der Raum um die Erde und auf der Erde ist voll davon. Wer in der Nähe solcher unsichtbaren, unmessbaren, aber fühlbaren Energiepunkte lebt, zapft sie meist unbewusst an und formt damit Realität. Aus den großen Neuronen erschaffen die Götter unsere konkret-materielle Lebensbühne.
Hinter den sichtbaren Großstrukturen unseres Kosmos verbirgt sich das höherschwingende ätherische und astrale Universum, die Dimensionen voll anderer Arten von Leben. Mit ihnen sind wir über unseren eigenen Äther- und Astralkörper verbunden, ebenfalls mit den Äther- und Astralsphären unserer Himmelskörper. In den Astralwelten sind die Seelen der Tiere zuhause, in den Ätherwelten leben die Naturgeister und das Bewusstsein von Pflanzen.
Das Leben in der Astralität wird nach Jahrtausenden gerechnet, aber auch dieses endet einmal und wandelt sich um in ein anderes Sein.

Normal sind diese Ebenen voneinander getrennt durch ihre verschiedenen „Dichten", doch es gibt auch Orte, Schnittstellen, wo mitunter astrales Sein in unsere Welt eindringen und sogar sichtbar werden kann. Manche galaktischen oder kosmischen Wesen können sich bewusst materiell sichtbar oder unsichtbar machen oder chamäleonartig ihr Aussehen verändern, durch das Steuern solcher Felder.

Siehe die Geschichte des Echsenwesens, das sich in den Rocky Mountains materialisieren konnte... Aber sind all diese außerirdischen Humanoiden Geschöpfe unserer eigenen Trinität?

Nicht unserer eigenen, sondern einer anderen. Alles humanoide Leben trägt in sich des Urschöpfers *Wille – Kraft – Wort*, auf der Ebene der fünf lichten Trinitäten wurde daraus *Wollen – Denken – Fühlen*, also Liebe, wobei unser Schöpfertrio durch Christus am stärksten die Liebe entfaltete. Als ein Abbild der Heiligen Dreieinigkeit des Urschöpfers sind diese drei Kräfte als drei gleichgroße Potentiale in uns angelegt, aber eben unterschiedlich stark entwickelt. Dieses Verhältnis zueinander bestimmt, wo wir leben, wie wir leben, ob wir warm- oder kaltblütig sind, nett oder nicht so nett.

Das heißt, dass alle Zivilisationen im Universum Menschheiten sind?

Hauptsächlich ja, doch es gibt einige andere, dazu vielleicht später mehr. Solange wir eher materiell-astral als geistig strukturiert sind, leben wir in der humanoiden Form. Sie ist der Ausdruck dafür, dass wir noch in der Materie verwurzelt sind. Menschheiten, die sich schon vergeistigten, benötigen keine Form mehr.

Und Sie – sind Sie von hier, von der Erde?

Nein. Allerdings bin ich schon so lange hier, dass ich quasi zu ihrem Inventar gehöre.

Von woher kommen Sie?

Das würde zu weit aus dieser Realität führen. Meine Geistführerin und ich stiegen irgendwann in das irdische Spiel der Inkarnationen ein. Mal ging sie alleine „runter" und ich begleitete sie von außerhalb, mal machten wir es umgekehrt, so wie jetzt. Allerdings waren die schönsten Leben jene, die wir gemeinsam auf der Erde verbrachten, in Zeiten und Ländern, die ich besonders mochte in meiner Liebe zur Natur, weil sie mich an Zuhause erinnerten. Wir führten ganz normale Leben, mit Geburt und Tod und so.

Und Sie beide sind immer noch hier.

Obwohl es nicht immer nett war. Manche Leben standen im Zeichen von schweren Prüfungen und waren hart. Das kann ja jeder bewusste Mensch bei sich selbst feststellen, dass die Lebensprüfungen immer direkter, gezielter werden, ja, sich schon grausam anfühlen.

Es ist verwunderlich, dass Sie beide dann noch immer hier sind. Ich weiß von Menschen, die über die Reinkarnation Bescheid wissen, die sagen: *„Ich komme nicht wieder her nach diesem Leben."*

Das legen sie ihnen „drüben" schon anders dar. Und selbst wenn wir uns auf meine schöne, friedliche Welt zurückziehen würden – irgendwann holt uns unsere Vergangenheit doch ein. Die irdische Menschheit ist heute in einer äußerst schwierigen Situation – ähnlich schwer wie jene, als Christus auf die Erde kommen musste –, und jetzt abzuhauen, hieße, sie im Stich zu lassen. Das wird nicht geschehen. Wir gehen gemeinsam weiter!

Selbst wenn Sie dabei draufgehen würden?

Das ist ja einkalkuliert; ab einem bestimmten Alter in diesem Leben war mir das immer klar. Der Tod macht mir keine Angst. In diesen Jahrtausenden auf der Erde starb ich schon so viele Male – so wie die meisten von uns! Wir müssen lernen, in anderen Lebensmaßstäben zu rechnen. Dass die Kirche das Wissen um die Wiedergeburt unterdrückte, war ein Teil des Götterplans. Wir sollen auch heute noch auf das aktuelle Leben zentriert bleiben, aber uns in größeren Zusammenhängen denken und sehen lernen.

Noch sind wir nicht so geistig, um unsere Unsterblichkeit zu sehen. Gerade hier in der Materie brauchen wir das „Stirb und Werde". Unsere derzeitige Entwicklung kann nur über Tod und Wiedergeburt laufen. Wenn wir nicht mehr sterben, sondern uns willentlich umwandeln, sind wir keine materiellen Menschen mehr. Unsere Lebensdauer verlängert sich mit den göttlichen Aufgaben, die wir mehr und mehr übernehmen. Stellen Sie sich vor, Sie würden ewig leben und hätten dann nichts Sinnvolles um die Ohren...

Wir alle sind freiwillig hier, da gibt es kein Vertun. Und wir alle wussten, dass ein Leben auf dieser Erde nichts für Feiglinge ist. Außerirdische Menschen unterstehen der gleichen Entwicklung wie die irdischen: Wir können sie hier oder zuhause durchmachen. Allerdings bietet die Mittel-Erde einen Vorteil, den es nur noch auf einer Handvoll anderer Welten gibt: Durch die hiesige Zusammenführung der Dimensionen oder Sphären können wir Erfahrungen machen, die unsere Entwicklung enorm beschleunigen.

Vielen Dank für all die Erläuterungen. Ich selbst habe durch das Schriftstudium über die Jahrzehnte gelernt, viel mehr jedoch durch meine Reisen auf diesem Planeten. Ich kann das Meiste, das Sie berichten, nachvollziehen, den einen oder anderen Punkt sehe ich anders. Das macht aber nichts. Für einige Leser mag das alles Neuland sein, und viele davon werden hoffentlich neugierig genug sein, selbst weiterzuforschen und ihr Leben einmal aus der von Ihnen aufgezeigten Sichtweise betrachten.

Sie wollten jedoch noch einmal auf den Tod zu sprechen kommen.

Ja, ich wollte etwas über die „Vorzüge" eines vorzeitigen Todes sagen. *Denn wovor habt ihr Angst, ihr Politiker und Journalisten und all die anderen, die die Wahrheit kennen und sich nicht trauen, sie auszusprechen? Davor, dass das dunkle Pack euch umbringt, wenn ihr den Menschen die Wahrheit sagt? Ein Mord endet nicht mit dem Tod des Opfers – da fängt die ganze Geschichte ja erst an! Und es gibt keine*

Möglichkeit, eurer Wiederbegegnung mit dem Täter aus dem Weg zu gehen, aber dann unter ganz anderen Bedingungen!

Wer für die Wahrheit stirbt, dem wird nach dem Tod „der rote Teppich ausgelegt": Heere von Engeln stehen Spalier und bejubeln den Wiederankömmling. Wir behalten jene Energie, die durch unseren vorzeitigen Tod übrig blieb. Dafür kommen wir mit besonderen Fähigkeiten in das nächste Leben zurück. Ebenso jene Menschen, die durch Naturkatastrophen oder bei einem Großunfall, wie beispielsweise dem Untergang einer Fähre, zu früh gehen – lange vor ihrem geplanten Ableben –, sie bekommen einen Teil der eingeplanten Energie zurück, der Rest fließt den Göttern zu. Mit dieser können sie auf die inkarnierten, irdischen Menschen einwirken.

Und wenn wir wüssten, wie schön es dort ist... Anfangs stark gewöhnungsbedürftig, leben wir dann dort in einer Intensität, die es nirgendwo auf der materiellen Erde gibt. Und auch von dort aus wirken wir weiter auf die Erde ein: Die „Toten" gestalten sie fortlaufend um. Deshalb ist die Erde ja jedes Mal anders, wenn wir erneut inkarnieren. Allerdings ist die Reise durch die Himmelssphären nach dem Tod kein Urlaubstörn. Sie hat ihre eigenen Herausforderungen, denen wir uns stellen müssen. In gewisser Weise ackern wir dort genauso wie im jetzigen Leben: hier mehr materiell-äußerlich, „drüben" ganz und gar seelisch-geistig.

In der Erde existieren Kräfte, die noch aus einem ihrer alten Bewusstseinszustände stammen – ungeheure Kräfte, zu denen Satan, der ja in einer der inneren Sphären der Erde sein Hauptquartier bezog, Zugang hat. Diese entfesselt er über Energien, die er sich von all den Fanatikern holt, die sich in Revolten und Kriegen gegenseitig umbringen oder die über Attentate Menschen töten. Diese Mörder, jeder Mörder – nicht solche, die sich in Notwehr verteidigen mussten, um zu überleben –, tragen nach ihrem Tod eine finstere Energie in die nachtodliche Welt hinein.

Menschen mit wahnhaften Vorstellungen nehmen diese mit in das unterste, ein astrales Reich, über das wir in die geistigen Sphären dahinter kommen. Dort im „Eintrittsland", dem Kamaloka, müssen wir alles ablegen, was uns im Leben auf der Erde ausgemacht hat, Gutes wie Schlechtes, sonst können wir unsere Reise in das geistige Reich nicht beginnen. Und viele weigern sich, ihre Leidenschaften, ihre Wut, ihren Hass abzulegen.

Diese mörderischen Gedanken dürfen dort nicht zu lange sein. Denn verbleiben sie im Kamaloka, kommt der Meister des Todes selbst herbei und sahnt diese Energie ab, weil sie ja seiner eigenen entspricht. Mit dieser entfesselt er dann die uralten Kräfte von Mutter Erde und lässt sie erbeben oder Vulkane ausbrechen. So entstehen erst durch krankhafte Seelenzustände von Menschen – wenn diese Gestörten massenhaft sterben – solche Naturkatastrophen! Nichts geschieht zufällig!

Mit aller Macht drängt es die Dämonen in das Reich der Götter, deshalb tobt um all die Energien ein heftiger Kampf zwischen den Göttern und dem Schatten – für die Menschen! Die Götter entreißen immer wieder große Teile jener Energie den Dämonen. So verstrickt sich Götter-Zukunft mit Menschen-Zukunft – ein kosmisches Ringen um das Schicksal der Menschen und der Götter!

Und es zeigt, wie irdisch-menschliche Tragödien die Menschen voranbringen, sie stärker machen – und eben nicht durch ein glückseliges Leben nach dem anderen!

Aber all unsere Negativität muss im „Höllenfeuer" des Kamaloka ausbrennen. Gelingt uns das nicht – sind wir z.B. völlig unserem Fanatismus verfallen –, erschaffen wir im Vorhof zum Reich der Götter ein Portal für Satan, umso größer, je mehr verdunkelte, wahnhaft-wahnsinnige Menschen dort stecken bleiben. Wenn die Menschen nicht aufhören, sich zu radikalisieren, dann dringt eines schlimmen Tages der Fürst der Erde mit seinem Dämonenheer frontal da ein – dann wird der Kampf um die Menschenseelen direkt im Himmel der Götter ausgetragen!

Je mehr die Dunklen also töten, desto mehr Energie erhalten die Opfer im nächsten Leben und auch die Götter zum Erwecken der Menschheit. Deshalb wird die Front durch Menschen und Götter immer stärker und sorgt für die notwendigen Umwälzungen auf der

Erde. Die Halbmenschen handeln ja jetzt schon wie kopflos, ermorden jeden, von dem sie glauben, dass dessen Wahrheit gefährlich für sie werden könnte. Sie haben Angst davor, dass die Wahrheit ans Licht kommt – aber das wird sie!

Die Angst vor dem Tod wurde uns einprogrammiert, damit wir in unserer Fixierung auf dieses eine Leben nicht vor dessen Beschwerlichkeit flüchten. Beschäftigt euch mit dem Tod, dann werdet ihr feststellen, dass man vor ihm absolut keine Angst haben muss! Je länger ihr wegschaut, um so schwieriger wird der Übergang für euch. Umgekehrt gilt für jene, die ihr Leben auf widernatürliche Weise verlängern: Was sie anderen an Lebensenergie rauben, versetzt sie nach so einem kranken Dasein in tierhaft kürzere Leben.

Was ja gerade die beinharten Materialisten nicht wahrhaben wollen, ist, dass der Tod – der Engel der Wandlung – uns alle holt, so sehr wir uns auch ablenken oder mit Plattitüden einzulullen versuchen. Ihr solltet euch darüber im Klaren sein, dass ihr nichts mitnehmen könnt, was ihr euch in diesem Leben aufgebaut, erspart, gesammelt, gekauft oder gar zusammengemordet habt. Wie heißt es in einem Psalm: *„...und all seine Herrlichkeit wird ihm nicht nachfahren!"*

Im Augenblick des Todes zählen nur zwei „Energien": der Grad unserer Bewusstheit und die Güte unseres Herzens. Dabei wiegt die Liebe in uns unendlich mehr als der Geist.

Was uns zudem begleitet, sind die Gefühle und Gedanken der Hinterbliebenen: Ist es die stille Freude aus der Einsicht heraus, dass der Verstorbene es nun besser haben wird, durchdrungen von der Sehnsucht nach ihm und der daraus resultierenden Trauer? Oder ist es eine gehässige oder befreiende Freude, dass der „alte Sack" endlich in die Kiste gesprungen ist? Das begleitet uns ebenfalls zu dem ersten Ort „drüben" und ist auch etwas, das wir uns „erarbeitet" haben...

Das sollte genug sein zum Thema. Niemand muss Angst vor dem Tod haben. Dort wird keiner gerichtet. Der Mensch richtet sich ganz allein selbst durch das, was er im Leben tat oder vermied.

Eine letzte Frage noch: Können wir den Tod beeinflussen?

Auf jeden Fall! In den Tod spielen zwar viele Vorgänge hinein, und er ist auch fest eingeplant von den Göttern, auch die Art, wie wir sterben sollen. Doch letztlich ist er ein Resultat unseres Lebens, wodurch wir selbst das geplante Ableben verändern. Allein, wie wir leben, bestimmt ja schon unser Ende. Wenn wir z.B. saufen wie die Löcher, ist absehbar, wie es enden wird. Oder wenn wir alles in uns reinstopfen, die Völlerei, können wir uns auch einiges ausmalen. Dabei meine ich nicht, man soll wie ein Gesundheitsapostel leben; das halte ich sogar für falsch. Ich meine, man soll sich im Leben nicht mehr „prostituieren" lassen, also zum Beispiel einer Arbeit nachgehen, die man eigentlich ablehnt. Oder in einer Beziehung leben, die einem sichtlich schadet. Das verkürzt unser Leben.

Und wenn uns jemand nach dem Leben trachtet?

Dafür muss Karma, also eine „Resonanz" vorhanden sein. Wenn wir einen bestimmten Menschen als Feind haben sollen, wird es so geschehen, was aber nicht zwangsläufig in einen gewaltsamen Tod münden muss. Es ist abhängig vom Grad unserer Bewusstheit. Ist eine Resonanz aber nicht da, tut uns niemand etwas an.

Etwas anderes ist es, wenn wir durch ein Massenattentat sterben oder durch einen technischen Großunfall, wie einen Flugzeugabsturz oder auch bei Tschernobyl: Das betrifft karmisch nur einige wenige. Der Kollateralschaden „belohnt" dafür die „zufälligen" Mitopfer z.B. mit einer stärkeren Willenskraft im nächsten Leben. Bei plötzlichen Naturkatastrophen fanden sich diese Menschen, die dabei umkamen, schon lange vorher zusammen.

Wir können uns aber eine eigene Vorstellung davon machen, wie wir abdanken möchten. Dazu gehört allerdings Bewusstheit und der Wille, entsprechend zu leben. Ein „Dahinsiechen in Verwahrung" (Altenheim) ist ein Zeichen großer Unbewusstheit, kann manchmal aber auch ein geplantes Ausleben dieses Schicksals bedeuten. Was wir in Klarheit erwarten, wird so eintreten, wenn nichts dagegen spricht. Wichtig ist, den Tod nicht zu fürchten.

Haben Sie einen Plan für Ihren Tod?

Schwierig. Der Melancholiker in mir wünscht sich ein sanftes Hinübergleiten, im Lesesessel und mit einem Buch in der Hand, der andere, der Skorpion, würde sich eher selbst erschießen, als so einen „schwächlichen" Tod zu sterben. Ich wünsche mir einen bewussten Übergang, nicht vollgepumpt mit irgendwelchen Mitteln oder wirr vor Schmerzen. Ich will ihn jede Sekunde bewusst erfahren, den alten Freund, den ich schon so lange kenne. Natürlich beherrsche ich noch lange nicht die entsprechenden Körpervorgänge, aber mithilfe meines Engels werde ich den Zeitpunkt des Gehens bestimmen.

Bringt uns also nur ein „vorzeitiges Sterben" Vorzüge?

Ganz und gar nicht! Nicht dass Sie glauben, ich mache Werbung dafür! Wenn wir bewusst altern, uns bewusst da hineinstellen und nicht mehr unsere alten Programme weiterleben – dann machen wir uns selbst ein Geschenk für das nächste Leben: Weisheit!
Ab 63 – das sind die geschenkten Jahre! Denn erst im Alter erfassen wir Phänomene, die wir nur in dieser Zeit sehen und erleben können. Das ist in jüngeren Jahren nicht möglich.

Werden Sie schweren Herzens gehen, wenn die Zeit da ist?

Nein. Ich bin an nichts Materielles gebunden. Die Menschen, die ich zurücklasse, sehe ich ja wieder, und alle meine Hunde werden zu mir gebracht.

Nicht ein bisschen Sehnsucht nach Ihrer Heimat?

Ein erster wichtiger Schritt im Okkulten ist es, quasi ein „Heimatloser" zu werden. Das bedeutet: sich nicht von der Folklore seines Geburtsortes, seiner Heimat, beeinflussen zu lassen, um neutrale Ansichten zu erlangen. Erst wenn der Schüler gefestigt ist, darf er sie lieben lernen.

Lieben Sie Ihre Heimat?

Ich schätze sie, schließlich habe ich sie mir ja ausgesucht. Aber wenn ich gehe, wird sie keine weitere Rolle für mich spielen bei meiner nachtodlichen Wanderung durch die Sphären.

Ich hörte, dass Ostfriesland sehr reizvoll ist.

Ja, das stimmt. Und unsere geldgeile Makler-Mafia verhökert es gerade an Auswärtige.

Dazu passt vielleicht die folgende Frage: Ist das Leben heute schwerer als früher?

Jedes hatte seine eigenen Herausforderungen. Heute bin ich widersprüchlich und nicht gut in Beziehungen. Es wurde immer schwieriger, je mehr ich erkannte. Dann wird man automatisch anders. Ich hatte das große Glück, in meiner zweiten Frau eine Partnerin zu haben, die ähnlich tickt, mit der ich über alles reden konnte.
Das war im Berufsleben nicht möglich; vielleicht zwei Leute, mit denen ich über das Okkulte hätte reden können. Gerade wenn ich lange auf See war, unter einer Handvoll Leuten, wurde das von Reise zu Reise unerträglicher. Jetzt bin ich an einem Punkt angelangt, wo ich mich frage, warum ich überhaupt noch hier bin. Ich fühle mich stärker denn je als ein Fremder unter den irdischen Menschen. Als ob ich nicht mehr zu ihnen gehöre.

Also doch nicht mehr wiederkommen?

Dieses Leben war so gewählt, dass ich oft in einer Art Isolation lebte, eben auch durch die vielen Jahre auf See. Wer Einsamkeit nicht erträgt, sollte niemals Seemann werden. Ein Schüler des Okkulten muss des Öfteren zurückgezogen leben. Leider ist es mir mittlerweile wichtiger geworden, Wissen zu erlangen, als Menschen kennenzulernen.

Aber dadurch erkennen Sie ja mehr als die anderen.

Neulich sagte mir eine Frau, die mir nahe steht, ich sei empathielos, weil ich mich weigere, in die Dramen anderer Menschen einzusteigen, in dem Fall sogar von Leuten, die ich gar nicht kannte. Je länger ich mich mit dem Okkulten befasse, umso weniger will ich von den selbstverursachten Problemchen und Problemen der Leute hören.

Wenn das jeder täte, würde endlich das Getratsche der Menschen aufhören.

Bis zu einem gewissen Grad ist das sicher richtig, aber für den, der auf dem okkulten Weg ist, kann es auch bedeuten, dass er sich auf dem gefährlichen Irrweg des Denkens befindet. Nimmt das überhand, dass Wissen wichtiger wird als die Nähe von Menschen, fange ich an, negativ-reptiloid zu werden! Oder ahrimanisch, je nachdem, wie es sich ausdrückt. Erst wenn wir uns wirklich für die Menschen und ihre Umwelt interessieren, kommen wir in die Kraft der Moral.
Die Stärke unseres Mitgefühls zeigt uns, wo wir stehen. Zwar empfinde ich für viele Erwachsene nicht mehr viel, aber das Schicksal der Unschuldigsten unter uns – der Kinder und Tiere – bewegt mich weiterhin sehr. Auch wenn kein Mensch als ein unbeschriebenes Blatt geboren wird, sondern sein ganz eigenes Schicksal, den Packen unerlöster Bindungen, mitbringt. Und die Tiere – ich nenne sie gerne unsere „jüngeren Geschwister", obwohl sie das nicht sind –, ihre großen Gruppenseelen zogen mit uns hinunter in die schwerste Materie. Sie hätten es für ihren Weg nicht gebraucht, doch sie sind wegen uns hier.

Warum empfinden Sie für die Erwachsenen nichts?

Sie sind selbst für sich verantwortlich. Kinder und Tiere sind von ihnen abhängig. Sehe ich kleine Kinder mit Masken, zerreißt es mir fast das Herz! Wie können Eltern so junges, hoffnungsfrohes Leben derart mit ihrer eigenen Angst verseuchen?! Diese Erwachsenen gehören für mich zur Generation „Schrumpelhirne", weil sie letztlich wegen ihres selbstverursachten, dauerhaften Sauerstoffentzugs durch Verdummung sterben. Also Regungen sind da noch genug in mir!

234

Darf ich Sie fragen, weshalb Sie Ihr ursprüngliches Manuskript an mich gesandt haben?

Tja, warum wandte ich mich mit dieser Schrift an Jan van Helsing? Dass Sie diese positiv aufgenommen und wir dieses erklärende und tiefergehende Interview geführt haben, das berührt mich sehr. Denn Sie sind auch heute noch ein Vorbild für mich.

Als es Anfang 1990 so offensichtlich wurde, wie sehr uns die Politiker zum ersten Jugoslawien-Krieg belogen haben und meine Frau und ich seitdem Fernseher, Radio und Zeitungen aus dem Haus verbannt haben, da kam dieser Jan van Helsing in unser Leben: über seine ersten beiden »Geheimgesellschaften«-Bücher, zusammen mit Robin de Ruiters »Die 13 satanischen Blutlinien« und David Ickes »Bruderschaft des Bösen«. Sie haben uns entscheidend geprägt.

Sie waren damals ein junger, mutiger Mann, und ich wäre gern auch so geworden. Das bekam ich nie hin; mir war ein anderer Weg bestimmt. Heute bin ich ein alter, besorgter Mann. Ich sorge mich um „meine" Menschheit, dass sie versagt, obwohl wir so sorgfältig angelegt worden sind. Dass wir irdischen Menschen im ganzen Universum begehrt sind, hat schon seine Gründe. Und auch, dass man uns vernichten will.

Die Veröffentlichung dieser Schrift sehe ich an als einen Weg nach vorn: Sie entstand aus einer bewussten Zusammenarbeit von verschiedenen Wesenheiten der Kosmischen Ebenen. Nur Verbundenheit hat Zukunft, Getrenntes nicht.

Christus sagte einmal: *„Was Du dem geringsten meiner Brüder tust, das hast Du mir getan."* Daran halte ich mich. Naja, ich versuche es jedenfalls.

Vielen Dank für die Blumen, Herr Konstantin. Verlassen wir nun wieder das Persönliche und dringen nochmals tief in das Okkulte ein. Sie erwähnten mehrmals die „Sieben Splitter des Urschöpfers" – die Trinitäten. Wie muss man sich das vorstellen?

Nichts in unserem Universum lebt getrennt voneinander. Eine gefühlte Isolierung von allem ist eine Sache der Seele, nicht des Realen. Es gibt verschiedene Räume im Kosmos: die unterschiedlichen Dimensionen. Die Trinitäten durchdringen alle Räume – es gibt keinen Ort, wo sie nicht gemeinsam erschaffen.

Ihre Kreationen wirken deshalb in jeder Galaxie und in jedem Sternensystem. Deshalb sind die Licht- und Dunkelrassen der unterschiedlichsten Götter-Hierarchien überall zu finden. Denn das Universum ist ihr gemeinsames Werk, so hoch- oder tiefstehend manche Götter auch sein mögen.

Die trinitarischen Schöpfungen beeinflussen sich gegenseitig, falls eine in Stillstand gerät. Impulse aus allen Kosmischen Ebenen lassen das gar nicht erst zu. „Von außerhalb kommend" bedeutet meistens: von einer anderen Trinität her. Deshalb können wir sagen, dass Satan von außerhalb kommt: von außerhalb unserer eigenen Lebenswoge. Er und andere entstammen nicht unserer Trinität. In den „Tierkreisen" wirken die Götter direkt zusammen.

Trinitäten, die sich ähneln, haben zwar andere Götter, aber ähnliche Hierarchien, damit diese leichter miteinander kommunizieren können. Nicht nur nach jedem Großen Zyklus braucht es eine Pause – die Hinwendung „nach Innen" für alle Hierarchien –, besonders nach jedem Vergehen eines Universums sollte so ein gewaltiger zeitloser Moment für Urschöpfer sein. Dass er in einem so unvorstellbar heftigen Rums erscheint und durch ihn in kleineren Urknallen die Trinitäten, so meine winzige Vorstellung, liegt daran, dass sich Trinitäten auseinanderentwickelt haben. Sie sollen ja auch nicht gleich sein, schließlich stellt jede Trinität eine Eigenschaft des Urschöpfers dar. Aber je stärker sich die Trinitäten voneinander unterscheiden, umso schwieriger wird in der „Nach-innen-Wendung" eine vollständige Integration aller Erfahrungen und Lebensformen in den Urschöpfer. In ihm fand eine so schwere Spaltung statt, die das nicht mehr erlaubte. Was vorher verfeindet war, blieb es auch jetzt in diesem Universum. Es gab keinen „Großen Traum" des Urschöpfers, der es hätte auflösen können.

Eine Trinität war „lichtlos" geworden und dabei, eine andere mitzuziehen in diese „gottlose" Finsternis. Des Urschöpfers Dreieinigkeit
wurde nicht entfaltet – dieser Kosmos blieb in einer fundamentalen
Polarität stecken! Seine Teilung in die Sieben Trinitäten sollte zur
Folge haben, dass niemals ein Patt entsteht, ein Gleichgewicht zwischen zwei Extremen. Es sollte der Impulsierung der Trinitäten dienen und letztlich der Auflösung nach einer der beiden Seiten hin:
dass der Schatten vom Licht und im Licht aufgelöst wird. Zwietracht
und Streit sind von Anfang an dabei.

Also ist das Urböse ein Teil des Urschöpfers?

Das ist die Freiheit der Entwicklung. Wir sehen es aus dem Blickwinkel von gut und böse. Sind die Greys bösartig wegen all dem, was
sie für das Überleben ihrer Art tun? Für die Dunkelwesen ist ihr Leben so normal wie das unsrige für uns. Sie fürchten das Licht, so wie
wir die Dunkelheit fürchten.

**Aber das rechtfertigt noch lange nicht ihren unerklärlichen Ver-
nichtungswillen gegen uns. Wir wollen sie ja nicht vernichten.**

Das Dunkle sah die Zukunft: ihren Untergang durch uns Menschen
von der Erde.

Also wird das letztendlich eintreten?

Zeit ist genauso teilbar wie der Raum. Zeit ist flexibel; es gibt keine
geplante Zukunft für jede Zeit. Sie ist abhängig davon, wie wir Menschen uns entwickeln. Eine Menschheit, die ihrer „Mission" gemäß
heranreift, wird es schaffen – die derzeitige Menschheit nicht. Im
letzteren Fall kann sich der Hauptzeitenstrom nach dem Willen der
Götter in zwei Zukünfte teilen.
Es hängt alles davon ab, wie sich jeder einzelne Mensch heute entscheidet: Bleibt er weiterhin eine Marionette der Massenmedien oder
stellt er sich seiner Angst und macht die Augen auf. Die Entscheidung über das Wohl und Wehe der irdischen Menschheit fällt jetzt:

Bleibt die Menschheit in ihrer Unbewusstheit gefangen, dann wird der erwachende Teil von ihr womöglich abgezogen, in einen anderen Zeitenstrom hinein.

Die Esoteriker sprechen von einem Aufstieg in die nächst höhere Dimension – diejenigen, die an sich arbeiten, sich in ihrem Denken, Fühlen und Handeln weiterentwickeln, gehen mit in die nächste Dimension, die anderen bleiben zurück oder sterben...

Licht und Liebe sind für die Dunkelwesen genauso greulich, wie es für uns Dunkelheit und Hass sind. Würden wir alle erwachen, würden wir uns mit der gleichen Kraft gegen den dunklen Zerstörungswillen stemmen, da uns sonst die ewige „Verdammnis" erwartet. So wie sie es gegen uns tun. Die Dämonen wollen nicht durch Licht und Liebe erlöst werden – das ist ihre ewige Verdammnis – das ist IHR Glaube.

Deshalb gibt es auf allen Ebenen Angriffe gegen uns. Überfälle aus dem Astralen sind solche, bei denen Menschen spurlos verschwinden. Dämonen sind multidimensionale Wesenheiten der dunklen Hierarchien. Manches Böse, das uns attackiert, hat seinen Ursprung im Menschen, wurde geboren aus dunkelstem Denken, finsterstem Egowahn. Und das fordert uns nun heraus – es muss letzten Endes erlöst werden.

Solche Begegnungen haben Karma als Hintergrund. Ein gemeinsames Karma von Mensch und Dämon. Und so sehr die Dunkelwesen es auch ablehnen oder nicht glauben – auch sie müssen sich dem Mist stellen, den sie verzapfen. Und finstere Astralität bedroht uns nicht nur aus unserer eigenen Lebenswoge, sondern auch aus fremden: von den negativen Außerirdischen.

Sagten Sie nicht, dass alle Vorgänge im Universum von den Göttern abhängig sind?

Wir sind diese Götter. Zumindest sollten wir es sein. Aber Sie haben recht, wir wollen und sollen die Dunklen nicht vernichten, sondern sie wieder auf den rechten Weg zurückführen. Götter greifen ja auch

238

ein, wenn solche Angriffe geschehen. Die Seelen werden gerettet, außer es ist Karma im Spiel.

Wir führen also die Dämonen auf den rechten Weg des Lichts und der Liebe.

Wie ich schon sagte: Wir sind über Christus auf nicht begreifbare Weise mit der Liebe verbunden. Und wir verändern den Urschöpfer zur Liebe hin und damit das Universum und alle folgenden. Es ist besonders unsere Trinität, die diese Zukunft bringt, also wir irdischen Menschen. Nicht nur wir Menschen stiegen zum tiefsten Punkt der Materie hinab – Christus ging diesen Weg mit uns! Das hob nicht nur Seine Trinität an zu einer Art Führung der anderen, auch uns gab Er damit die Stärke, auf der materiellen Mittel-Erde – da wo sich die dunklen und lichten Sphären direkt treffen – unseren „Kampf der Liebe" zu beginnen.
Die meisten außerirdischen Menschheiten stehen uns darin zur Seite. Die Große Weiße Bruderschaft koordiniert das kosmosweit.

Wenn die Weiße Bruderschaft das Wirken der Menschheiten im ganzen Universum anführt, wie geschieht dann die Kommunikation? Es sind doch verschiedene Arten von Zivilisationen darunter, die ja außerdem unendlich weit voneinander entfernt sind.

Es ist erstaunlicherweise kein Problem, zwischen all den materiellen, astralen und geistigen Dimensionen zu verhandeln. Der materielle Raum spielt nicht so die große Rolle, wie wir irdischen Menschen denken. Der Kommandeur der gigantischen Flotte der Intergalaktischen Konföderation, Ashtar Sheran, und viele seiner Offiziere und Soldaten sind von materiell-ätherischer Natur, auch ihre Schiffe. Sie können sich aber augenblicklich materialisieren, wenn es erforderlich ist. Kaum jemand von ihnen inkarnierte auf der Erde, obwohl sie auch „hier unten" ihre Leute haben. Sie gehören höher entwickelten Menschheiten an. Die Intergalaktische Konföderation, das Bündnis des Lichts, vertreibt die negativen Außerirdischen von der Erde – sofern diese nicht Verträge mit Menschen eingegangen sind. Dann darf sie nur eingreifen, wenn Dinge geschehen, die die Menschheit insgesamt oder die intergalaktische Sicherheit bedrohen. Sie akzeptieren den freien Willen der Menschen. Das ist für mich sehr schwer zu verstehen, weil die lügenmediengesteuerten Automatenmenschen keinen freien Willen mehr haben!

Und was ist mit all den Menschen, die eingefangen und in die Galaxie deportiert werden? Werden solche Sklaventransporte irgendwo aufgehalten? Und mit den Banditen, die in unser System eindringen mit einzelnen Schiffen oder Kleinstflotten, um sich unter den Nagel zu reißen, was sie kriegen können, oder im fremden Auftrag Bestellungen ausführen, was auch Menschen mit einbezieht?

Warum setzt das Intergalaktische Bündnis dem Treiben der negativen Außerirdischen nicht endgültig ein Ende?

Andersherum gefragt: Warum handeln die Negativen so ungerührt, angesichts der wahrhaft furchterregenden Macht der Konföderation? Weil die Reptiloiden und Greys genau wissen, dass die lichte Allianz keinen endgültigen Vernichtungsschlag gegen sie führen darf! Nicht nur, weil es das Universum verwüsten und den Schatten letztlich noch größer machen würde! **Hier in unserem System ist Ashtar Sheran dazu „verdammt", dem Pack immer wieder die Hand reichen zu müssen! Erlösung, Befreiung muss geschehen, nicht Zerstörung! Die Negativen sollen zu einer freiwilligen Umkehr bewegt werden.** Das sehe sogar ich ein, wenn auch sehr widerwillig! Deshalb tagt überall in den Galaxien die Konföderation unter der Führung der „Erleuchteten", der Bruderschaft, an der auch die Aufgestiegenen Meister beteiligt sind. Hinzu kommen die großen Götter aus verschiedenen Hierarchien, die auf ihre Weise wirken – unterschiedliches Bewusstsein aus nahezu allen Kosmischen Ebenen. Engelboten flitzen hin und her, Telepathie ist die Hauptkommunikationsweise, sie durchquert jeden Raum zeitlos. Engel in Astralform sind die Informationsüberbringer von Christus und Seinen höchsten Geistern, die sich nicht materialisieren können.

Sie sind die größte Unterstützung in dem Krieg gegen die Fiesen. In manchen unerklärlichen Phänomenen im Kosmos zeigt sich das Wirken hoher und höchster Geistwesen. Wenn irgendwo ein Stern aufleuchtet, erlischt, Strahlenschauer auf uns prallen – da sind sie im Gange. Sie schicken auch Meteoriten auf den Weg, und Kometen.

Diese „Abfallsammler" kommen regelmäßig, um schädliche Kräfte mitzuziehen und außerhalb des Planetensystems abzuwerfen, in den astralen Raum. Mit den Folgen daraus müssen wir uns später auseinandersetzen. Da, wo ein Komet die Grenze unseres Planetensystems überquert, zerfällt er, wo er hineinkommt, entsteht er.

Ein Komet existiert außerhalb unseres Planetensystems nicht. Niemand kennt ihre Wege „da draußen", weil es keine gibt. Sein Schweif entsteht und verlängert sich durch das astralisch Wesenhafte, das er ergreift, eben weil er unser Zentralgestirn ansteuert. Diese Energien werden so gepresst, dass sie zu Materie erstarren. Darunter sind kollektive Gedankenformen – unnatürliches Leben –, die auf der Erde und anderen Welten immer hinderlicher wirken und dort nichts mehr zu suchen haben.

Es gibt noch eine 3. Flotte im Universum, die kleinste, die der Rebellen, die aktiv die Negativen bekämpfen, nicht so abwartend wie die Konföderation. Sie attackieren aus dem Hinterhalt heraus die Stützpunkte oder Aktionen der Reptiloiden und Greys. Aber Gewalt erzeugt ja leider immer nur Gegengewalt.

Zwischen all den kosmischen, galaktischen und lokalen Machtbündnissen treiben sich die Hasardeure, Piraten und Gauner herum, ein manchmal anregender Haufen von Abenteurern, die nur lose und zweckgebunden Abmachungen untereinander treffen.

Was können sie über die für uns wichtigen Wesenheiten sagen?

Jede Kosmische Ebene hat ihre eigenen Dimensionen, die sich mit den anderen überlappen. Deshalb kann vielerlei Leben in Sphären wirken, wo es eigentlich nicht hingehört.

Kosmische Menschheiten leben überall, durch ihre Trinitäten. So gibt es Menschheiten, die zwar humanoid aussehen, aber nicht so sind wie wir, wie die Greys oder die Reptiloiden der dunklen Trinitäten. Vielleicht gibt es sogar mehr Menschheiten im Kosmos als Menschen auf der Erde. Manche erreichten schon die hohe Stufe der Formlosigkeit. Alle sind sie auf die Sieben Trinitäten, die „Splitter" des Urschöpfers, zurückzuführen.

In jeder kosmischen Rasse, in jedem Lebewesen, ist die Trinität das geistige Grundgerüst: Des Urschöpfers *Wille – Kraft – Wort* zeigt sich in jeder Trinität anders, besonders in ihrem Verhältnis zueinander. Das macht ja die Vielfalt des kosmischen Lebens aus. In der Evolutionswoge unserer Trinität wurde der Urschöpfer in *Wollen – Denken – Fühlen* verändert!

Durch unsere lange Reise die Kosmischen Ebenen hinunter festigte unsere Trinität eine Ausgeglichenheit ihrer Urkräfte, die einmalig im Universum ist, sodass in uns aus dem Denken die Weisheit wurde, aus dem Fühlen die Liebe und aus dem Willen das Leben, die Schöpfungskraft selbst.

Das ist bei anderen kosmischen Menschenrassen nicht so: Die Reptiloiden und die Greys werden zwar vom Willen beherrscht, aber über das Denken – die Greys noch mehr als die Reptiloiden. Darin gleichen sie den ahrimanischen Dämonen. Der Kosmos der Liebe geht ihnen ganz ab. Gefühle haben die Reptiloiden noch, aber meist nur rudimentär und negativ ausgerichtet. Sie sind in einer absteigenden Entwicklung und folgen dem Weg des „toten Denkens". Liebe erst macht warmblütig. Ihre Trinitäten sind längst nicht so ausgefeilt und spezialisiert wie die menschlichen.

Auch wenn ich sie als die markantesten negativen Außerirdischen darstelle, so gibt es auch derartige negative Menschen. Auf der Erde leben Gruppen von Menschen, die entweder Halbmenschen sind, also dämonisch besetzt, oder sich mit negativen Außerirdischen eingelassen haben. Oft sind sie beides zugleich und handeln dem Ziel des Urschöpfers entgegen. Sie halten sich für die Herren der Menschheit, aber das sind sie ganz und gar nicht. Die Menschheit wird sie eines Besseren belehren.

Haben alle galaktischen Rassen Seelen?

Ja. Unsere Seele ist hohe, astrale Energie, die wir zum Göttlichen umwandeln sollen. Und weil sie Energie ist, können die Reptilien und Greys sie gezielt angreifen. Sie selbst benutzen ihre eigene Seelenkraft für dunkle Zwecke.

Jede kosmische Rasse verfolgt ein Ziel, worin sich ihr Wille ausdrückt. Und im Handeln kommt ihr Denken zum Vorschein. Das Fühlen bestimmt bei den Menschen ihr Ziel und auch ihr Handeln. Bei den negativen Außerirdischen, die ja auch humanoid sind, wird es vom Denken bestimmt. Und wer wenig fühlt, hat auch wenig Angst.

Hohe oder gar höchste spirituelle Wesen, also astrale oder geistige Götter, sind nicht automatisch gut in unserem Sinne – ihre Ausrichtung, ihr Ziel, macht sie aus. Da die galaktischen Rassen der sichtbare Ausdruck ihrer geistigen Hierarchien sind, müssen wir auf ihre Götter schauen, um die Rassen zu verstehen.

Was ist mit jenen, die Menschen Implantate einpflanzen?

Egal, was man darüber erzählt: Implantate werden immer in negativer Absicht eingesetzt! Es gibt neben den materiellen – so wie sie auch über die Corona-Gen-Injektionen eingesetzt wurden – auch astrale oder noch feinere Implantate. Bei Letzteren bevorzuge ich das Wort „Programme", denn die gesteuerten Lügenmedien setzen ja solche ein. Die verflüchtigen sich, je bewusster und willensstärker wir werden. Ein wichtiges Indiz beim Einsetzen von materiellen Implantaten ist: Wer dabei Angst erzeugt, gehört nicht dem Licht an.

Ich hörte darüber etwas anderes.

Falls Sie auf das Buch »Unternehmen Aldebaran« abzielen: Das habe ich gelesen und bin erschüttert darüber, wieviel Ängste diese Menschen ausstanden in ihren Begegnungen mit den Außerirdischen – und immer noch an die Lügen der Eindringlinge glauben. Vielleicht eine Art „Stockholm-Syndrom". Und die Vision, die einer von ihnen hatte, mit den Raumschiff-Flotten am Himmel, war eine glasklare Invasionsszene, die nicht dem Wohl der Menschheit dient.

Also das sehe ich nun doch etwas anders. Man kann auch nicht alle „Entführungen" über einen Kamm scheren. Das ganze Szenario ist schon etwas multipler als nur gut oder böse. Diese kleinen Grauen, wie sie im Aldebaran-Buch beschrieben sind, sind nur die Handlanger für die großen Blonden, die Raumschiffkommandanten von Aldebaran. Bei diesen kleinen Grauen handelt es sich um eine Art Bioroboter. Diese gilt es zu unterscheiden von den richtigen Greys, die es ja klein, aber auch sehr groß gewachsen gibt, die eine eigene Rasse darstellen.

Allerdings gebe ich Ihnen Recht, dass in keinem der Entführungsszenarien große Emotionen oder Gefühle eine Rolle spielen. Aber das scheint ja nun eben auch der Grund zu sein, wieso sie das überhaupt tun, nämlich um wieder an diese Gefühle und Emotionen zu kommen, wozu sie unser Genmaterial benötigen. Davon abgesehen handelt es sich bei den Eingriffen auf den Raumschiffen um medizinische Operationen. Wenn man auf der Erde in einem Krankenhaus unter Narkose operiert wird, gibt es auch keine Emotionen oder Mitgefühl der Ärzte am Operationstisch, da ist das Können gefragt. Und was die Implantate angeht: Wir sprechen hier bei den „Entführungen" von Geheimoperationen von Außerirdischen oder Menschen aus der Zukunft – das ist alles Top Secret. Dass den Probanden/Patienten/Schützlingen Implantate eingesetzt werden, um den Gesundheitszustand jederzeit überwachen zu können, kann ich durchaus nachvollziehen. Aber ich glaube auch, dass es hier verschiedene Gruppierungen gibt, die im Geheimen tätig sind. Was die Familie Feistle angeht, deren Erlebnisse im genannten Buch beschrieben sind, so hat sich die komplette Familie über die Jahre sehr positiv entwickelt, also vom spirituell-geistigen Aspekt her. An ihren Früchten wird man sie erkennen, meine ich. Zudem hatten ja die „Aldebaraner" mit den Deutschen aus dem Zweiten Weltkrieg zu

tun, mit der Absetzbewegung, wovon das Buch ja auch handelt. Aber dieses Fass wollen wir hier nicht auch noch aufmachen. Ich meine jedenfalls, dass man hier nicht alles über den Kamm scheren darf...

Für mich ist die Situation ganz klar: Implantate sind Eingriffe in die Souveränität des Menschen! Keine galaktische Rasse, die so etwas tut, gehört der Konföderation an. Und dort wirken auch Aldebaraner mit. Mit solcherart Implantaten arbeiten nur negative Außerirdische.

Kommen wir zu unseren Freunden: Auffallend ist, dass viele der positiven Menschheiten ihre tiefste kosmische Ebene durchschritten haben und im Aufstieg begriffen sind. Nicht alle von ihnen stiegen bis in die jetzige Materie hinab. Sie sind älter als die irdische Menschheit und bereits höherdimensional, wie die Plejadier und die Arkturianer, und zu ihren eigenen Göttern geworden: Sie haben keine Form mehr nötig. Die Arkturianer sind eine uralte menschliche Rasse, die sich der Heilung verschrieben hat, und ist laut dem amerikanischen Trance-Medium Edgar Cayce die am weitesten entwickelte Zivilisation unserer Galaxis. Als Immaterielle, also von höherer Materie, können sie sich aber durchaus noch materialisieren und dabei eine menschliche Gestalt annehmen. Sie sehen sich als Beschützer ihrer jüngeren Geschwister auf der Erde und tun alles für uns, weil wir noch tiefer die kosmischen Ebenen hinuntergegangen sind.

Die Sirianer der 6. Dimension stehen uns auch zur Seite. Sie sind sichtbar über geometrische Lichtformen. Daraus erschaffen sie sogar „Fluggeräte", die sich durch Gedankenkraft bewegen und nichts Maschinelles an sich haben. Sie sind Lichtwesen, so wie wir es einmal sein sollen, und brauchen deshalb das Licht zum Leben. Auch bei uns wird das später die Hauptnahrung sein.

So wie die Sirianer durchs All reisen – zeitlos und nicht-physisch –, ist das ebenfalls in uns angelegt. Schon jetzt können wir multidimensional handeln – über unser Bewusstsein, das genauso die Ebenen wechselt, durch das Erforschen einer Vorstellung!

Bei all den Höherdimensionalen versagt zwangsläufig unsere Imagi-nationskraft. Die Herrscherin aller Reptiloiden auf der Erde ist die sechsdimensionale Drachenkönigin. Selbst für die normalen Repti-loiden in der 4. Dimension ist sie unvorstellbar. Sie konnte sich he-runtertransformieren, aber auch dann ist sie noch unbeschreibbar.

Wale und Delphine sind ebenfalls Außerirdische, die durch die Mee-re streifen, um das Bewusstsein des Wassers zu erhöhen. Die Materi-alisten halten sie für Tiere, sind sich aber einig, dass diese mehr Pro-zente ihres Gehirns benutzen als der Mensch und deshalb irgendwie intelligenter sein könnten, weil die Wale und Delphine eine Sprache verwenden, die die Forscher nicht verstehen, und dazu noch ein So-narsystem zur Wahrnehmung haben. Mehr fällt den Leuten nicht ein! Und noch primitiver sind jene, die sich Menschen nennen und diese edlen Außerirdischen abschlachten. Pfui! Dabei wissen wir nicht einmal, woher diese göttlichen Wesen stammen.

Aus ihren Reihen und vielen anderen Zivilisationen mehr wurde die Intergalaktische Konföderation gebildet, angeführt von der Großen Weißen Bruderschaft. Das „Weiße" bezieht sich auf den Gegensatz zu der Dunklen Allianz, in der sich die Dämmer- und Dunkelwelten zusammentaten.

Es gibt menschliche Außerirdische, die stark auf der Erde wirkten und sich den negativen Mächten entgegenstellten. Sie sehen sich als die Beschützer der Menschen: die Elfen oder auch Elben. Von ihnen gibt es ebenfalls verschiedene Rassen: von den ätherischen Feen-Ähnlichen bis zu den menschengroßen Elfenkriegern.

Es gibt von den Reptiloiden, den Greys – wie von allen anderen Hauptrassen auch – jede Menge Unterarten, die bisweilen noch schlimmer als die Hauptlinie sind, sich manchmal aber auch positiv verhalten. So ist jede kosmische Hauptrasse nicht nur negativ oder nur positiv: Jede hat ihre negativen und positiven Spezies. Eine posi-tive Unterart der Greys sind nun die Grey-Menschen-Hybriden: ausgestattet mit der furchterregenden Gedankenkraft der Greys, aber geleitet von menschlicher Liebe.

Das sagte ich doch, das ist Teil des Aldebaran-Programms...

Den Menschen wohlgesonnene Außerirdische setzen keine Implantate! Wenn überhaupt, dann beeinflussen sie telepathisch und nur kurzzeitig. Für die Erhaltung seines Körpers ist der Mensch selbst zuständig, und benötigen Außerirdische diesen Körper verändert, weil er so für ihre Zwecke nicht brauchbar ist, dann können sie den Menschen dazu anleiten. Aber es ist eine wunderbare Widersprüchlichkeit, an der wir reifen können! Finde ich gut!

Auf der Erde arbeiten Menschen mit den negativen Reptiloiden zusammen, der eigenen Menschheit entgegen. Das ändert sich nur in dem Maße, wie alle Negativen die Liebe annehmen können; in gleichem Maße verwandelt sich ihr Zerstörungswille zum Positiven hin. Die Unterarten von Reptiloiden und Greys entwickelten sich oft in anderen kosmischen Regionen, so wie die Menschheiten auch. Die Menschenart ist die Hauptrasse des Universums.

Haltet die Reptiloiden ja nicht für plump oder dumm. Es gibt keine furchterregenderen Krieger als sie, denn sie haben die gleiche hohe, kalte Intelligenz und Willenskraft wie die ahrimanischen Geister. Doch im Gegensatz zu diesen und zu den Greys sind sie zu Gefühlen fähig, wenn auch meist in einer grässlichen Ausrichtung. Das Denken dominiert bei ihnen, zumindest bei den archaischen Arten, die Greys denken nur und fühlen nichts.

Es ist ihnen angeboren, eine Rasse zu sein, die für den Krieg lebt. Einige passen sich wie ein Chamäleon ihrer Umgebung an, nehmen manchmal sogar das Aussehen von Menschen an. Sie sind telepathisch und können normale Menschen steuern wie einen Spielzeugroboter. Sie haben kein Schwarmdenken, sondern eine strenge hierarchische Struktur. Ihre Götter sind die Archonten, die selbst aus einer Paralleldimension der Materie Menschen angreifen.

Doch so mächtig sie auch sind: Ihre Schöpfer, ihre Trinität, die sich zur Zweiheit reduzierte, ist am Ende. Wenn alles in ihrem Universum unterjocht, versklavt oder gefressen wurde, vernichten sie sich am Ende selbst. Deshalb gibt es auch reptiloide Unterarten, die die Sackgasse erkennen, in der sich ihre Art befindet und sich deshalb wohlwollend den Menschen gegenüber verhalten. Manche verbündeten sich sogar mit uns gegen die negativen Reptiloiden. Es sind jüngere Rassen, die wie manche Greys mit ihrer eindimensionalen Trinität über die Berührung mit menschlichen Zivilisationen verändert wurden. Wir tragen die gleiche Schlangenkraft wie sie in unserer Wirbelsäule.

Es gab furchtbare Kriege im Kosmos, die ganze Sternensysteme verwüsteten. Dabei kamen Energien und Waffen zum Einsatz, von denen der irdische Mensch nichts weiß. Aber er ist auf einem schlechten Weg dorthin, verführt vom Schatten und von Reptiloiden. Dass diese Mächte letztlich den Untergang aller Menschen anstreben, kapieren jene nicht, die sich in verbrecherischen „Verträgen" mit den dunklen Wesen, die sich ohnehin nicht daran halten, verstrickten.

Gerade Menschen in den höchsten Machtpositionen sind das Hauptangriffsziel jener Dunkelexistenzen: Sie werden astral von außen und innen angegriffen. Deshalb sehen die Hauptführer großer Menschheitsgruppen oft nur noch menschlich aus, aber sind innerlich etwas völlig anderes. Das sind multidimensionale Strategien, die die Archonten schon bei zahlreichen Zivilisationen anwendeten und auf diese Weise ganze Welten in die Knie zwangen.

Abb. 25: Drei Varianten von Greys, rechts ein Reptiloid

Es gibt ja mittlerweile etliche Leute in globalen Führungspositionen, die von ihnen besetzt sind. Manche Autoren behaupten das beispielsweise vom britischen Königshaus.

Viele solcher Menschen haben große Probleme, überhaupt noch menschlich auszusehen. Bei manchen sehe ich das Reptilische schon im Äußeren. Deshalb ihre Blutrituale, um sich hier noch halten zu können.

Was geschieht mit solchen Leuten, wenn sie sterben?

Deren Seele ist völlig zersplittert, da gibt es kaum noch Menschliches. Haben solche Menschenhüllen sich schwarzmagisch an die Archonten gebunden, wandern sie dorthin. Es wird für sie ein böses Erwachen geben, wenn sie feststellen, dass sie nur benutzt worden sind. Das Rest-Menschliche verschwindet endgültig. Im Gegensatz zu Christus habe ich kein Mitleid mit ihnen.

Was für mich als kleiner, polarisierter Mensch unbegreiflich ist, ist, dass unsere Götter da nicht radikal eingreifen! Es kann doch nicht alles mit Karma erklärt werden, die vielen Kinder, die tagtäglich weltweit spurlos verschwinden und satanischen Zwecken zugeführt werden! Darüber herrscht eisiges Schweigen in den Massenmedien, oder sie Verhöhnen gar jene Menschen, die auf die schreckliche Wahrheit hinweisen! *Seid ihr noch Menschen in diesen Redaktionen?!*
Kommen wir besser wieder zurück zum Thema: In unserem Universum stehen sich zwei völlig gegensätzliche Entwicklungen gegenüber: Aus der einen entstand der Eroberungsdrang, der Zwang, rücksichtslos zu benutzen, zu spalten. Die andere will verbinden, helfen, teilen. Das erste ist der rückschrittliche Weg, der – so mächtig er auch sein mag – des Urschöpfers Freude an Leben erschaffen entgegenwirkt und deshalb aufgelöst wird. Nur der zweite Weg hat Zukunft: das zielgemäße Entwickeln von selbstschöpferischen und selbstbewussten Wesenheiten in der Liebe.
Just das „Galaktische" ist ein unendlich weites Feld, das Menschsein zu erforschen! Und es zeigt, dass wir uns im Bewusstsein weiter-

entwickeln! Wir erfahren, dass wir irdischen Menschen nicht nur einen Schöpfer haben, sondern dass sich mehrere Trinitäten, fremde geistige Hierarchien und Geschwister-Menschheiten an uns „beteiligten" – astralisch und genetisch!

Ist das alles wahr? Ich meine, ist das wirklich alles real?

Nun ja, relativ wahr. Heute sehen wir es so, morgen haben wir mehr erkannt, das manches von heute in ein anderes Licht stellt. Morgen erzähle ich Ihnen vielleicht eine andere Geschichte. Das ist der normale Gang der Dinge, der sich „Entwicklung" nennt. Es wäre nicht gut, wenn es nur die immer gleichen Geschichten gäbe.

Hier konnte ich nur einen Anreiz zum selbst Forschen geben, mehr plakativ als tiefgreifend. Aber jeder, der dieses „Fieber" in sich spürt, wird weitermachen. Es ist das spannendste Wissensgebiet und macht uns bereit für den Abflug von hier. Nur eine Warnung noch: Verliert euch nicht darin!

Erst wenn ein Grey-Hybrid-Mädchen sich in einen Menschenjungen verliebt, ein Erdenmann in eine Erdenreptiloidin, dann sind wir nicht nur in der Galaxis angekommen. Dann sind wir bereits dabei, sie umzuformen, zur Liebe hin. So sind alle, die astral und genetisch an uns wirkten, Teil eines Plans, den wir aus irdischer Sicht nicht überblicken können. Selbst der reptilische Anteil ist überlebenswichtig für uns.

Vorhin ging es viel um die Elohim. Neben diesen werden in der Genesis auch die Nephilim genannt, von denen es heißt, dass sie Verkehr mit den Erdenfrauen hatten und daraus die erste Rasse der Riesen entstand. Das waren physische Wesen, von denen Jason Mason in seinem Buch »Mein Vater war ein MiB – Band 2« viel schreibt und auch Skelette davon abbildet.
Also, wer war es, der sich hier mit den Menschentöchtern vergnügte?

Die Reptiloiden waren nicht nur bei unserer irdischen Menschwerdung dabei, sondern steuerten sie maßgeblich in der Endphase durch genetische Reduzierung der damaligen Menschen, die keine Angst kannten. Angst ist das Lieblingsprogramm der Reptiloiden, mit denen sie schon andere Zivilisationen knechteten. Zu ihrer Ehrenrettung: Es waren nicht alle dafür, es gab sogar Widerstand dagegen.

Diese außerirdischen Kolonisten, die Rohstoffe, besonders Gold, für ihre kollabierende Welt brauchten, werden von Zecharia Sitchin, dem amerikanischen Autor, der sumerische Schrifttafeln neu übersetzt hatte, „die Anunnaki" genannt, „die vom Himmel herabfielen". Für ihn waren sie Menschen. Sie waren gewiss schon menschenähnlich, aber ganz klar reptiloid.

Sie nennen sich anders: die Alten nach ihrer Heimatwelt, die Jüngeren nach ihrem Namen für Kolonisten, der in ihrer Sprache „die vom Himmel herabstoßen" bedeutet. Kein Außerirdischer, der die Erde besucht, fällt vom Himmel. Naja, in der Regel jedenfalls nicht...

Sie als gefallene Engel anzusehen, passt zwar eher, aber die Anunnaki waren keine gefallenen Engel, gehörten nicht zum Tross von Luzifer.

Sie nannten die Erdgeborenen unter sich anders, ebenso die Menschen und jene, die durch den Kontakt zwischen ihnen und den Menschentöchtern entstanden, keinesfalls „Nephilim". Richtig ist, dass ihre Truppe mehr aus Männern bestand – aber auch einige Frauen –, und dass die Menschentöchter von einer grazilen Schönheit waren, die sie nicht kannten. Klein, zierlich, schön – die ausgehungerten Kerle verfielen ihnen. Ebenso verzauberten die Menschen-Männlein die Frauen unter ihnen. Das wurde von dreien im vierköpfigen Führungsteam der Siedler überhaupt nicht gern gesehen, aber ihre Leute scherten sich nicht darum.

In der Bibel wird von den außerirdischen Siedlern als den furchterregenden „Nephilim" gesprochen. Wie auch immer, es gibt da ein Problem: Reptiloiden/Anunnaki – groß (3 Meter und mehr), die Menschentöchter – klein und zierlich. Wie passt das zusammen? Wie können diesen kleinen Bäuchlein Riesenbabys entspringen?

Fortgeschrittene Reptiloiden-Männer sind in der Lage, die Größe ihres Gliedes völlig anzupassen, was auch ihre Frauen bis zu einem gewissen Grad beherrschen: Doch wenn sie den Embryo nicht entnommen hätten, hätte er irgendwann den Bauch der Menschenfrau gesprengt. Die auf diese Weise Entnommenen wurden tatsächlich so riesig wie die Väter und wegen der genetischen Unverträglichkeit oft monsterhaft.

Die Kinder unter den Siedlern, die auf der Erde geboren wurden, waren durch die irdische Strahlung schon halbmenschlich. Paarten die sich mit den Menschen, klappte es besser. Oft entstanden daraus Menschen mit „blauem Blut".

Entstammen die Adelslinien also aus solchen Verbindungen?

Ja, dabei sind die Anteile der Eltern verschieden verteilt: Manche der heutigen Königshäuser sind sehr reptilisch, andere eher menschlich.

Können Sie die benennen?

Ja, aber das kann jeder für sich selbst herausfinden. Es ist eine gute Übung, auf eine andere als auf die massenmediale Weise „betrachten" zu lernen. Es gibt so viele Feinheiten, die sich hinter den Nachrichten verbergen, so vieles, was sich in Bildern versteckt...

Da spricht der Okkultist in Ihnen: Selbst herausfinden macht schlau!

Im Grunde genommen erzähle ich von Dingen, auf die viele Menschen von sich aus kommen könnten. Außerdem hat der britische Enthüllungsautor David Icke, was die reptilischen Archonten anbelangt, vieles davon aufgedeckt. Dafür spreche ich noch etwas an, was sich in unserer materialistischen Gesellschaft nicht verankern kann: die Sintflut.

Aber die ist ja bekannt.

Ich erwähnte die menschliche Bewusstwerdung durch die Schlange, durch Luzifer, was unseren Fall aus dem Paradies zur Folge hatte: Es war unser Sturz aus der göttlich-geistigen Sphäre, unsere seelische Abnabelung von den Göttern. Aber damit waren wir noch nicht vollends in der Materie gelandet. Denn wo sind die Reptiloiden jetzt? Einige der „Anunnaki" sind ja immer noch da. Aber wo? Warum können wir das Reptil in manchen Menschen nicht sehen?

Durch die Sintflut?

Am Ende von Atlantis lebten wir schon in einer materiellen Dimension, aber es war die 4., in der auch die Reptiloiden leben. Durch den ersten Fall verloren wir die Götter. Die Sintflut war nicht einfach eine Wassermasse, die über Atlantis hinwegfegte – sie war ein herbeigeführter Bruch der Dimensionen! Der atlantische Mensch war noch nicht tief genug gefallen. In dieser Endzeit gab es ja auch Kriege zwischen den Atlantern und den Reptiloiden.

Durch diese astral-materielle Flut wurden alle schwarzmagisch geschaffenen Wesen in ein Astralreich „abgeschoben", und die Menschen fielen dorthin, wo sie wirklich ankommen sollten: in die tiefste Materie – in die 3. Dimension. So verschwanden die Reptiloiden aus unserer Wahrnehmung, weil sie in ihrer Dimension blieben. Diese 4. Dimension gehört noch zu der Siebten Kosmischen Ebene und liegt wirklich nur einen Tick neben der unsrigen.

In meiner „galaktischen Phase" wusste ich sehr viel über die Rassen in den Galaxien. Durch „meine" Reptiloiden wurden sie lebendig und ich begegnete vielen von ihnen. Sicher ist Bücherwissen auch wichtig – es ist unsere Richtschnur –, aber das Angelesene muss in der Welt erfasst werden.

Wenn ich eines über Bücher gelernt habe: dass die Wirklichkeit nicht beschreibbar ist. Jedes geschriebene oder gesprochene Wort nimmt ihr das Leben. Mir geht es um die Erfahrung. Ich merke schnell, wenn jemand nur angelesenes Wissen vorträgt – es fehlt das Leben darin. Genauso ergeht es mir mit den meisten Menschen, die nur gedankenlos die Programme der Massenmedien daherplappern. Es ist kein Leben darin, es ist nur hohl.

Sie sagten, Sie seien wieder für das Galaktische entflammt.

Durch das Beantworten Ihrer Fragen, ja. Aber schon länger brennt es mir auf dem Herzen, seit ich mich dem christlichen Okkulten zuwandte: die Verbindung zwischen unseren Engelhierarchien und den kosmischen Rassen zu suchen. Für mich waren die Außerirdischen nie materiell, ich sah sie immer als multidimensional an, als höheren Lebenssphären zugehörig. Ich bin davon überzeugt, dass Engel und Plejadier, Satan und Reptiloide auf einer anderen Ebene dasselbe sind. Das finde ich noch heraus.

Auch finde ich es erschreckend, wie die Dunklen so tun, als ob sie die Ziele der Lichten verfolgen: Die Zerstörung der Familienstruktur gegenüber dem Ziel der Götter, die Familienbande aufzuweichen zugunsten karmisch-geistiger Verbindungen. Das wird immer mehr Fuß fassen in unseren Kulturen. „Gender" wird zum „lichten" Menschheitsziel, nämlich das Geschlecht aufzulösen und Kinder zu bekommen ohne Geschlechtsverkehr. Und die USA als heutige Führungsmacht – auch dafür ist die Zeit noch gar nicht reif. Und was Klaus Schwab uns mit seinem „Weltwirtschaftsforum" andrehen will, dass wir kein Eigentum mehr haben sollen, gilt für eine spätere Zukunft der Menschen, aber nicht jetzt: Früher verrichteten wir Sklavenarbeit, den Frondienst, heute wird unsere Arbeit wie eine Ware berechnet, und morgen tun wir Dienst an der Gemeinschaft, und dann gehört Eigentum allen.

Kommen wir noch kurz auf die erwähnten Archonten zu sprechen und die Matrix.

Natürlich kenne ich all die Geschichten, dass wir in einer Matrix leben, in die böse Wesen uns hineinmanövriert haben – ich kenne David Ickes Bücher –, und dass alles, was wir glauben, sogar unsere Vorstellung von Gott, nur Programmierungen sind. Manchmal hat mich jemand gefragt, warum dieser mutige Mann nicht längst kaltgestellt wurde, nennt er doch die Halbmenschen beim Namen. Manche glauben, dass er selbst den Dunklen angehört. Natürlich nicht!

Dass ihm nichts geschieht, dafür gibt es mehrere Gründe: Zum einen, weil er mit einem Attentat nicht „in Resonanz geht", sodass sie ihm nichts anhaben können. Zum anderen: Auch Halbmenschen sind eitel und sie genießen es, wenn die Menschheit vor ihnen zittert. Deshalb sind sie hin- und hergerissen von der Weltverschwörungsliteratur.

So wichtig ich diese Literatur auch nehme und sie mich selbst sehr bereichert hat und es immer noch tut, dürfen wir nicht vergessen, dass sie eine negative Erwartungshaltung beim Leser weckt. Und das kann die finsteren Vorhaben gegebenenfalls mit unterstützen, wenn ich etwas erwarte, das nicht sein darf.

Doch der Hauptpunkt bei David Icke und ähnlichen Autoren ist ein anderer: Was sie beschreiben, trifft nicht den Kern des Geschehens! Was sie nicht verstehen, ist, dass wir mitten in einer Entwicklung zum bewussten Gottsein sind. Es hat ja seinen Grund, warum wir in der Situation sind, in der wir sind, selbst wenn sie so ist, wie David Icke sie beschreibt: bedroht von Wesen aus einer Paralleldimension, die unser Bewusstsein in eine Art „Computer-Simulation" gefangen halten, um sich von unserer Energie ernähren zu können. Ähnlich wie es in den „Matrix"-Filmen dargestellt ist.

David Icke glaubt, dass wir aus dieser heraus müssen, um zu etwas „Unendlichem" zu werden. Er selbst weigert sich, von Gott zu reden, und Christus kommt bei ihm gar nicht vor. Auch sie hält er für Programme. Er spricht nur von einer „Quelle der Liebe", aus der wir stammen und zu der wir zurückkehren müssen.

Natürlich können wir aus der Matrix aussteigen – die Bühne, die die Götter für uns erschufen und erhalten –, wenn wir das wollen! Aber nicht heute! Wenn wir es jetzt durchziehen, in das „Ewige" hineinzugehen, sind wir nicht anders als die Archonten auch! Der Wunsch, zu einer „Unendlichen Quelle" zurückzukehren, bringt uns gar nichts! Wir wurden ja von ihr ausgesandt, weil wir etwas in sie hineintragen müssen, das sie – unser Urschöpfer – nicht hat!

Um zurückzugehen, müssen wir vorher unser Ego umgewandelt haben, all unsere niederen Instinkte und Leidenschaften! Die erlöschen ja nicht in der Quelle – darum müssen wir uns schon selbst kümmern! Die Quelle verstärkt all das, was wir sind! Es ist wie im Leben nach dem Tod: Wir müssen uns von allem freimachen, um in das geistig-göttliche Reich hineingehen zu können!

Natürlich ist jeder von uns ein Individuum – ein göttliches! –, und das bleibt selbst in der „Quelle" so! Warum sonst all unsere Erfahrungen, all die Wege, die Leben, die wir gingen, um individuell zu werden? Um all das wieder aufzugeben? Ihre Essenz nehmen wir mit – und das sind wir: individuelle Götter! Selbst die Trinitäten sind die Sieben Eigenschaften des Urschöpfers! Aber kehren wir mit Ego in die „Einheit" ein, ohne es vorher erkannt und umgewandelt zu haben – werden wir dunkle Götter, eben Archonten und dergleichen!

Der einzige Weg zurück führt allein über die Liebe! Wir steuern nicht auf eine Unendliche Liebe zu – sondern wir bringen sie mit! Und deshalb sind wir hier in der „Matrix", um die wahre Liebe zu erfahren und von ihr „erleuchtet" zu werden! Sind wir durchsättigt, durchglüht, durchseelt von ihr – dann erübrigt sich der Rückweg, denn dann erlischt die „Matrix"! Nichts Falsches, nichts Verlogenes kann in unserer Nähe überleben, wenn wir in der Liebe sind! Dann ist die Quelle hier – wo sie schon immer war! Dann sind wir Individuum und Schöpfer zugleich!

Ich sehe mich nicht als religiös an und erst recht nicht als fanatisch. Wenn ich von Christus und unserer Trinität spreche, hat das nichts damit zu tun. Ich gehöre keiner Kirche, keiner Sekte an, nicht einmal Rudolf Steiners Anthroposophen. Trotzdem existiert Christus für mich und ebenfalls Göttin-Mutter und Gott-Vater! Sie sind des Menschen Quelle! Ohne sie gäbe es uns nicht!

Was in der Szene der „Matrix-Gläubigen" übersehen wird: Wir Menschen sind das Resultat einer „Schöpfung aus sich selbst heraus" und einer göttlich-gesteuerten Entwicklung unter Zuhilfenahme „zwielichtiger Gesellen". Wir kamen freiwillig aus der „Quelle", so wie sie es nennen, nicht weil wir da irgendwie herausgezerrt oder -gelockt wurden.

Über die Liebe spricht David Icke öfters – er hat ihr sogar ein ganzes Buch gewidmet –, aber eben nicht über Christus! Und genauso wollen es die Archonten und ihre Halbmenschen! Christus als die gestaltgewordene Liebe ist die größte Gefahr für sie! Selbst Satan konnte damals in der Unterwelt nichts gegen Seine ausgestreckte Hand ausrichten.

David Icke und andere machten den gleichen Fehler wie ich einst: Christus mit der Kirche zu verwechseln, diesen Institutionen des Egos. Dass die Kirchen heute auf verlorenem Posten stehen, daran sind sie selbst schuld. Sie übten immer nur Macht aus – zum Teil auf äußerst grausame Weise – und gaben niemals Liebe. Denn wo sind sie heute in Zeiten von Corona, um ihre „Schäfchen" zu beschützen? Wo klären sie auf, die, die angeblich die Wahrheit predigen? Sie sind stets im Einklang mit der herrschenden Macht, die sie ja lange Zeit selbst waren.

David Icke und Gleichgesinnte haben schon recht, den Kirchen, allen religiösen Einrichtungen zu misstrauen und sie als Programme von Archonten zu sehen. Aber in diesem Denken schütten sie das Kind mit dem Bade aus, denn ohne unsere Schöpfer-Trinität wären sie nicht hier und könnten uns so mutig über das Treiben des Schattens aufklären!

Christus ist der, vor dem sich der Schatten fürchtet – die größte Gefahr für ihn!

Wie wäre es in diesem Sinne mit einem Plädoyer für die Liebe – denn darum geht es schließlich?

Aber gerne doch! Wer glaubt, dass wir in diesem Leben nur Freude und Glück erfahren sollten, den lehrt das Leben etwas anderes. Unsere astrale Dimension ist gespalten in Liebe und Hass, durch liebende Menschheiten auf der einen Seite und durch Reptiloide, Greys und Dämonen auf der anderen. Der Transhumanismus des Antichristen ist eine reale Gefahr, eine kaum vorstellbare Widerwärtigkeit gegen uns irdischen Menschen.

257

Dass die grundehrlichen, bodenständigen Menschen ihren Zustand des Nicht-Denkens lieben, ist normalerweise ihr eigenes Problem, aber heute nicht mehr. Unbewusstheit lassen die Götter nicht mehr zu, denn sie reißt die gesamte Menschheit ins Verderben! Hätten wir nicht so viele geistige, astrale und galaktische Helfer, wäre es längst um uns geschehen.

Wer mehr über das Esoterische oder das Okkulte wissen möchte, der sollte sich mit der Geisteswissenschaft von Rudolf Steiner beschäftigen. Aus seinen Büchern ist erkennbar, wie simpel meine Darlegungen gehalten sind. Sie taugen nicht für eine okkulte Schulung; ich bin kein Lehrer oder Meister. Jemand sagte mir vor langer Zeit: *„Wenn Du 60 Bücher von Steiner gelesen hast, dann bist Du erleuchtet!"* So viele kenne ich nicht von ihm, aber das bisher Gelesene löste schon einen Quantensprung im Verständnis des Weltgeschehens aus. (Der gleiche Mensch riet mir, ein Buch über Rudolf Steiner zu schreiben, aber damals tat ich es als pure Utopie ab...)

Und lest die beiden Bücher von Eckhart Tolle »Jetzt! Die Kraft der Gegenwart« und »Eine neue Erde«, um euch besser zu erkennen!

Es gibt Reptiloide von einer sehr finsteren Sorte, die das Einsperren menschlicher Seelen perfektionierten: Da unsere Seele unsterblich ist, weil der Urschöpfer selbst diese Astralenergie zusammenfügte, können sie diese also nicht vernichten, aber „dem Menschen vom Leibe" reißen und sie wegschließen. Den materiell-energetischen Körper lassen sie praktischerweise von verbündeten „Walk-ins" besetzen. Unser Ich kann dann nicht zurück in den Leib.

Finsterste Greys können unsere Seelen direkt in einen anderen Hybrid-Körper verpflanzen. Die Greueltaten übelster Außerirdischer lassen sich kaum noch beschreiben. Wären das nur luziferische Schwärmereien, dann könnte ich mich einfach zurücklehnen und abschalten! Aber warum lassen mich meine geistigen Begleiter mit solchen Eindrücken nicht in Ruhe?

Wundert sich da noch jemand über die Unmenschlichkeit, die in der Weltpolitik und in all den kranken Weltinstitutionen herrscht?! Es waren die Querdenker, die die Menschheit voranbrachten! Wenn das nun ein Schimpfwort ist, dann gehen wir schlimmen Zeiten entgegen! Aber niemand der Menschenverräter unter uns, kein Bückling in den Behörden, kann sich mehr rausreden mit: *„Ich habe nur Befehle befolgt."*

Tatsache ist, dass den irdischen Menschen von mehreren Seiten große Gefahr droht. Sie ist so groß, dass selbst unsere Götter – sogar Christus, Gott-Vater und Göttin-Mutter! – göttlich-geistige Strukturen verändern, selbst Neuland betreten!

Ich erlebe den Geist der Menschen, ihr Vorstellungsvermögen, als unfassbar starr. Was ich liefere, ist eine Anleitung zu mehr Flexibilität, hin zu neuen und beweglichen Bildern, die wandelbar sind! Nur so bleiben wir wach! Entwickelt die Bilder weiter! Schafft euch eure eigenen Vorstellungen! Erschafft einen mächtigen, positiven Engel durch den kollektiven Gedanken an Frieden und Liebe! Und lernt hinzu – eure materielle Welt ist völlig anders, als ihr glaubt!

Der Klimawandel ist eine Lüge, die nur dazu dient, uns weiter zu knechten, auszunehmen, in Angst zu halten, uns gegeneinander aufzuhetzen und zu verschleiern! Er ist keine Realität! Was wir als Wetterkapriolen erleben, sind ihre Experimente in der Atmosphäre unserer Erde. CO_2 ist tatsächlich gut für uns, noch mehr für die Pflanzen, und macht uns wach – jedenfalls bis zu einem bestimmten Wert! Das Gas abzuschaffen, ist ohnehin unmöglich, aber zu reduzieren, soweit es geht, tötet die Pflanzen und unser Denken!

Von Jahr zu Jahr erlebte ich draußen mit, wie die Weltmeere immer unruhiger wurden, die Winde immer heftiger. Ich spürte den Zorn der Sturmgeister über den atmosphärischen Irrsinn, den die kranken Hirne der Halbmenschen verbrechen, über das, was sie unserer Mutter Erde antun. Diese Vögel begreifen nicht, dass es nur eines einzigen Befehls bedarf, damit sie die USA und unseren Westen hinwegfegen können, wie es damals mit Atlantis geschah!

Auch das mit Corona und den Massenimpfungen hätte der Schatten nicht machen dürfen! Sie haben die Götter herausgefordert – und die reagieren schon! Diese jetzige Menschheit „geht unter". Die Dunklen zerschlagen ihre eigenen kranken Strukturen, um daraus noch

Krankeres aufzubauen. Was sie nicht sehen: Es erwächst tatsächlich etwas ganz Neues daraus – aber nicht in ihrem Sinne!

Da ein klaffender Riss durch die gesamte Menschheit geschlagen wurde – der Obrigkeitsgehorsam auf der einen und das „Neue Wollen" auf der anderen Seite –, verfahren die Götter nicht mehr nach ihrem bewährten Handlungsmuster: Altes muss Neuem weichen! Das wären zuviele Opfer – der größte Teil der Menschheit! –, nur damit ein kleiner Rest weitergehen kann?! Ebenso ein Krieg gegen das Dämonische: Das wäre der Untergang dieses Universums!

Deshalb planen sie etwas Ungeheuerliches: das Aufteilen der Menschheit in zwei Zeitenströme! Die eine Menschheit bleibt im alten Zeitenstrom und spielt weiterhin das Opfer, die andere kann ihren Aufstieg beginnen.

Das begeistert mich nicht sonderlich. Es ist auch wieder so ein Bestrafungs- und Belohnungsding. Warum nicht alle erlösen?! Auch wenn ich keine Hoffnung mehr habe für den Großteil der Deutschen – sie werden niemals erwachen, selbst wenn ich mit gezückter Knarre vor ihnen stünde! Warum hören die Suchenden trotzdem nicht auf zu denken: *„Juppeidi – ich bin der Gute und werde erlöst!"*? Ich finde das unehrlich und egoistisch.

In der Bibel wird von jenen gesprochen, die „entrückt" werden, was auch immer wir darunter verstehen können. In der Esoterik-Szene glauben einige, dass vor dem großen Zusammenbruch auf der Erde Raumschiffe kommen und die „Guten" – eben die Esoteriker – mitnehmen. Auch wenn die Konföderation dazu in der Lage ist – es wird nicht geschehen. Nicht, weil ich ohnehin nicht dazu gehöre, sondern...

Warum nicht? Gehören Sie nicht zu den Guten?

Nun, ich bin kein Herz-Mensch. Wissen und Lebenserfahrung macht noch keinen „Guten". Meine Geistführerin sagte vor langer Zeit, dass niemand abgeholt wird, weil es die Menschen um ihre Chance zur Veränderung brächte.

Könnte sie Sie rausholen?

Ja, auch wenn es nicht erlaubt ist. Aber ich will das nicht. Ich bleibe bis zum Schluss und darüber hinaus. Denn wer soll all die verstörten Menschen angesichts zerschlagener Gesellschaftsstrukturen und gigantischer Schiffe am Himmel auffangen, wenn nicht Leute wie ich und andere, die Bescheid wissen? Ich kann mir weder die Zeitteilung noch die Entrückung – wie auch immer – vorstellen. Beides ergibt für mich keinen Sinn. Lasst euch bitte etwas Besseres einfallen, ihr Götter...

Warum denken wir nicht an die scheinbar Verlorenen und versuchen, sie anzuheben, durch Vorbild und über „sinnlose" Gespräche mit ihnen, über Gebete, selbstgebastelte Zukunftsvisionen und einen Glauben an die Allmacht der Liebe – an Christus?! Sagte Er es nicht, dass die Letzten die Ersten sein werden, oder war es umgekehrt? Muss nicht jeder von uns einen Opfergang antreten? Und ist es nicht unsere vorrangigste Mission, uns selbst gesund zu halten und so lange wie möglich auf dieser Erde zu bleiben?

Ein auf der Erde stationiertes Mitglied der Konföderation sagte, dass es tatsächlich geschieht: Mit wachsender Unbewusstheit der Masse und mit steigender Bewusstheit der anderen werden die Unbewussten die Bewussten nicht mehr wahrnehmen! Wir werden zunehmend „parallel leben". Ich frage mich, ob es wirklich so schlimm wird, dass die zwei Arten von Menschen voneinander getrennt werden müssen. Mir ist klar, dass niemand von uns „vollkommen" ist – was ja auch gut ist! Denn Vollkommenheit wäre schließlich Stillstand. Wenn nur jeder erkennen würde, dass er in einer Bewusstseinsentwicklung steht, dass sie auch von ihm verlangt wird, damit er nicht in der Materie stecken bleibt. Wenn wir erkennen, dass wir die Liebe als eine Urkraft hinauftragen, wandelt sich das Dunkle. Liebe ist Gift für sie – und doch ihre Heilung. Wie würden wir reagieren, wenn jemand uns etwas antun will, das wir als zutiefst bedrohlich empfinden? **Was selbst die Halbmenschen und ihre dunklen Herren nicht kapieren, ist, dass sie selbst Teil eines größeren Plans sind: dem Erwachen der irdischen Menschheit dienen zu dürfen.**

Ehrlich, ich weiß nicht einmal, ob es das gibt: etwas wirklich Wahres und wirklich Falsches. Sind das nicht alles Ausdrucksformen dessen, was IST? Was uns Schmerzen bereitet, sehen wir als „falsch" an, Freude als „richtig" und „wahr". Was ist, wenn all unser Sinnen und Trachten auf falschen Annahmen beruhen? Ja, die Wahrheit entwickelt sich mit uns!

Das größte Geheimnis des Menschseins ist, dass wir tatsächlich unsere Umwelt formen! Was wir denken und empfinden – das prägen wir unserer Umgebung ein, letztlich der ganzen Welt! Und seht sie euch an, was wir ihr aufdrücken, was wir ausstrahlen: Angst! Nicht dass wir von Natur aus so sind – der göttliche Mensch kannte keine Angst! Deshalb lebte er ja auch im Paradies!

Wenn ich mit meiner Hündin gehe und uns jemand entgegenkommt, baut sie sich auf und verbellt ihn. In dem Moment übernimmt sie das, was in mir ist: dass ich kein Menschenfreund bin. (Aber ich arbeite daran, ehrlich!) Deshalb fängt Hundeerziehung zuallererst mit der Menschenerziehung an! Erst wenn sie das sein lässt, bin ich geheilt. In allem um uns herum können wir uns selbst erkennen.

Ich weiß, wovon ich rede: Mein halbes Leben und mehr bestand aus einer unbestimmbaren Angst. Dank Eckhart Tolle wurde mir das bewusst, und Christus half mir, mich dieser Angst zu stellen. So wurde eine starke Polarität in mir sichtbar.

Ja, ich gebe es zu: Ich habe diese extrem polarisierte Welt aufgebaut! Ich war ein treuer, unbewusster Diener des Schattens! Und ich tue es immer noch, wenn auch viel weniger als früher. Wir irdischen Menschen – wir alle! – werden die Polarität, die das ganze Universum zerschneidet, auflösen und die ursprüngliche Dreieinigkeit unseres Urschöpfers durch die Liebe wiederherstellen! Nur so kann der polare Krieg zwischen Licht und Dunkel aufgelöst werden! Dafür wurden wir geschaffen und das ziehen wir durch!

Polarität führt uns, wenn wir sie aufheben, in die Dreieinigkeit. Das bedeutet nicht eine Art von Verschmelzung, sondern ein gottgleiches Individuum zu werden. Individualität wird nicht ausgelöscht.

Warum auch? Gaben wir uns doch so viel Mühe, eine wahre Individualität zu werden! Es gibt kein Ego mehr, sondern reine Schöpferfreude, und durch uns ein Erschaffen in absoluter Liebe!

Der Abstieg des dämmernden Geistes in die Materie ist des Urschöpfers Werk, der Aufstieg des erwachenden Geistes zurück in seine Sphäre ist des Menschen Werk! Nur in höchster Moral und tiefster Liebe können wir ein wahrhaftiger Schöpfer sein!

Wird es dann noch einen „Urknall" geben? **Liebe kann nicht zersplittern. Was sie berührt, verbindet sie. Darum fürchten sich die Liebe-losen Wesen so sehr vor ihr. Wer in Liebe ist, den meiden sie, an den kommen sie nicht ran.** Oft beschrieb ich sie als den Gegensatz zum Hass. Aber Hass ist uns anerzogen, eine Emotion; er ist keine Eigenschaft unserer Götter. Liebe ist Gefühl und mehr als das. Sie hat keinen Gegensatz. Sie ist wahres Sein, zu dem wir bestimmt sind, unser Lebenselixier, unsere Lebenskraft!

Sogar die allgegenwärtigen Chemtrails, der für alle sichtbare Ausdruck der Weltverschwörung, können wir durch Gedanken der Liebe auflösen. In Liebe zu sein, bedeutet in völliger Angstlosigkeit zu sein. Erst unsere Angst macht ein wildes Tier gefährlich. Die Liebe vertreibt selbst Dämonen und negative Außerirdische, sie können uns nichts tun. Liebe löste das alttestamentarische „Auge um Auge – Zahn um Zahn!" ab. Heute müssen wir nicht mehr unsere Missetaten dadurch ausgleichen, dass uns dasselbe angetan wird. Denn wie oft müsste dann ein Soldat oder ein Auftragskiller der Geheimdienste inkarnieren und selbst ermordet werden, bis all das karmisch gesühnt ist? **Karma ist ein energetisches Ausgleichssystem, aber durch Liebe können Täter und Opfer sofort erlöst werden.**

Die Weisheit in der Natur, so wie sie uns überall entgegenleuchtet, entstand im vorherigen Bewusstseinszustand der Erde, in ihrem Monden-Zyklus. Heute entzünden wir auf der Erde die Liebe, die im nächsten Zeitalter aus allem „duften" wird. Und Liebe ist Christus! Er ist unser Weg!

Liebe ist... und schon wieder entgleitet sie mir... Schluss jetzt mit dem Philosophieren. Jeder, der erkennen kann, sieht, dass alles auf einmal in Bewegung geraten ist! Könnt ihr das spüren?! Es bleibt kein Stein mehr auf dem anderen, so sehr manche sich auch daran klammern mögen! Bittet um Wissen und Wahrheit – dann kommen sie auf eine andere Art zu euch! Seid bereit dafür!

Nehmen wir den extremen Fall an, dass die Dunklen siegen – was geschieht dann? Bricht dann der ganze Weltenplan zusammen, all die Zyklen, die noch geplant sind?

Sie sind jetzt schon am Verlieren. Was wir erleben, ist ihr letztes Aufbäumen, alles, was sie reinwerfen können – aber das macht sie äußerst gefährlich. Sie verlieren alles, drängen sich mit dem Rücken an die Wand. Nicht umsonst steht die Erde unter dem Schutz der Intergalaktischen Konföderation, nicht umsonst sind die archaischen Reptiloiden hier und Sorat, das Urböse, um diesen letzten aller verzweifelten Kriege zu führen.

Aber nehmen wir an, dass diese Menschheit versagt, dass sie von ihrem Weg zum Gottsein weggerissen wird. Das kann nur durch einen offenen Krieg gegen die ganze Erde geschehen. Die Konföderation wird sofort einschreiten und die dunklen Allianzen werden daraufhin in vielen kosmischen Regionen das Bündnis des Lichts angreifen. Die Zerstörung des Urschöpfers würde beginnen.

Ich sehe ein verwüstetes Universum, auf allen kosmischen Ebenen, in dem nur noch krankes Leben dahinvegetiert und die Götter sich zurückziehen in ihre geistigen Zitadellen, die schwanken. Es wäre ein unvorstellbares Kämpfen und Sterben, das wir uns letztlich nicht ausmalen können. Die geistigen Gesetze, die das Universum formen, würde es nicht mehr geben, die Siebte Kosmische Dimension wäre ein Trümmerhaufen. Das uns bekannte Universum würde dann aufhören zu existieren.

Aber diese Vision sollten wir nicht weiter ausarbeiten. Es könnte zwar äußerst gefährlich werden, wenn die Dunkelwesen in ihrer Niederlage entscheiden, alle mit untergehen zu lassen, aber schon dadurch, dass die Liebe „auf unserer Seite ist" – diese unscheinbarste und doch mächtigste Kraft im Kosmos – allein dadurch siegen wir!

Und alle anderen mit uns, weil unsere Liebe alles Schattenhafte, alle negativen Außerirdischen, alle Finsternis in den Trinitäten, alle Spaltung im Urschöpfer, umwandeln wird in sich selbst.

Um das zu erreichen, müssen wir jetzt in dieser Welt bewusst werden. Uns sollte klar sein, dass aus dem dunkelsten Menschen der lichteste Geist erwachsen kann! Die Tiefstgefallenen können die höchsten Höhen erklimmen!

So wie Saulus, der zum Paulus wurde.

So in der Art. Aber mal ganz ehrlich: Es macht keinen Spaß, in dieser verdunkelten Welt zu leben! Wenn unsere Mörder wenigstens nach dem Tode bestraft werden würden! Aber… vielleicht gibt es ja deshalb die mächtigen Widersacher, weil wir das immer so getan haben! Vielleicht war es immer unsere Strategie gewesen, zu bestrafen – und statt Licht zu ernten, begannen Trinitäten zu verdunkeln! Vielleicht müssen wir hier in diesem Universum lernen, nicht mehr so zu handeln, sondern das Dunkle durch Liebe aufzulösen!

Wir müssen unsere Göttlichkeit anerkennen und in einer solchen Ethik handeln. Das ganze Universum steht und fällt mit uns, den irdischen Menschen. Unsere Trinität wagte sich am weitesten voraus. Damit die Liebe alles verändern kann, muss sie alles berühren können. Das beginnt mit uns, im dichtesten Punkt der Materie! Christus und damit auch Gott-Vater und Göttin-Mutter – sie stiegen mit uns hinab in diese tiefste Region des Kosmos – genau hier, wo wir jetzt sind! Von hier aus beginnt die Allesdurchdringung der Liebe.

Das scheint mir auch der richtige Abschluss dieser kurzen Darlegung des Okkulten zu sein.

Ach nein, ich muss noch etwas erwähnen, was mich schon lange begleitet.

Und das wäre?

Ich nenne es das Phantom. All die unglaublichen Geschehnisse in der Menschheit, all meine Erfahrungen… Manchmal denke ich, dass ich auf meiner Suche nach Wahrheit wie auf der Jagd nach einem

265

Phantom bin: Nur noch um die Ecke – und dann sehe ich es, dann sehe ich, was sich hinter allem verbirgt! Doch jedes Mal, wenn ich ankomme, ist es nicht mehr da!

Manchmal ahne ich, dass alles, was mir entgegenkommt, ich selber bin… Ein andermal fühle ich: Nichts ist so, wie es ist – nicht einmal die Götter… Auf eine unerklärliche Weise sehe ich die Verbindungen zwischen Engel-Hierarchien und Außerirdischen-Rassen, aber ich kann sie nicht ins gedankliche Erfassen holen.

Solange wir uns eine Vorstellung machen können, ist es nicht wahr. Du sollst Dir kein Bildnis machen von mir…

Vielleicht geht das tiefer, als wir ahnen. Vielleicht sollten wir aufhören, jedes Mal, wenn wir aufwachen, unsere gewohnte Umgebung zu erwarten. Vielleicht sollten wir aufhören mit allem Vorstellen… Vielleicht löst sich im Angesicht des Phantoms die unfassbare Lebensvielfalt plötzlich auf und etwas Einfaches wird sichtbar… so einfach, dass wir es übersahen… Eines Tages, Phantom, sehe ich Dich!

Mir fällt dazu die Schlussszene von „Men in Black 1" ein, in der ein Gottwesen, von dem nur die seltsamen Hände zu sehen sind, die ganze Galaxis als eine Spielmurmel in ein Säckchen zu den anderen Galaxien packt. Vielleicht ist das ja das letzte Geheimnis.

Es gibt ja nun seit der Offenbarung des Johannes im NT auch Nostradamus und andere Seher, die in den letzten Jahrzehnten die jetzige Entwicklung der Menschheit bis hin zum Dritten Weltkrieg beschrieben haben. Decken sich diese Prophezeiungen mit der kollektiven Zukunft der Menschheit aus Sicht des Okkulten?

Prophezeiungen und hellseherische Visionen sind etwas anderes als die okkulten Mitteilungen zum „Großen Weltenplan". Die Prophezeiungen beziehen sich auf Ereignisse, die uns relativ unmittelbar bevorstehen. Sie sind veränderbar und richten sich danach, ob die Menschheit das Bewusstsein und die Weisheit erlangt, bevor das Vorausgesehene eintreten kann – und es verändert.

Der Große Weltenplan hingegen ist festgelegt, den will unsere Trinität unbeirrt durchziehen. Ich hoffe sehr, dass sie sich „erweichen" lässt. Allein der „Krieg aller gegen alle" – mit dem das Zeitalter nach Atlantis, unser fünftes Zeitalter – enden soll, liegt mir schwer im Magen. Klar, in der aktuell herrschenden Ich-Sucht und Raffgier sieht es ganz danach aus, als ob es auf so ein Ende hinausläuft, zumal die Menschheit sich selbst spalten wird in einen mitfühlenden und einen barbarischen Teil. Und doch glaube ich, dass wir es anders hinbekommen können. Denn vieles liegt noch im Dunkeln vor uns, das wir im Lauf der Zeiten ausleuchten müssen. So wird offensichtlich, dass im Ansteigen der Kräfte unserer Bewusstseinsseele allmählich unsere kosmischen Verbindungen sichtbar werden. Denn zum Okkulten, zum Geistigen, gehört ebenso das Leben in der Erde und in ihren Naturreichen dazu, wie das Leben auf/in den anderen Planeten, in der Galaxis und im Kosmos. Diese Sichtbarwerdung beginnt jetzt und global.

Vor allem aber müssen wir in der heutigen Kulturepoche die wahre Bedeutung des gewaltigsten Ereignisses im gesamten Weltenzeitalter der Erde begreifen lernen – den Christus-Impuls! Ihn müssen wir in diesen Jahrhunderten verstehen können! Verstehen, dass Christus nichts mit einer Religion zu hat! Ohne diese Energie können wir kein Mensch der Zukunft werden. Jede Religion hat ihre Zeit, war und ist wichtig für den Ort und die Menschen, wo sie initiiert wurde, aufblühte und im Vergehen ist. Zahlreiche Glaubenssysteme, die untergegangen sind, und alle anderen folgen ihnen. Was bleibt, sind die Schöpfer. Am Ende unseres jetzigen Kulturzeitraumes wird es nur noch Christus geben, den Führer aller Menschen. Das hat nichts mit Religion und Glauben zu tun.

Der Okkultismus beschreibt die verschiedenen Stadien unserer heutigen Erde als die Bewusstseinsstufen der Erde: der Alte Saturn, die Alte Sonne, der Alte Mond, die heutige Erde. Danach folgen das Jupiter-, das Venus- und das Vulkan-Äon. Für uns Menschen hat das Universum dann seine Aufgabe erfüllt. Was folgt, weiß niemand, weil niemand weiß, wie die Menschen dann „drauf sind". Auch die Götter der geistigen Hierarchien, die ja streng genommen unsere Vorfahren sind, wissen es nicht. Deshalb können und dürfen wir ihnen unsere Besorgnis und auch unseren Unwillen über ihre Vorstellung mitteilen, dass alles, was nicht in den Plan hineinpasst, einen riesigen Umweg machen muss oder einfach aussortiert wird. Damit spielen sie eigentlich dem Schatten zu... Für manche Okkultisten, so auch Rudolf Steiner, gilt das Anzweifeln des Großen Weltenplans als Gotteslästerung.

Ich sehe es eher so, dass bewusste und ernsthafte Christus-Sucher das Recht haben sollten, mitreden zu dürfen, was das Schicksal der Menschen anbelangt. Das ist keine Anmaßung, sondern im Gegenteil das Heranwachsen einer Kraft, die wir ebenfalls just in diesem Kulturzeitraum, dem germanischen, entwickeln müssen: das Mitgefühl. Wir verändern uns mit der Erde. Die Sonne entstand, weil die Erde als „Alte Sonne" sich spaltete: in die Erde-Mond-Welt und die Sonne. Bei der Sonne verblieben die hochgeistigen Wesen, wie z.B. die Elohim, da die Erde sich anpasste als Heimat der zukünftig auf ihr lebenden Menschen. Dafür musste sie verschiedene Kräfte aus sich herausstoßen, damit wir Menschen in der richtigen Entwicklung blieben. So gingen mit der Sonne jene Kräfte, die uns „verbrannt" hätten, und mit dem Mond entfernte die jetzige Erde die Kräfte von sich, die uns auf unserem Weg behindert, uns erstarren lassen hätten. Das wird wieder geschehen: Die Erde der Zukunft wird einen weiteren Mond ausstoßen, der „Totwerdendes" enthält – all das Unaufgelöste, Gärende, Schwelende –, damit sie ihren Weg zur eigenen Sonne gehen kann. Das geschieht im nächsten Welten-Äon, im Jupiter-Zeitalter; dann umschwirrt sie ein neuer, lebensfeindlicher Mond. Im Monden-Zeitalter – im „Alten Mond" –, als die Engel die Menschenstufe innehatten, waren wir heutigen Menschen ihre Plagegeister. Im Jupiter-Zeitalter wird eine heutige Dämonenart die Stelle der Menschen einnehmen und wir ihre Begleiter sein, so wie die Schutzengel uns heute führen.

Der „Alte Saturn" war ein Wärmekörper geistiger Art. Er hatte noch nichts mit fühlbarer, also „grober" Wärmestrahlung zu tun. In diesem Weltenzeitalter wurde unser physischer Körper angelegt, der noch absolut nichts Materielles an sich hatte. In der „Alten Sonne" erhielten wir unseren energetischen, den ätherischen Körper, im „Alten Mond" unseren Seelenleib, den Astralkörper. Auf der Erde nun müssen wir den niederen Astralkörper, der auch „Begierdenleib" genannt wird, in das Göttliche umwandeln, aus dem er gemacht ist; das sind unsere Bewusstseinsstufen im Weltenalter der Erde. Die Heranerziehung unserer Seelenkräfte begann nach Atlantis, in den aufeinanderfolgenden Kulturzeiträumen. So entwickelten wir – gemeinsam mit den Göttern – die Empfindungsseele, die Verstandes- und Gemütsseele, und seit dem 15. Jahrhundert reift die Bewusstseinsseele in uns heran, deren Keim in der vierten, lateinisch-römischen Kulturperiode geöffnet wurde. Das Heranwachsen der Bewusstseinsseele im aktuellen fünften Kulturzeitraum – in dem auch die materialistische Wissenschaft loslegte – initiiert ebenfalls einen Keim: das „Geistselbst". Das soll sich in der sechsten Hauptkultur, der slawisch-russischen, entfalten: Es drückt sich aus durch eine hohe Moralität und ein tiefes Mitgefühl für das Leben selbst – denn es ist das Höhere Selbst, das wir dann sind! Deshalb ist es für uns heute wichtig, ein umfassendes Mitgefühl zu erreichen und uns dem Spirituellen zuzuwenden. Das ist die Zukunft, das Wirken im nächsten, dem sechsten Kulturzeitraum: Dann wird uns das Leiden von Menschen und Tieren wie ein eigenes Leiden sein, aber in der Höhe dieser Kultur erreichen wir eine geistige Freiheit, die kein religiöses oder wissenschaftliches Dogma mehr eindämmt – weil sich beide Richtungen auf das Geistige ausrichten!

Die nie zuvor erlebte Freiheit geht einher mit der Reduzierung der Rassen, jedoch mit einer Spaltung der Menschheit in das Gute und das Böse. Um das Gute zu erreichen, muss jeder Mensch seine Bewusstseinsseele fördern, muss bereit sein, sich geistig zu disziplinieren und die unsichtbaren Welten anzuerkennen, selbst wenn er sie in dem Augenblick noch nicht wahrnehmen kann. Das wird geschehen. Er muss in einer nie gekannten Weise mitfühlen und das Ego in seine Schranken verweisen können.

Wir Heutigen handeln nach eigener Maßgabe, die sich aus unserer inneren Konstitution ergibt. Zugleich sind wir fest eingebunden in ein Kollektiv, in eine Gruppe, eine Gemeinde, ein Volk. Auch ein Volk, eine ethnische Gruppe, hat ein Karma. Das holt den Einzelnen ebenso ein wie das eigene, persönliche. Es ist niemals ein Zufall, an welchem Ort wir landen, in welches Volk wir uns hineingebären lassen. Wir haben nicht nur uns selbst zu erlösen, sondern auch die Gemeinschaft, in der wir leben. Denn in Zukunft zählt die Gemeinschaft von Gleichgesinnten mehr als die heutigen Familienbindungen.

Diese Zukunft ist festgeschrieben – aber wo der einzelne Mensch am Ende jedes Kulturzeitraumes, ja am Ende des Erdenzeitalters, steht, das liegt allein an ihm selbst! All die Ereignisse, die hinter uns liegen, die Schrecken und Kriege, dass wir nun im Dritten, dem Corona-Weltkrieg leben, ist eine Folge der Unbewusstheit der Menschen. Bewusste Menschen erkennen das Treiben des Schattens und seiner Knechte.

Der Schatten peitschte die Elektrifizierung unserer Welt voran. Mit jeder weiteren Globalisierung mit stärkeren Netzen und den entsprechenden elektromagnetischen Feldern wurden die Menschen kranker und besonders anfällig für Infektionen, die in den strahlenbelasteten Körpern begannen. Die neueste Technologie – die Digitalisierung –, an deren verheißene Wirkungen der hirngewaschene Massenmensch glaubt, ist eine soratische Technologie: der Schritt hin zum künstlichen Menschen. Ihr gigantischer Nachteil: Sie ist äußerst anfällig für elektromagnetische Impulse, etwa einen Sonnensturm oder einem EMP, einer atomaren Bombe.

Je mehr Menschen auf den Irrglauben an den Segen der Digitaltechnik reinfallen und diese zulassen, umso härter wird der Sturz sein. Seid euch darüber im Klaren, dass es keine unkontrollierten, zufälligen Sonnenstürme gibt. Alles ist gelenkt! Ebenso gibt es keine Asteroiden, die rein zufällig auf die Erde treffen. **All das kann eintreten, muss es aber nicht: Es ist abhängig vom Massenbewusstsein der Menschen.**

Selbst corona-kritische Informationen berichten davon, dass die Gen-Injektionen nicht den Schaden verursachten, den sich die Weltverschwörer erhofften. Ist das so? Wer von den unbewussten Menschen kann wirklich in sich hineinfühlen, kann spüren, wenn sich innerlich etwas zu verändern beginnt? Wer von ihnen nimmt wahr, was seit der Impfung vielleicht in ihnen anders wurde – bevor eine Wesensveränderung nach außen dringt und von anderen bemerkt wird?

Spirituelle Menschen registrieren sofort, wenn etwas mit ihnen nicht stimmt. Sie bemerken es, wenn der Schatten wieder an den Erdfrequenzen herummanipuliert und auch, wenn ein kosmischer Impuls die Erde trifft. Ich wunderte mich stets, dass andere nie das spürten, was ich spürte und sie mir unverändert erschienen, während es mich manchmal innerlich beutelte.

Für mich ist klar, dass die Masse erwacht. Die Frage ist nur, wie hoch der Preis sein wird. Er wird schrecklicher, je länger sich das Erwachen hinzieht. Vermutlich ist es spätestens dann passiert, wenn die Marionetten in Politik, Medien und anderen Schlüsselpositionen geflohen sind oder gelyncht wurden: wenn die Knechte der US-Schattenregierung nicht mehr da sind. Dann werden auch die Halbmenschen erkennen, dass all ihre Pläne zur Neuen Weltordnung nichts wert sind – dann, wenn für sie alles aus dem Ruder läuft, sie es nicht mehr steuern können und sie selbst keinen Rückzugsort auf oder in der Erde mehr finden.

Denn das Land, in dem sie sich verkrochen und ihre Hinterhalte planten, haben sie zerrissen: Die USA stehen vor einem Bruch. Ihre Bürger sind zutiefst gespalten in ihrer glühenden Hassliebe zu ihrem Land: „Amerika" – unbedingt ja! – Politiker und Behörden – absolut nein! Die heftigen Unwetter, die immer wieder über die USA hereinbrechen, passieren ja nicht nur durch den Willen von Mutter Erde und durch die Verbrechen der Halbmenschen an ihrer Sphäre, sondern auch und besonders durch das Aufgewühlte in den Menschen selbst, weil das menschliche Massenbewusstsein die Naturgeister stark beeinflusst. Je enthemmter, massiver die US-Bürger empfinden, umso entfesselter werden die Sturmgewalten sein, die gegen ihre Küsten branden.

Und was ist mit dem angeblichen Klimawandel, den sie dafür verantwortlich machen?

Den menschengemachten Klimawandel gibt es nicht, erst recht nicht den ganzen CO_2-Schwachsinn. Stürme und Dürren hängen nicht nur mit der ganzen technologischen Strahlenbelastung zusammen, sondern auch damit, wie sich der Mensch zu seinen Mitmenschen und zur Natur stellt. Die empfindsamen Geistwesen der Natur reagieren auf unsere Gedanken und Gefühle. Auch deshalb müssen wir uns darin zurücknehmen, gelassener werden, was natürlich leicht gesagt ist.

Ich weiß, wie es ist, intensiv bedrängt zu werden. Heute vertraue ich auf Christus und meine geistige Führung. Das empfehle ich jedem Menschen – was nicht bedeutet, sich zurückzulehnen in dem Glauben *„Lass die mal machen!"* Das läuft anders. Wer nicht bereit ist, für Christus und das Geistige einzustehen, wer nicht aktiv an seinem Verständnis für die wahren Vorgänge in der Welt arbeitet, dem helfen sie auch, aber womöglich etwas anders, als erwartet...

Warum lässt sich der Mensch überhaupt gegen andere Menschen aufwiegeln?

Der Mensch ist göttlich. Seine Schöpfer segneten ihn mit Güte, Freundlichkeit, Wohlwollen, Friedfertigkeit, und durch Christus mit Liebe. Rudolf Steiner formulierte die Urtugenden des Menschen so: *„Er trägt in sich den Willen zur Dankbarkeit, den Willen zur Liebe und den Willen zur Pflicht."*

Wichtig ist es zu verstehen: Weil nur das, was wir unter schwersten Bedingungen lernen – in einem Leben in der Materie –, Bestand hat, deshalb brauchen unsere Schöpfer uns! Was wir lernen, lernen sie mit, erweitern es auf ihre Art und beeinflussen damit wiederum unsere Leben auf der Erde. Zugleich wirken auch alle Verstorbenen „von oben" auf die Erde „herab". Darum ist es so wichtig, dass wir hier sind und die Augen öffnen.

Dass wir Irrwege gingen und gehen, ist zwangsläufig und gut. Was wir über sie lernen, vergessen wir niemals wieder. Wer sich mit dunklen Mächten einlässt, kann nicht so einfach wieder abspringen. Wer sich dem Licht, dem Christus, zuwendet, den wollen sie mit aller Macht zurückreißen. Es ist ein Kampf auf Leben und Tod, der sich auch über mehrere Leben erstrecken kann. Seelenanteile zurückzufordern, setzt ein großes Bewusstsein und vor allem den Einstieg in den Strom der Liebe voraus.

Wir sind dabei, die Liebe in uns selbst zu erschaffen – durch den Zusammenklang unserer menschlichen Grundkräfte *Denken – Fühlen – Wollen*. Dabei hilft Christus uns als ein „Leitbild", denn Ihm ist das gelungen. Gelingt uns das, sind wir mit einer Macht verbunden, die alles in die Knie zwingt.

In der Zeit von Hyperborea begannen die Menschen das geistige Reich zu verlassen. Manche konnten es gar nicht abwarten und stiegen zu früh auf die sich allmählich verfestigende Erde hinab. Sie mussten degenerieren und wurden zu den heutigen Affen, unsere Brüder und Schwestern, die nun ihren eigenen Weg gehen. Zwar mussten wir selbst eine „in Fell gehüllte Zeit" durchmachen, weil wir in Körper stiegen, die für uns verfügbar waren, aber unsere älteren kosmischen Geschwister halfen uns, diese Phase rasch zu durchschreiten, indem sie diese Körper veränderten.

Das waren der oder die Eingriffe genetischer Art…

Genau. Unsere ahrimanisch-materialistische Wissenschaft behauptet, dass der Mensch von Natur aus aggressiv ist und sich daran hält, dass nur der Starke überlebt. Lasst euch nicht so einen Stuss erzählen! Natürlich ist der Mensch auch kriegerisch, aber nur deshalb, weil er aus dem Göttlichen fiel. Dafür erlangte er das eigenbewusste Denken: Er hatte von nun an die Wahl, von sich aus liebevoll oder gehässig zu handeln. Seit die Götter nicht mehr „die Fäden ziehen", beschreitet er Pfade, die er sich aussuchte.

In der Esoterik wird der freie Wille des Menschen über alles gelobt, und so ist es auch – aber es gibt natürliche Tücken auf dem Weg. Wenn wir die heutige kranke Welt betrachten, sieht es so aus, dass wir einen Weg hinter uns haben, den wir nicht aus freien Stücken gegangen sind: Wir sind negativ beeinflusst! In unserem Verhalten zeigt sich eine Geistesgestörtheit, die mit unserem eigenständigen Denken zu tun hat! Je mehr wir uns auf das Denken fixierten, umso tiefer und offensichtlicher wurde diese Störung. Und in unserer westlichen Kultur wurde das Denken zum Gott erhoben. Dieses Denken ist von unserem „Befreier von den göttlichen Strängen" infiziert: von Luzifer. So wie er uns half, wunderbare und großartige Dinge zu erschaffen, verursachte er auch die Kehrseite: die Erfindung von Waffen, Bomben und Raketen, aus denen alle Kriege entstanden, in denen jeder von uns hundertfach starb. Luzifers Denken will uns großmächtig machen. Er ist derjenige, der uns einredet, dass wir *„fürs Vaterland sterben müssen"*, falls erforderlich... Dazu der andere Widersacher, Satan, der uns tief in die Materie hinabgezerrt hat, der will, dass wir nichts Geistiges, nichts Göttliches mehr sehen, sondern nur noch dieses eine materielle Leben. Seine Domäne ist die Wissenschaft.

Manche Schamanen und indigenen Stämme benannten es auf ihre Weise, als sie mit den Weißen konfrontiert wurden. Sie sagten, dass das Denken des weißen Mannes von einem geistigen Parasiten befallen sei – Wetiko –, der ihn dazu antreibt, alles Leben auf der Erde, einschließlich unseres Mutterplaneten, zu zerstören. Der Schamane Don Juan nennt sie die „Flieger", die aus den Tiefen des Alls kamen, weil sie uns prüfen wollen. Andere nennen sie die „Archonten", den „Antichristen" oder das „niedere Ego". Diese Krankheit rührt daher, dass wir durch die „Befreiung von den Göttern" tief in die Spaltung fielen: Wir wurden Teil des Schattens, den wir in unserer Unbedarftheit nicht erkannten. So wurde unser göttliches Ich überwuchert von den Irrungen unseres menschlichen Ichs, des Egos. Hinzu kommt in immer stärkerem Maße das asurische Wirken: Menschen, die der Sexsucht verfallen, sehen keine Menschen mehr, sondern nur noch Körper. Diese Menschen dienen den Asuras und führen die Degeneration ihrer Seele herbei. Kein Zweifel, unsere Welt wird zunehmend asurisch: Der Ausschnitt eines Kleides kann nicht groß genug sein, in Filmen werden Frauen – zumeist mehr mädchenhafte als reife – zu reinen Lustobjekten herabgestuft und „Liebe" zu einem wüsten Herumvögeln. Sex mit vielen zu haben, gilt als „Erfahrungen sammeln", zerstört aber das Energiefeld des Menschen, überfrachtet es mit ätherischen Schmarotzern. Ganz abgesehen von den Perversionen, die im Zwielicht stattfinden und denen immer mehr Kinder zum Opfer fallen.

Und wir tragen nicht nur luziferische, satanische und asurische Kräfte in uns, sondern auch reptilische, die außerirdische Reptiloide in uns anlegten, angeleitet von ihren eigenen Göttern, den Archonten. Die destruktiven Mächte zeigen sich besonders in unserem Denken. Sie berühren alle unsere Eigenschaften – aber gerade das ist der Weg, den wir zu gehen haben! Wir müssen lernen, dass unser Denken nicht in der Lage ist, diese fundamentale Gestörtheit zu beheben, weil es die Ursache für das Kranke in der Welt ist! **Aber wir müssen auch erkennen, dass es diese Prüfung nicht gäbe, wenn wir sie nicht bestehen könnten, in diesem Zeitalter, in dem unsere Bewusstseinsseele heranreift!**

Luzifer verführte uns dazu, uns selbst für den einzigen anbetungswürdigen Gott zu halten. Wir nennen es das „niedere Ego", das mit einer Selbstherrlichkeit einhergeht, die der Mensch kaum an sich selbst erkennt. Luzifer ist voller Gefühle und Leidenschaft, aber aus seiner Ich-Sucht resultiert eine furchtbare Empathielosigkeit gegenüber dem Leiden anderer – und gegenüber denjenigen, die er als Feinde auserkor.

In diesem luziferischen Größenwahn können wir uns ungerührt am Grillen erfreuen, während die Tiere in den Mastställen unsäglich leiden. Die Kriege in den anderen Ländern, das unfassbare Morden und Foltern – sie interessieren uns nicht; wir gehen mehr oder weniger freudig unserer Arbeit nach, die in manchen Fällen diese Kriege sogar noch unterstützt, und beschäftigen uns darüber hinaus weiter mit Belanglosem. Ja, wir führen selbst inbrünstige Fehden gegen alle Andersdenkenden – wenn es sein muss, sogar gegen Mitglieder der eigenen Familie oder den einst freundschaftlichen Nachbarn, wenn sie unsere luziferische „Wahrheit" bedrohen. Und die reagieren ja ebenfalls luziferisch-hasserfüllt darauf. Wir wollen nichts davon hören und sehen, was die „Gemütlichkeit und Sicherheit" unseres eingefahrenen Lebens bedroht.

Es führt Politiker dahin, ihren Schutzauftrag für ihre Bürger zu vergessen und uns an das Dunkle zu verraten. Das gilt ebenfalls für die verantwortlichen Figuren in den Massenmedien. Ihr Krankes spricht das Kranke in uns an.

Satanische Dämonen brachten uns die Gefühllosigkeit, mit der wir das Leben um uns behandeln. Wir verstümmeln und ermorden milliardenfach Tiere im Namen einer komplett irrsinnigen Wissenschaft und halten das für Fortschritt. Unsere Dämonen lechzen nach jedem Tropfen Blut, den wir verursachen, und jeder dieser Tropfen reißt uns weiter weg von unserem geistigen Zuhause. Wir sehen nicht das Leiden der Tiere in den Mastställen, sehen nicht das Leiden der Menschen, die auf der Straße leben, all das Elend, das unsere dämonische Welt hervorbringt, wenden uns ab von dem tagtäglich tausendfachen Verschwinden anonymer Straßenkinder auf der ganzen Welt. Satan macht uns raffgierig und fesselt uns an die Materie, macht uns anfällig für falsche Dogmen, mit dem Ziel, uns einzig auf ein Leben in der Materie zu fixieren. Durch ihn werden wir zu Mördern, wenn wir unser Besitztum bedroht fühlen.

Das gipfelt im 7. Kulturzeitraum, dem letzten des 5. nachatlantischen Zeitalters, in den „großen Krieg", dann, wenn die meisten bewussten Menschen diese Erde verlassen haben. So wie Atlantis durch die Sintflut endete, endet sein nachfolgendes, das nachatlantische Zeitalter, durch den „Krieg aller gegen alle".

Das sind unsere Dämonen, die „geistigen Parasiten", die wir nicht erkennen können durch jene genetische Reduzierung, die die Reptiloiden an uns verübten, weil sie angstbesessene Knechte brauchten, die so am besten in ihrem kalten Sinne funktionieren. Jeder, der den „modernen" Menschen für das Maß aller Dinge hält, ist noch unendlich weit vom „Erwachsensein" entfernt. Dabei sollte unsere jetzige Menschheit in der heutigen Zeit die Schwelle zur geistigen Welt überschreiten.

Viele mitfühlende Seelen, die heute inkarniert sind, helfen über ihr Handeln mit, die Welt wieder menschlicher zu machen. Sie setzen sich ein für Kinder und Tiere, für Arme und Schwache und für die Erde selbst. Manche riskieren sogar ihr Leben dabei. Einige folgen gesteuerten Programmen, aber die meisten tun es aus dem Herzen heraus. Glaubt mir – die Götter sind bei euch! Und manchmal lieben sie euch so sehr, dass sie sogar einschreiten, um einige von euch direkt zu beschützen! Ab und zu müssen sie jedoch Ereignisse geschehen lassen, die ihnen selbst nicht gefallen, aber ihre Liebe ist „drüben" das größte Geschenk für alle, die für die Wahrheit fielen. Und sie helfen euch beim Erwachen!

Die Erde ist ein magischer Ort. Damit stehe ich entgegengesetzt zu meinem Vorbild Rudolf Steiner, der stets versuchte, die naturwissenschaftliche Denkweise mit einzubeziehen. Für mich ist die materialistische „Wissenschaft" am Ende, sofern sie sich an das rein Sicht- und Messbare klammert. Es gibt andere Antworten. Wer einmal in ein „Infraschall-Gespräch" zwischen benachbarten Berggöttern gerät, kann schlimme Halluzinationen bekommen und dann irreale Dinge tun, so wie es der *Djatlow-Gruppe* und ihren heimlichen Verfolgern wahrscheinlich passiert ist. (Die Djatlow-Gruppe bestand aus neun Skiwanderern, die 1959 im nördlichen Ural in der Sowjetunion auf mysteriöse Weise ums Leben kamen.) Dagegen sind weder der westliche Verstandes- noch der indigene Mensch gefeit, der seine Umwelt mehr empfindungsmäßig wahrnimmt.

Es gibt da diese unheimliche Prophezeiung für die heutige Zeit, in der von der dreitägigen Finsternis gesprochen wird, nach der die Welt eine andere ist. Das ist eine Radikalität, in die wir nicht hineinschlittern sollten: ein Dimensionsbruch ähnlich wie beim Untergang von Atlantis, in dem alles Schwarzmagische vorerst von der Welt genommen wird, damit wir uns dem später stellen können, wenn wir reifer sind.

Eigentlich sollten wir selbst die globale Situation klären, bevor eine so drastische Maßnahme ergriffen wird. Denn noch immer beherrschen die Götter diese Welt, noch immer ringen die Lichten und die

Dunklen um die Vorherrschaft. Diese wird ihnen eines Tages der Geistesmensch abnehmen, wenn er seine eigenen Dämonen in hilfreiche Kräfte umgewandelt hat. Es war geplant, dass wir jetzt schon dafür bereit sein sollten: das dunkle Wirken überall zu erkennen und umzuwandeln – indem wir es in uns selbst transformieren!

Ich habe inzwischen aus mehreren Quellen vernommen, dass Luzifer eigentlich schon auf dem Rückweg zu Gott ist, um das mal in einfachen Worten auszudrücken. Doch sein „Hofstaat" ist sich dessen nicht bewusst, und die Dinge gehen noch ihren Lauf – bis sie irgendwann realisiert haben, dass das Spiel gedreht wurde. Was meinen Sie dazu?

Das ist richtig. Luzifer ist bereits im Wandel: Er will in das Göttliche zurück, an die Seite seines Bruders Christus, da wo sein Platz ist. Das kann er nicht ohne unsere Hilfe. Wir müssen ihm helfen, die von ihm initiierten Strukturen, oft zu Religionen und Staatsgrenzen erstarrt, aufzulösen, und jene Menschen, die er einst besaß und die seine Umkehr noch nicht verstehen, ins Göttliche zu führen. Wir helfen ihm, sein Karma aufzulösen. Er hat uns unsere Selbstbewusstheit geschenkt und dafür sollten wir ihm dankbar sein.

Gegen Satan hilft Demut und Bescheidenheit, und gegen die reine Sinnlichkeit die echte, wahre Liebe. Bewusstheit, Klarheit und Liebe – dagegen ist der Schatten machtlos! Strebt nicht an, die Widersacher sehen zu wollen, auch wenn manche Dämonen recht verführerisch erscheinen, oder ständig die Engel um uns herum zu sehen. Mit vollem Bewusstsein unentwegt zwei oder mehr Welten gleichzeitig wahrzunehmen, bringt euch nirgendwo hin, außer in die Klapse. Die Zeit, unsichtbare Welten zu sehen, ist noch nicht gekommen.

Rudolf Steiner unterschied zwei Arten von Denken: das normale und ein „höheres" Denken, mit dem wir das Seelisch-Göttliche erfassen können. Es ist eine neue Art des Denkens: das Herz-Denken. Erst wenn die Gedanken aus unserem Herzen kommen, stehen wir in der richtigen Entwicklung – dann öffnet sich uns das Tor zum geistigen Reich! Unser Höheres Selbst kommt uns entgegen, weil wir unser Herz und Hirn umstrukturiert und zusammengefügt haben! Wir müssen dazulernen, ohne Zweifel, aber dabei das Herz, unsere Gefühle mit einbeziehen, denn sie sind verlässlicher als unsere Gedanken.

Unser Höheres Selbst ist das Geschenk der Trinität an uns – unser multidimensionales Göttliches Ich, das wir mit Christus gemeinsam haben. Wir bereichern es mit all unseren „Ausflügen" auf der Erde und anderswo durch unsere Erfahrungen. Wer ein schweres Trauma aus diesem Leben mit hinüber bringt in das geistige Reich, dessen Heilung wird viel einfacher sein, wenn er sich schon auf der Erde darüber bewusst wird, was ihm geschehen ist. Das ist mit den Corona-Geimpften genauso wie mit denen, die in anderen Kriegen gefallen sind. Heilung erfahren alle, aber es wird leichter, wenn ihr wisst, worum es geht. Das Wichtigste ist: Der letzte Gedanke beim Hinübergehen sollte allein Christus gelten, denn dann geschieht unmittelbare Heilung schon beim Wechsel der Welten.

Wie sehen Sie das mit den neuen Kindern, die zur Erde kommen, besser ausgedrückt den hochentwickelten Seelen, die jetzt inkarnieren: Indigo- oder Sternenkindern?

Karmische Bindungen sind Bindungen des Geistes: Mit diesen Bindungen kommen die neuen Kinder zur Welt. Familiäre Bindungen haben nicht mehr die Bedeutung für sie, wie sie für die meisten Menschen noch gelten. Sie kommen mit Erinnerungen wieder, wer sie früher einmal waren, und mit Fähigkeiten aus diesen vergangenen Leben.

Sie lassen sich nicht mehr einschüchtern – ihnen könnt ihr nicht mehr drohen, all ihr dunklen Knechte! Sie haben ihre Tode durchgemacht – durch euch – und sind deshalb euer stärkster Widerstand! Ihr fürchtet sie – und das zu Recht, denn selbst wenn ihre angstbesessenen Eltern sie zu den Angstmachern, den Ärzten, schleppen, wird ihnen nichts geschehen! Diese Kinder werden euren Anweisungen nicht mehr folgen, selbst wenn ihr sie krank- oder gar totgeimpft sehen wollt. Sie werden mehr und mehr in der Lage sein, eure Gifte zu absorbieren und auszuschei-

den. Dass sie kommen – und eines Tages gehören wir selbst dazu –, ist euer Untergang, den ihr euch selbst bereitet habt!

Die kosmische, dunkle Allianz bröckelt. Auch sie wird von der Schwingungserhöhung überrascht. Zwar ist die Situation im Universum immer noch äußerst bedrohlich, besonders für uns Menschen, aber ein Erwachen kündigt sich an. Fronten brechen zusammen, wo sich die intergalaktischen Flotten gegenüberstehen. Eine dieser Fronten ist die Erde. Unsere Feinde wissen, dass sie keine Chance mehr haben – trotzdem mobilisieren sie noch einmal alle Kräfte.

Noch immer gibt es Orte im Universum, die wir als Menschen unbedingt meiden müssen, aber darum kümmern wir uns später, wenn wir selbst Götter geworden sind! Und noch immer sind die Götter bei uns, ist Christus, sind Göttin-Mutter und Gott-Vater bei uns! Sie lassen uns nicht im Stich, sondern bereiten uns unentwegt die neuen Wege! So finster uns manche Zeiten auch erscheinen mögen – sie führen uns hindurch!

Unsere vertraute Welt muss sich auflösen. Das ist festgelegt. Aber wie sie sich auflöst, sollten wir bestimmen und nicht der Schatten und seine menschlichen Knechte. Erwartungshaltungen sind Energien, die auf Erfüllung drängen. Deshalb gibt es die Weltverschwörungsliteratur, die die Halbmenschen selbst eifrig füttern lassen. Es ist wichtig, von all den gestörten Plänen zu wissen, aber wir sollten dann erwarten, dass sie grandios scheitern – was sie bereits tun – und uns dieses genau ausmalen.

„Der Mensch denkt und Gott lenkt!" Damit wuchs ich seit Kindesbeinen auf – und es ist wahr! Das bedeutet nicht, dass wir die Hände in den Schoß legen können – ganz und gar nicht! **Denn die Götter lernen diese Pläne über uns kennen! Es erwachen immer mehr Menschen, und mit jedem einzelnen Erwachten erkennen die Götter immer mehr und entwerfen ihre Gegenmaßnahmen!** Die Knechte Satans verkriechen sich in seinem Reich – im Felsgestein in ihren unterirdischen Städten (DUMBS) –, glauben sich geschützt durch den Widersacher der Menschen, aber Mutter Erde ist nicht mit ihnen und auch nicht das Leben in ihr! *Ihr Knechte glaubt, dass das Leben*

auf der Oberfläche ausgelöscht wird – aber das bestimmen andere Mächte, von denen ihr nichts versteht! Ihr glaubt, dass ihr Verbündete habt – zählt China und Russland mit hinzu –, aber wer Menschen für Vieh hält und glaubt, mit ihnen machen zu können, was er will, hat keine Verbündeten! Jeder wartet auf seine eigene Chance!

Ihr habt euch in eine Position hineinphantasiert, die nicht existiert. Ihr hockt in euren entlegenen Elfenbeintürmen oder euren Hochsicherheitsterritorien, beschützt von bezahlten Wachleuten, und schickt eure korrupten, bezahlten Vasallen an die Fronten, die ihr eröffnet habt! Wo seid ihr?! Worauf seid ihr stolz?!

Es sind wir ganz gewöhnlichen Menschen, durch die ihr fallen werdet! Ihr zerstört und ermordet Leben – und so richtet sich das Leben selbst gegen euch! Euer Problem ist, dass ihr nichts vom Menschsein versteht, denn durch eure Besetzung könnt ihr nicht erkennen, wie unmöglich und völlig gestört euer Plan ist! Die Front der Götter könnt ihr nicht überwinden! Und es sind wir einfachen Menschen, die vor ihnen stehen und nach denen sie sich richten!

Wow, das war jetzt nochmals ein richtiges Feuerwerk an aufputschenden Infos – das gibt Kraft und Mut für die Zukunft.

Abschließend möchte ich Sie bitten, eine kleine Richtschnur an die Leser weiterzugeben. Was würden Sie den Lesern – mit all Ihrem Wissen – an Ratschlägen bzw. Erkenntnissen mit auf den Weg geben?

Es gibt keine Regeln mehr. Es gibt Vorschläge aus dem geistigen Reich, was wir tun könnten. Zu viele haben uns gesagt, was wir tun müssen. Das ist vorbei. Vertrauen wir zur Abwechslung mal uns selbst. Alles, was wir wissen müssen, ist von vielen mitgeteilt worden. Jetzt ist es in unsere Verantwortung gelegt, den eigenen Weg zu finden. Nur durch Bewusstwerdung und Liebe können wir das dämonische Treiben stoppen. Wer sich seiner eigenen „Parasiten" gewahr wird, kann entsprechend gegensteuern.

Die unten aufgeführten Punkte sind Vorschläge, die niemand befolgen muss. Es sind Hinweise, die uns womöglich helfen können. Vielleicht können wir ja damit aufhören, auf das Außen zu horchen. Fühlen wir stattdessen da hin, wo unser Herz pocht. Beruhigen wir uns. Schauen wir wie von oben die ganze irrationale Hetze an, schütteln unbeeindruckt den Kopf und gehen unseren Weg. Vertrauen wir absolut darauf, dass uns Wesen begleiten, die uns zutiefst lieben.

Unsere Umwelt formt sich nach unseren Gedanken. Wir sind die Schöpfer unserer Welt. So wie ein Mensch uns entgegenkommt – so haben wir ihn geschaffen! Deshalb kontrollieren wir unsere Gedanken und Gefühle. Das heißt nicht, dass wir alles schlucken müssen. Seien wir laut, wenn nötig, und direkt, denn gerade die Verteidiger dieser verdunkelten Welt wollen uns sachlich-klein haben, um ihre kranken Argumente anzubringen. Diskutieren wir nicht mit ihnen auf ihrem Niveau der Empathielosigkeit!

1. Christus lebt in Deinem Herzen. Fühle Ihn dort. Rede mit Ihm.
2. Spüre, dass Du niemals allein bist. Dein Schutzengel und Dein Geistführer sind bei Dir. Rede mit ihnen. Sie führen Dich. Fühle sie in Deinem Herzen. Höre ihre sanfte Stimme im Kopf.
3. Wirf Deine Programmierer aus Deinem Leben: die Massenmedien.
4. Bitte Deine geistigen Begleiter um Wissen, angepasst an Deine Fähigkeit, es aufnehmen und verstehen zu können.
5. Kläre Deine Beziehungen. Akzeptiere den anderen, so wie er/sie ist. Aber wenn er oder sie Dir wehtut, dann geh. Das gilt im Privaten wie im Beruflichen.
6. Isoliere Dich nicht. Wir sind soziale Wesen. Halte ein Netz von Verbindungen zu anderen aufrecht. Wahre Freunde sind selten. Hast Du ein oder zwei, bist Du gesegnet.
7. Kritisiere und verurteile nicht. Wer Dich kritisiert oder hinter Deinem Rücken über Dich tuschelt, ist nicht Dein Freund.
8. Sei nicht cool, sondern herzlich.
9. Verfalle nicht in Panik. Vertraue Deiner geistigen Führung. Sei Dir immer bewusst, dass sie da ist. Sie wartet darauf, dass Du mit ihr sprichst.

10. Gehe unbeirrt vom Guten aus. Jemanden gern zu haben oder zu lieben, macht Dich leicht. Ablehnung kostet Kraft und nährt Dunkles.
11. Nimm wahr, was in Dir geschieht. Entwickle ein Gespür für Dich selbst. Nimm wahr, wenn Dich fremde Ideen oder Gedanken beeinflussen wollen.
12. Denke und fühle Dich in einem viel größeren Rahmen lebend. Wer warst Du vor Deiner Geburt? Wer wirst Du sein nach Deinem Tod?
13. Entwickle eigene Gedanken. Vertraue Dir. Fürchte Dich nicht. Sei friedlich, bestimmt und in Christus.
14. Bete, wie Du es für richtig hältst. Es gibt keine Regeln. Denke an Christus und an Deine geistigen Begleiter. Sie sind Deine wahren Freunde.
15. Hör auf, Dich für irgendetwas zu schämen und schlecht zu fühlen. Du bist Du – und Du bist liebenswert und gut.
16. Sei dankbar für das, was Du hast und Dir jeden Tag gegeben wird.
17. Klammere Dich nicht an materielle Dinge. Sie begleiten Dich nur für eine kurze Zeit. Löse Dich von ihnen, wenn sie Dich schwer machen.
18. Vergiss nicht, wenn Du leidest, dass jede Zeit einen Anfang und ein Ende hat.
19. Und als Letztes: Es tritt das ein, was Du erwartest. Also wähle Deine Erwartungen mit Bedacht. Welche Wahl wir treffen, bestimmt, was erscheinen wird. Und Wunder passieren denen, die daran glauben!

Vielen Dank, Herr Konstantin! Vielen Dank für die wertvollen Hinweise und Erkenntnisse – und vor allem die Hoffnung, die auch darin steckt.

Über den Autor

Gerhard Konstantin findet, dass er über sich selbst genug mitgeteilt hat. Wichtiger ist es ihm, das Ziel dieses Buches zu erreichen: verkrustete, nicht mehr zeitgemäße Denkstrukturen aufzubrechen! Das Denken der Menschen muss viel, viel flexibler werden, um die kommenden Ereignisse zu verstehen. Für ihn ist jetzt die Zeit gekommen, das Göttlich-Religiöse mit dem Außerirdisch-Kosmischen zu verbinden. Er hält die Welt für einen magischen Ort – weil die Menschen ihn dazu machen, denn er weiß, dass jeder Gedanke, jedes Gefühl eines jeden  Menschen eine magische Wirkung hat. Ganz im Sinne der Schamanen-Weisheit: Alles ist möglich!

Manchmal wurden ihm unter dem Siegel der Verschwiegenheit Erlebnisse zugetragen, die Menschen mit der astralen Welt hatten. Er ermuntert diese, über ihre Erlebnisse zu sprechen und keine Angst davor zu haben, lächerlich gemacht zu werden. Sie erfahren, wievielen Menschen Ähnliches passierte. Denn sie sind diejenigen, die eine „erweiterte Wirklichkeit" sahen. Eine Wissenschaft, die das Geistig-Seelische fürchtet, wie der Teufel das Weihwasser, trägt eben dadurch ihr Ende bereits in sich.

Dass der „Klabautermann" auf dem Meer zu sehen ist, resultiert aus der besonderen Sphäre dort. Die nimmt aber der moderne Kopfmensch nicht mehr wahr. Durch geballte Technik durchpflügen heute 400 Meter lange Schiffsgiganten die Ozeane – da bleibt kein Platz mehr für das Feinfühlige.

Kontakt:
über den Amadeus Verlag

Buchempfehlungen

In der Esoterik kursiert der Spruch: „*Es ist alles in Dir drin!*", und man meint damit: Du musst Dich nur erinnern! Schön wär's, denn dann hätte alles Lernen ein Ende! Leider erweitert sich unser Bewusstsein so nicht. Vor den Erfolg hat der liebe Gott die Arbeit gesetzt. Das Gute: Lernen und Wahrnehmen rückkoppeln sich: Je mehr ich lerne, desto mehr nehme ich wahr, je mehr ich wahrnehme, umso mehr kann ich lernen.

Ich bin ein Büchernarr, aber die Gruppe, die mich „okkult" versorgt, sieht mich lieber in Bewegung. Ohne ihr Wirken wäre ich wohl längst im Lesesessel vermodert. Bedingt durch das Format dieses Buches ist vieles nur angedeutet oder auch nicht. Deshalb biete ich dem interessierten Leser eine Bücherliste an, die ihm helfen kann, mehr zu verstehen – Bücher, die zu einem echten Durcharbeiten und Weiterforschen anregen. Natürlich gibt es unendlich mehr, denn im Grunde genommen ist jedes Buch ein Schatz, den der Leser heben kann. Bei manchen Autoren nenne ich das erste oder bekannteste oder jenes, das mich am stärksten beeindruckt hat (u.a.); die Reihenfolge ist beliebig:

»Die Impf-Illusion«, Suzanne Humphries & Roman Bystrianik
»Kriegswaffe Planet Erde«, Rosalie Bertell
»Der Ansteckungsmythos«, Thomas S. Cowan & Sally Fallon Morell
»Inannas Rückkehr«, V. S. Ferguson
»Eine neue Erde« (u.a.), Eckhart Tolle
»Die Sonnendiebe«, Cara St. Louis-Farrelly
»Wer hat Angst vorm schwarzen Mann?« (u.a.), Jan van Helsing
»Ein medizinischer Insider packt aus«, Peter Yoda
»Kaspar Hauser« (u.a.), Peter Tradowsky
»Welten im Zusammenstoß« (u.a.), Immanuel Velikovsky
»Mitternacht in Tschernobyl«, Adam Higginbotham
»Warum Gedanken stärker sind als Medizin«, Lissa Rankin
»Das Neue Testament«, Emil Bock
»Die tanzenden Wu Li Meister«, Gary Zukav
»Anastasia – Tochter der Taiga« (u.a.), Wladimir Megre

»Geisteswissenschaftliche Menschenkunde« (u.v.a.), Rudolf Steiner
»Radioaktivität – Das Todesprinzip in der Natur«, W. & L. Russell
»Die Weltanschauung der Rosenkreuzer«, Max Heindel
»Das Lachen des Schamanen«, Vladimir Serkin
»Unsichtbare Welten« (u.a.), Armin Risi
»Das Titanic-Attentat« (u.a.), Gerhard Wisnewski
»Die neue Inquisition«, Robert Anton Wilson
»Das Buch der Verdammten« (u.a.), Charles Fort
»Das Silmarillon« und »Der Herr der Ringe«, John R. R. Tolkien
»Die geheime Geschichte der Welt«, Jonathan Black
»Boten des Neuen Morgens« (u.a.), Barbara Marciniak
»Zeitenwende«, Julius H. Barkas
»Gespräche mit Seth«, Jane Roberts
»Die Reisen der Seele« (u.a.), Michael Newton
»Atlantis und Lemuria«, Heinrich Kruparz
»Antarktis – Die verbotene Wahrheit« (u.a.), Michael E. Salla
»Die Welt unter Strom«, Arthur Firstenberg
»UFOs und die Beschaffenheit von Wirklichkeit«, Ramtha/J.Z. Knight

Ergänzend einige regelmäßig erscheinende, kritische Magazine mit hervorragend recherchierten Artikeln zu aktuellen Themen; sie gehören nicht dem Mainstream an: »Zeitenschrift«, »Nexus«, »raum & zeit«, »mystery«, »Compact«, u.a.

Danke!

Der erste Dank gilt meiner Frau und unserer Familie. Danke, dass ihr mich all die Jahrzehnte ausgehalten habt!

Danke an meine geistige Gruppe, die mich führte und führt! Wenn ich etwas Sinnvolles in diesem Leben erreicht habe, dann durch euch!

Danke an Eckhart Tolle, den Meister, der demütig-bescheiden unter uns wirkt!

Danke an Rudolf Steiner, von wo Du auch zur Erde schaust. Ohne Dich hätte ich niemals erkennen können! Und ohne Dich würde es dieses Buch nicht geben, weil es auf deinen Erfahrungen basiert!

Und danke auch an Jan van Helsing für die Chance, diese Zeilen einem größeren Leserkreis zu öffnen. Sollten die Götter zufrieden sein, wird es was. Ansonsten muss ich mich weiter anstrengen.

Den größten Dank und Respekt zolle ich euch, unseren Beschützern der Intergalaktischen Konföderation, die ihr aus dem Orbit über uns Menschen wacht. Ihr sehnt euch selbst nach Hause zurück, und wir vergelten euch euren für uns lebenswichtigen Schutz mit der Unwilligkeit zu lernen. Ich schäme mich für einen Großteil der Menschheit und bitte um Entschuldigung für sie. Was ihr für uns leistet – jeder Einzelne von euch! –, ist nicht zu ermessen, und die Menschen hier dürfen es noch nicht einmal erfahren. Aber eure Zeit des Verborgenseins endet, und darauf freue ich mich!

Ach ja, ihr Götter – was wären wir ohne euch! Euch gilt der Hauptdank, dass ich, dass wir, dass alle Menschen existieren dürfen! Danke, ihr Götter, danke Christus, danke Mutter, danke Vater und danke auch euch im Schatten, dass ihr uns erarbeitet habt und immer noch fleißig dabei seid! DANKE!

Literatur- und Quellenverzeichnis

(1) Morris, Michael, »Lockdown 1«, Amadeus Verlag, 2020
Morris, Michael, »Lockdown 2«, Amadeus Verlag, 2021
(2) Morris, Michael, »Es ist Krieg!«, Amadeus Verlag, 2022
(3) www.sueddeutsche.de/politik/diplomatie-neues-globales-abkommen-guterres-will-weltordnung-aendern-dpa.urn-newsml-dpa-com-20090101-200718-99-841061
(4) https://telegra.ph/WEF-Gr%C3%BCnder-Klaus-Schwab-schl%C3%A4gt-Risikobewertung-von-Gehirnscans-vor-um-Reisen-zuzulassen-01-23
(5) Morris, Michael, »Lockdown 2«, Amadeus Verlag, 2021
(6) Mason, Jason, »Mein Vater war ein MiB – Band 3«, Amadeus Verlag 2019
(7) www.youtube.com/watch?v=a1xJWGKf08w
STRATFOR Direktor George Friedman die wahren Ziele der USA, speziell in Deutschland und Russland
(8) www.berliner-zeitung.de/ein-whos-who-der-politik-und-wirtschaft-li.7560?pid=true
(9) https://de.paperblog.com/eindeutige-zitate-bezuglich-der-nwo-89363/

Bildquellen

(1) https://de.wikipedia.org/wiki/Georgia_Guidestones#/media/Datei:Georgia_Guidestones_2014-03-18_01.jpg
(2) Privatarchiv Jan van Helsing
(3) https://de.wikipedia.org/wiki/Rudolf_Steiner#/media/Datei:Steiner_um_1905.jpg
(4) www.flickr.com/photos/worldeconomicforum/6751558591/in/photostream/
(5) www.reddit.com/r/conspiracyundone/comments/bv0la5/the_peace_sign_is_a_symbol_of_death/
(6) bis (8) Gerhard Konstantin
(9) bis (13) www.atlantisawake.com/modern-genetic-remnant-elongated-heads.jpg
http://thespiritscience.net/wp-content/uploads/2015/11/e4.jpg
Unsolved Mysteries – Ausstellungskatalog der gleichnamigen Ausstellung vom 22.6.-23.9.2001 im Vienna Art Center Schottenstift, Klaus Dona, ISBN 3-9501474-0-3, S. 183, Original: Prof. Charles Hapgood
(14) Privatarchiv Jan van Helsing
(15) bis (21) E.T. – Joky van Dieten, »Messengers of Ancient Wisdom«, Colofon 2000
(22) Stefan Erdmann Privatarchiv
(23) Stefan Erdmann Privatarchiv
(24) https://cdn.pixabay.com/photo/2015/08/25/10/34/bell-uh-1-906516_960_720.jpg
https://cdn.pixabay.com/photo/2017/01/28/20/04/night-vision-goggles-2016413_960_720.jpg
https://cdn.pixabay.com/photo/2012/04/14/13/27/devil-33929_960_720.png
(25) www.inverse.com/article/33878-ufos-flying-saucers-roswell-incident-aliens-are-real-debunk

Namen- und Sachregister

5G 33, 46, 55, 88, 203

8. Sphäre 56, 60

Ahriman 99, 109, 173, 178, 184, 185, 193, 194, 208, 211, 215, 218

ahrimanischer Wahn 154

Aldebaraner 244, 245

Amazon 88, 89

Angst 17, 22, 23, 26, 29, 30, 37, 47, 65, 85, 89, 91, 104, 168, 175, 181, 187, 189, 191, 193, 211, 215, 219, 226, 227, 230, 234, 237, 243, 251, 259, 262, 263, 284, 285

Anthroposophische Gesellschaft 80

Antichrist 51, 101, 202, 207

Äon 120, 125, 126, 202, 267, 268

Apokalypse 108, 143, 192

Archai 43, 162

Astralleib 125, 126, 195, 202, 210, 211

Astralreich 35, 253

Asuras 109, 141, 142, 192, 193, 194, 195, 201ff, 274

Ätherkörper 126, 202

Ätherreich 35

Atlantis 15, 50, 55, 128, 135ff, 140, 142ff, 162, 221, 253, 259, 267, 269, 276, 277, 286

Atombombe 85

Außerirdische 78, 110, 131, 199, 220, 227, 245ff, 263

Autismus 203, 204

Autoritätsglaube 55

Baal 182

Bakterien 211, 212, 213, 215

Béchamp, Pierre 83, 184

Begierdenleib 269

Bescheidenheit 211, 278

Bezos, Jeff 88

Chemtrails 46, 88, 203, 263

Cherubim 164, 196

China 9, 14, 97, 100, 101, 144, 281

Christentum 123, 181

Christus 22, 44, 51, 52, 57, 58, 62, 66, 71, 72, 77, 78, 79, 81, 113ff, 118ff, 126, 150, 158, 160, 162, 163, 165, 167, 175, 176, 182, 185, 191ff, 201, 202, 207, 210, 216ff, 225, 226, 235, 239, 240, 249, 255ff, 261ff, 272, 273, 278ff, 282ff, 287

Christus-Impuls 122, 267

CIA 94, 205

Corona-Geimpfte 279

Corona-Gen-Injektion 50, 196, 243

Corona-Weltkrieg 270

Dämonen 24, 31, 38, 44, 50, 114, 156, 167, 173, 174, 177, 185, 187, 189, 191, 196, 199, 210, 229, 238ff, 242, 257, 263, 276, 278

Darwin, Charles 49

Demut 79, 92, 116, 172, 211, 278

Deutschland 9, 15, 26, 90, 93ff, 98, 100, 103, 144, 288

Digitalisierung 270

Dimensionsbruch 277

Djatlow 277

Dreieinigkeit 71, 171, 225, 237, 262

Dunkelmächte 108, 167, 169, 170, 201

Dürren 272

Ego 31, 39, 62, 78, 79, 81, 82, 138, 156, 157, 167, 168, 172, 182, 186, 195, 208, 255, 256, 263, 269, 274, 275

Eingeweihte 82

Elektrifizierung 215, 270

Elohim 160, 164, 165, 171, 250, 268

Empfindungsseele 269

Energiekörper 39, 125

Engel 31, 39, 43, 44, 46ff, 58, 62, 64ff, 76, 90, 119, 123, 138, 157, 158, 160, 162, 172, 177, 181, 182, 185, 186, 191, 195, 197, 210, 230, 240, 251, 254, 259, 266, 268, 278

Engelreich 43

Epidemien 23, 212ff, 215, 216

Erdenzeitalter 195

Erwartungshaltung 255

Erzengel 43, 55, 160, 162, 163, 193, 195

Erzengel Michael 55, 163

Esoterik 65, 115, 116, 167, 222, 260, 273, 285

EU 94, 102, 103

Evolution 44, 112, 125, 131, 159, 205

Fanatismus 208, 229

Fegefeuer 47

Geimpfte 86, 197

Geister der Bewegung 164, 172

Geister der Form 171

Geister der Harmonie 164

Geister der Liebe 164

Geister der Persönlichkeit 195, 196

Geister der Weisheit 164

Geister des Willens 164

Geisterreich 47

Geistesgestörtheit 274

Geistesmensch 278

Geisteswissenschaft 80, 111, 258

Geistführer 119, 282

geistige Führung 145, 222, 272

geistig-göttlich 186, 197, 256

Geistselbst 207, 269

289

Geistsphären 47, 112
Gemütsseele 269
Gender 37, 88, 140, 254
Gen-Injektionen 45, 48, 52, 76, 86, 197, 203, 270
Geschlecht 195, 254
Globalisierung 270
Gott 28, 31, 58, 66, 72, 110ff, 120ff,, 126, 144, 157, 158, 161, 163, 165, 166, 177, 181, 183, 202, 207ff, 254ff, 259, 265, 274, 275, 278, 280, 285
Götter 16, 28, 31, 35, 40, 41, 44, 48, 49, 52, 53, 54, 56, 63, 67, 69, 71, 78, 79, 80, 87, 108, 111ff, 120, 125ff, 130, 136ff, 153ff, 158ff, 164ff, 172ff, 182, 185, 186, 192, 194ff, 201ff, 208, 210, 212, 216, 217, 224, 229, 236ff, 243, 247, 249, 253ff, 258ff, 263, 264, 266, 267, 273, 277, 280, 281, 287
Götter-Wirken 130, 161, 217
Göttin 113, 158, 256, 259, 265, 280
Gott-Vater 126, 256, 259, 265, 280
Greys 69, 205, 217, 218, 219, 220, 237, 240ff, 246, 247, 248, 257, 258
Grippe 23, 30, 213, 214, 215
Grundkräfte 273
Grüne 188
Halbmenschen 24, 32, 45, 46, 59, 65, 70, 91, 93, 98, 101, 184, 193, 196, 202, 206, 230, 242, 254, 255, 257, 259, 261, 271, 280
Heiliger Geist 43
Heilkraft 217
Heilung 26, 245, 261, 279
Herrschaften 164
Hierarchien 49, 104, 109, 112, 113, 125, 126, 127, 135, 158, 159, 160, 161, 162, 166, 168, 169, 187,

192, 236, 238, 240, 243, 250, 266, 267
Hitler 80, 91, 186
Höheres Selbst 125, 157, 207, 278, 279
Hüter der Schwelle 92
Hyperborea 128, 273
Ich-Bringer 115, 182, 201, 207
Ich-Sucht 267, 275
Ich-Zerstörer 201
Icke 199, 252, 255, 257
Impfpflicht 29, 35, 69, 90
Impfstoffe 9, 17, 45, 203
Impfung 9, 17, 29, 48, 52, 62, 63, 69, 72, 197, 204, 271
Indianer 99
Inkarnationsfolge 55
Intergalaktische Konföderation 239, 246
Irrweg 234
Jehova 165
Jesus 22, 57, 114, 121, 123, 124, 153, 181, 191
Johannes der Täufer 121
Juan, Don 274
Judas 92, 122
Jupiter 116, 126, 193, 267, 268
Kamaloka 228, 229
Karma 49, 50, 63ff, 89, 114ff, 197, 210, 212, 231, 238, 239, 249, 263, 270, 278
Kinder 32, 41, 45, 62, 114, 123, 132, 165, 198, 219, 220, 221, 234, 249, 252, 254, 275, 277, 279
Kirche 14, 44, 110, 119, 121, 123, 166, 183, 184, 226, 256, 257
Klabautermann 284
Klaus Schwab 18, 96, 97, 254
Klimawandel 17, 34, 88, 100, 259, 272
Kosmische Ebene 111, 112, 158, 241
Kristallschädel 148, 150ff

Kulturzeitraum 143, 268, 269, 276
Künstliche Intelligenz 97
Leben nach dem Tod 256
Lebensgeist 207
Lemuria 128, 130, 133, 135, 143, 286
Liebe 9, 30, 37, 43, 45, 47, 49, 56ff, 64, 66ff, 75ff, 81, 84, 109, 113ff, 119ff, 147, 158, 159, 163, 166, 168ff, 175, 176, 194, 202, 206, 217, 219, 225, 226, 230, 238, 239, 242, 246ff, 255ff, 261ff, 272ff, 277, 278, 281
Lügenmedien 34, 86, 87, 94, 98, 141, 193, 215, 243
Luzifer 44, 101, 109, 160, 169, 177, 178, 182ff, 193ff, 201, 202, 208, 210, 211, 251, 252, 274, 275, 278
luziferische Schwärmerei 258
Maria Magdalena 114
Mars 116
Masken 9, 41, 234
Massenbewusstsein 90, 270, 271
Massenimpfungen 85, 197, 259
Massenmedien 6, 18, 21, 23, 26, 29, 38, 85, 87, 88, 92, 187, 211, 222, 237, 249, 253, 276, 282
Massenmensch 83, 270
Massenmigration 91, 97, 98
Materialismus 99, 163, 209, 215
Mediensucht 26
Meister Eckehart 90, 209
Menschheitskarma 213
Merkel, Angela 100
Mitgefühl 37, 42ff, 70, 98, 168, 172, 206, 211, 244, 268, 269
Mittel-Erde 28, 31, 67, 169, 193, 201, 227, 239
Mond 126, 165, 194, 267ff

Mutter Erde 33, 34, 63, 116, 120, 125, 158, 160, 214ff, 229, 259, 271, 280

nachatlantisches Zeitalter 128, 142, 276

nachtodliche Leben 197

Naturgeister 224, 271

Naturwissenschaft 37, 77ff, 116, 159ff, 193

Oberwelt 28, 31, 44, 48ff, 71

Okkultismus 22, 77, 78, 155, 156, 160, 168, 267

Okkultist 19, 56, 63, 65, 77, 78, 82, 114, 124, 167, 169, 173, 176, 177, 252

Pandemie 10, 17, 19, 23, 29, 45, 70, 85, 86, 212

Pasteur, Louis 83, 184

Pharma-Dämonie 23, 30, 41, 45, 61, 85, 204

Planetenbewusstsein 126, 160

Polarität 59, 67, 171, 237, 262

Prophezeiungen 71, 266

Putin, Vladimir 92, 93, 94, 95

Pyramide 101, 148ff, 171, 192, 201

Rassen 11, 103, 108, 109, 127, 138, 162, 163, 172, 206, 217, 220, 223, 243, 246, 248, 253ff, 266, 269

Reptiloide 130ff, 139, 147, 196, 200, 275

Rudolf Steiner 39, 44, 79ff, 99, 108, 111, 119, 120, 154, 155, 162, 166, 170, 172, 176, 178, 208, 212, 256, 258, 268, 272ff, 285, 287

Russland 18, 93ff, 100, 281

Satan 44, 58, 71, 99, 109, 114, 120, 130, 137, 163, 173, 177ff, 184ff, 194ff, 200ff, 208, 210, 228, 229, 236, 254, 257, 274, 276, 278

Saturn 126, 193ff, 267, 268

Dinosaurier 130

Schattenmächte 91, 108, 140

Schattenregierung 10, 88, 99, 186, 271

Schöpfer 28, 67, 70, 87, 111, 115, 147, 158, 179, 196, 206, 207, 247, 250, 256, 257, 263, 267, 272, 282

Schutzengel 39, 46, 48, 52, 55, 62, 76, 157, 162, 197, 268, 282

Schwartz, Peter 96

Schwarzmagier 82, 91

schwarzmagisch 185, 249, 253

Schwingungserhöhung 108, 220, 280

Seele 41, 46, 52, 59, 66, 79, 89, 118, 123, 126, 155, 181, 194, 196, 236, 243, 249, 258, 274, 286

Seelenanteile 195, 273

Seelenkörper 36, 125

Selbstbewusstsein 31, 114, 120, 138

Selbsterkenntnis 82

Seraphim 43, 164, 196

Sheran, Ashtar 239, 240

Siebte Kosmische Ebene 112

Sintflut 15, 26, 137, 252ff, 276

slawisch-russisch 141, 269

Sonne 43, 47, 55, 112, 114, 120, 126, 136, 137, 139, 160, 161, 165, 214, 215, 218, 219, 267, 268, 270

Sonnengeister 215

Sonnensturm 55, 214ff, 270

Sorat 51, 111, 175, 192, 201, 202, 203, 207, 217ff, 264

soratische Technologie 270

Teufel 5, 44, 47, 177, 178, 181, 182, 183, 189, 284

Tierversuche 23, 24, 83, 200

Tod 31, 35, 45, 47, 51, 52, 58, 64, 86, 92, 114, 11ff, 165, 184ff, 191, 197, 210ff, 226ff, 230ff, 273, 283

Tolkien, JRR 28, 192, 286

Tolle, Eckhart 39, 79, 172, 258, 262, 285, 287

Trinität 43, 110, 113, 125, 138, 147, 158, 162ff, 192, 194, 207, 217, 225, 236ff, 242, 247, 256ff, 266, 279

Tugendhaftigkeit 211

Ukraine-Krieg 90, 92, 93, 109

Unsterblichkeit 227

Unterwelt 28, 44, 48, 51, 55, 71, 183, 257

Urschöpfer 108ff, 112ff, 125, 144, 171, 177, 217, 236, 239, 242, 255, 258, 265

Urteilsvermögen 82

USA 18, 86, 90, 91, 93, 94, 97, 98, 99, 101, 141, 182, 198, 254, 259, 271, 288

Vatikan 13, 44, 118, 121, 130, 184

Venus 267

Verführer 208

Verstorbene 230

Viren 12, 29, 33, 37, 212, 213, 215

Volksgeist 90

Vorhof zur Hölle 69, 196

Vulkan 120, 202, 267

Weisheit 71, 72, 96, 113, 158, 163, 164, 166, 216, 232, 242, 263, 266, 284

Weißmagier 82

Weltenplan 28, 35, 108, 141, 164, 170, 171, 207, 208, 264, 266

Weltkrieg 14, 23, 61, 80, 93, 95, 103, 244, 266

Weltverschwörung 26, 27, 55, 102, 222, 263

Weltwirtschaftsforum 96

Widerstand 16, 160, 171, 251, 279

Zeitgeist 43, 55, 162

Zomato 96

CORONA – DER GROSSE INTELLIGENZTEST

Valentino Bonsanto

SIND WIR ALLE VERRÜCKT GEWORDEN? Alles begann im Winter 2019/20 mit einem völlig „neuartigen" Virus. Die Welt, wie wir sie kannten, war mit einem Schlag auf den Kopf gestellt. Die Menschheit befand sich in kürzester Zeit in einer Pandemie, die so schrecklich eingestuft wurde, dass sie Millionen von Menschen ins Grab bringen sollte. Doch entspricht das wirklich der Wahrheit? Ist das Virus tatsächlich so tödlich, oder könnte es sein, dass all die Veränderungen schon viel früher begannen, von uns unbemerkt und von einer Elite von langer Hand geplant? Valentino Bonsanto hat in den tiefsten Tiefen gegraben, recherchiert und Informationen zusammengetragen, die selbst ihn an manchen Tagen an ein Limit brachten. Direkt und mit einer ordentlichen Prise Sarkasmus spricht er in diesem Buch Klartext: „Wenn wir heute nicht für unsere Freiheit einstehen, dann werden wir und die nächsten Generationen für lange Zeit keine mehr haben. Es wird kein Morgen mehr geben, so wie wir es uns wünschen und wie wir es einst geliebt haben, denn sie werden versuchen, uns alles zu nehmen." Es ist höchste Zeit, die Augen mutig zu öffnen und der Wahrheit ins Gesicht zu schauen. Denn es liegt an uns – den Menschen, dem Volk, den Bürgern –, wie unsere zukünftige Welt aussehen wird.

ISBN 978-3-938656-78-5 • 21,00 Euro

MEIN VATER WAR EIN MiB – Band 5

Jason Mason

Wir nähern uns dem Kern der größten Mysterien unserer Zeit! Band 5 der MiB-Reihe reiht sich nahtlos in die Serie ein und es gibt eine Unmenge an neuen Informationen zu entdecken. Jason Mason berichtet wieder von den Bucegi-Bergen in Rumänien und die dortigen Tunnelsysteme, die ins Zentrum der Erde führen. Die Botschafter innerirdischer Zivilisationen hüten Aufzeichnungen der wahren historischen Geschichte der Menschheit. Wieso versucht die Weltelite, das zu verhindern? Erfahren Sie die aufregendsten Geheimnisse deutscher Wissenschaftler, die für das frühe amerikanische Weltraumprogramm aktiv waren. Wer steuert die unbekannten Flugobjekte, und wird die Welt gerade auf die Bekanntgabe von UFOs und Außerirdischen auf der Erde vorbereitet? Jason Mason präsentiert neue Whistleblower, die weitere Details über die Alien-Präsenz auf der Erde enthüllen. Weitere Themen: Enthüllungen von militärischen Whistleblowern über UFOs, unheimliche Begegnungen mit Reptiloiden, geheime Untergrundbasen und das Geheime Weltraumprogramm sowie die Rückkehr der Anunnaki.

ISBN 978-3938656860 • 14,80 Euro

WENN DAS DIE PATIENTEN WÜSSTEN

Jan van Helsing

Geld oder Gesundheit? Mensch oder Fallpauschale? Worum geht es in unserem Gesundheits-System? Warum sterben immer noch unendlich viele Menschen elend an Krebs, der Krankheit, deren konventionelle Behandlung horrende Summen verschlingt? Weil die wahren Ursachen das medizinische Establishment nur selten interessieren. Weil es bei der konventionellen Krebstherapie nicht um Heilung, sondern ums Geld geht, das ist die perfide Regel, nach der dieses System funktioniert. Bestimmte Dinge laufen nach dem immer gleichen Prinzip ab: Jemand entdeckt eine Krankheitsursache oder entwickelt eine vielversprechende Heilmethode, das Wissenschafts-Establishment will nichts davon wissen. Den Patienten bleibt nichts anderes übrig, als sich selbst auf die Suche zu machen nach wahren Ursachen und wahren Heilern. Sie finden sie oft in einer Welt jenseits des medizinischen Mainstreams, einer Welt, in der von Schulmedizinern aufgegebene Patienten die Chance auf ein zweites Leben bekommen.

Jan van Helsing: *„Es ist an der Zeit, dass wir die Macht über unseren Körper zurückerobern – vor allem, was die Impfthematik angeht. Ich bin alt genug, selbst zu entscheiden, was in meinen Körper reinkommt und was nicht. Und die Anordnungen der Regierung interessieren mich nicht, denn ich habe diese Regierung nicht gewählt."*

ISBN 978-3-938656-75-4 • 25,00 Euro

DIE RÜCKKEHR DER DRITTEN MACHT

Gilbert Sternhoff

Seit dem Ende des Zweiten Weltkrieges mehren sich die Anzeichen dafür, dass auf der Erde im Verborgenen eine Dritte Macht existiert. Entstanden in den letzten Tagen des großen Völkerringens hat sie sich in den folgenden Jahrzehnten mittels einer Absetzbewegung und fortschrittlicher Technologien, die den unseren weit überlegen sind, etabliert. Ihr Ziel besteht unverhüllt in der Übernahme der Welt. Der Zeitpunkt scheint nicht mehr fern, da für ihr „Projekt Zeitenwende" die letzte Phase eingeleitet wird. Seit dem Jahr 2017 ist auch das UFO-Phänomen aus seinem Schattendasein getreten und hat sich vor allem in den USA durch veröffentlichte und vom Militär für echt erklärte Sichtungen offizielle Anerkennung verschafft. Sogar eine UFO-Task-Force wurde von der US-Regierung eingerichtet. Die alles entscheidende Frage ist: Wer sind SIE? Der im Juni 2021 von den US-Geheimdiensten vorgelegte Bericht verschweigt der Öffentlichkeit die schockierende Wahrheit.

ISBN 978-3938656716 • 14,80 Euro

HANDBUCH FÜR GÖTTER

Jan van Helsing

Egal, was die Illuminaten vorhaben, was ist DEIN Plan?

In diesem Buch spricht Jan van Helsing, der bereits im August 2019 über den Corona-Plan informiert war, mit Johannes, einem Hellsichtigen, der sozusagen einen guten „Draht nach oben" hat. Beide gehen der Frage nach, wieso die Mächtigen dieser Welt – die Illuminaten –, die hinter all diesen Szenarien stecken, eine solche Angst haben, dass ihre Machenschaften auffliegen, dass sie deswegen Videos, Bücher sowie Menschen auf dem gesamten Globus zensieren. Wovor haben sie Angst? Die Illuminaten kennen ein Geheimnis, das sie ganz schnell ihrer eigenen Macht berauben würde – hätten die Menschen Kenntnis davon. Es ist etwas, das in jedem von uns verborgen ist, weshalb man uns durch eine gigantische Ablenkungsindustrie davon abhält, uns auf die Suche nach diesem Geheimnis zu machen. Das „Handbuch für Götter" zeigt Möglichkeiten auf, wie jeder Einzelne diese Kraft entdecken und im täglichen Leben zum Einsatz bringen kann.

ISBN 978-3-938656-64-8 • 21,00 Euro

WIR TÖTEN DIE HALBE MENSCHHEIT

Eileen DeRolf   Jan van Helsing

„China wird eine Erkältung bekommen.' Diese Epidemie soll sich dann über die ganze Welt ausbreiten – entweder als Rache der Chinesen oder weil das Virus mutiert ist – und die Menschen generell dezimieren, um zirka 50 Prozent!" Das sagte ein britischer Hochgradfreimaurer im Gespräch mit Bill Ryan (Project Camelot) im Jahr 2010.
Über die Jahrzehnte haben verschiedene Autoren über die kommende Neue Weltordnung geschrieben und darüber, dass eine kleine Elite die Welt an sich reißen und alles privatisieren will. Die Corona-Epidemie ist ein geschickt genutztes Werkzeug, einen Finanzcrash zu tarnen, Bargeld zu entziehen, Zwangsimpfungen und möglicherweise auch ein Chippen von Menschen zu erwirken. Und es gibt einen Plan: Zum einen gibt es den für die Menschheit der Zukunft, die auf mindestens die Hälfte reduziert werden soll. Wie sie das machen werden und wen sie als erstes im Visier haben, erfahren Sie in diesem Buch. Die Neue Weltordnung selbst wird u.a. über die Agenda 21 und Agenda 2030 im links-grünen Gewand eingeführt. Dies schildert die Aktivistin Eileen DeRolf am Beispiel der USA in aller Ausführlichkeit. Um die 'Privatisierung der Welt' und die historischen Hintergründe derselben besser verstehen zu können, hat Jan van Helsing mit dem Insider Hannes Berger und dem Climate-Engineering-Spezialisten Andreas Ungerer ein langes Interview geführt.

ISBN 978-3-938656-53-2 • 21,00 Euro

KAMPF GEGEN GOTT

Alexander Kohlhaas

Mehr als ein Aussteigerbuch für Sekten- und Religionsgeplagte

Dieses Buch richtet sich nicht nur an Aussteiger aus Sekten oder Religionen, sondern auch an Angehörige von Menschen, die sich in sektenähnlichen Strukturen befinden. Es richtet den Spot auf den blinden Fleck der Gesellschaft, der sie nicht wahrhaben lässt, wie sehr Menschen durch die Beschneidung, als auch durch langanhaltende Religions- und Sektenzugehörigkeit geschädigt. Es zeigt auf:

- Wie Sekten und Religionen die Psyche der Menschen nachhaltig beschädigen.
- Weshalb Aussteiger oft Jahre nach dem Ausstieg noch den Mechanismen der Sekte ausgesetzt sind und weshalb sie das dort antrainierte Verhalten nicht überwinden können.
- Weshalb die Zeugen Jehovas in Russland verboten sind.
- Wie führende Politiker weltweit auf die Erfüllung der Prophezeiungen des AT hinarbeiten.

ISBN 978-3-938656-63-1 • 21,00 Euro

LÜGENMÄULER

Renato Stiefenhofer

Es wird Zeit, die Mäuler zu stopfen!

Der Schweizer Jumbo-Kapitän Renato Stiefenhofer fliegt seit Jahrzehnten überwiegend für asiatische Airlines. Als ehemaliger Airforce-One-Pilot der Vereinigten Arabischen Emirate und Privatjet-Chauffeur für europäische Milliardäre tanzt er auf verschiedenen Hochzeiten und auf verschiedenen Kontinenten. Die ihm anvertraute Informationsvielfalt – vom Scheich Sultan über David Beckham bis hin zum UNO-Generalsekretär – versucht er in diesem Buch einzuordnen.

Im Laufe der Zeit erkannte er, dass es mindestens zwei Parallelwelten geben muss: Die eine kennen wir alle, die andere ist ein sehr gefährliches Pflaster. Spätestens seit einem intensiven, privaten Gespräch mit einem US-Vier-Sterne-General in der First Class weiß er: Die brutale Realität und die Meinung, welche durch die tendenziöse Berichterstattung unserer Mainstream-Medien verbreitet wird, klaffen weit auseinander. Der US-General stellte infrage, ob 9/11 so passiert ist, wie es uns die Geschichtsbücher und die Politik vorbeten. Dieses Gespräch wurde zum Beginn einer Odyssee, die Captain Stiefenhofer ein gigantisches Lügengebilde von Politik und Presse offenbarte. Gleichzeitig werden die EU, der deutsche Staat und die verwirrenden Covid-19-Maßnahmen akribisch untersucht und entlarvt.

ISBN 978-3-938656-68-6 • 21,00 Euro

ISS RICHTIG ODER STIRB!

Vera Wagner

Von der Wiege bis zum Pflegebett, von der Babymilch bis zum Menü im Heim: Big Food konditioniert unseren Geschmack. Macht uns krank mit Zucker, Salz und Fett. Vergiftet uns mit toxischen Zusätzen und in High-Tech-Laboren zusammengebrauten Aromen. Und bringt damit viele Menschen ins Grab. Die Nahrung ist für die meisten Todesopfer weltweit verantwortlich, sagt die WHO – und kollaboriert hinter den Kulissen mit den Food-Konzernen. Diejenigen, die Ernährung kontrollieren müssten, haben die Kontrolle abgegeben. Früher wäre es strafbar gewesen, Erdbeergeschmack aus Sägespänen herzustellen. Heute ist es legal.

Die Zeit des Umbruchs ist gekommen, auch beim Thema Ernährung. Ernährungswissenschaftler fordern: Der Grad der industriellen Verarbeitung sollte auf Produkten angegeben werden. Doch wie lange wird es dauern, bis das umgesetzt ist? **Sie haben nur eine Chance: Sie müssen die Sache selbst in die Hand nehmen!**

ISBN 978-3-938656-57-3 • 24,00 Euro

LOCKDOWN

Michael Morris

Der Ausnahmezustand ist die neue Norm!

- Wie kann man den längst überfälligen systemischen Crash der Weltwirtschaft organisieren, ohne dass es einen Schuldigen gibt?
- Wie kann man die Nutzung von Bargeld abschaffen, ohne Widerstand aus der Bevölkerung zu erzeugen?
- Wie kann man problemlos die flächendeckende und lückenlose Überwachung aller Menschen etablieren?
- Wie kann man Versammlungs- und Demonstrationsverbote ohne Widerstand durchsetzen?
- Wie kann man die Menschen dazu bewegen, sich freiwillig impfen und chippen zu lassen?
- Wie kann man die Weltbevölkerung reduzieren, ohne dass irgendjemand Verdacht schöpft?

Dafür bräuchte es ein Ereignis, das so einschüchternd wirkt, dass die Menschen freiwillig auf ihre verfassungsmäßig garantierten Rechte verzichten und alle bisherigen Überzeugungen, Gewohnheiten und Ideale aufgeben. Dafür bräuchte es einen unsichtbaren Feind, der nie besiegt werden kann, weil er sich immer wieder verändert und immer wieder hinterhältig und erbarmungslos zuschlägt. Es bräuchte etwas, das uns alle betrifft, das niemand versteht, und das dennoch alle Menschen in Angst und Schrecken versetzt. Und genau das erleben wir jetzt!

ISBN 978-3-938656-19-8 • 21,00 Euro